"一带一路"倡议对中国产业转型升级及物流业国际关联影响研究

王科唯◎著

CCTP 中国商务出版社
CHINA COMMERCE AND TRADE PRESS

图书在版编目（CIP）数据

"一带一路"倡议对中国产业转型升级及物流业国际
关联影响研究／王科唯著. —北京：中国商务出版社，
2022.7

ISBN 978-7-5103-4350-6

Ⅰ.①一… Ⅱ.①王… Ⅲ.①"一带一路"—影响—
产业结构调整—研究—中国② "一带一路" —影响—国际
物流—研究—中国　Ⅳ.①F269.24②F259.1

中国版本图书馆 CIP 数据核字（2022）第 117583 号

"一带一路"倡议对中国产业转型升级及物流业国际关联影响研究

YIDAIYILU CHANGYI DUI ZHONGGUO CHANYE ZHUANXING SHENGJI JI WULIUYE GUOJI
GUANLIAN YINGXIANG YANJIU

王科唯　著

| 出　　　版：中国商务出版社 |
| 地　　　址：北京市东城区安定门外大街东后巷 28 号　　　邮　　　编：100710 |
| 责任编辑：徐文杰　张永生 |
| 总 发 行：中国商务出版社发行部（010-64208388　64515150） |
| 网　　　址：http://www.cctpress.com |
| 排　　　版：北京天逸合文化有限公司 |
| 印　　　刷：宝蕾元仁浩（天津）印刷有限公司 |
| 开　　　本：787 毫米×1092 毫米　1/16 |
| 印　　　张：20　　　　　　　　　　　字　　　数：310 千字 |
| 版　　　次：2022 年 9 月第 1 版　　　印　　　次：2022 年 9 月第 1 次印刷 |
| 书　　　号：ISBN 978-7-5103-4350-6 |
| 定　　　价：89.00 元 |

序言
PREFACE

自 2001 年中国加入 WTO 以来，尽管积极融入全球价值链分工体系当中，但由于一直受欧美、日本等"发达国家俘获"问题的影响，中国长期处于全球价值链分工"低端锁定"的局面。从 2013 年"一带一路"倡议提出以来，我国充分依靠既有的双多边机制和行之有效的区域合作平台，加强与沿线国家的经济合作，为中国提升国际分工地位水平，进而促进中国经济高质量发展和产业经济发展带来了机遇，同时也对中国产业转型升级的发展方向有着重要的指导意义，是中国经济实现高质量发展的重要保障。

"一带一路"倡议能否成为中国产业结构转型升级的动力引擎，将是决定中国解决内部产业结构问题，实现经济高质量发展并提升国际参与度和话语权的关键，也是当下面临的重要现实问题。针对中国整体及各省域产业结构发展的现状与问题，本书采用 2000—2019 年中国 31 个省（区、市）的面板数据，以产业结构高级化的质和量、合理化、狭义和广义的服务化来衡量产业结构发展状况，并作为被解释变量，以"一带一路"倡议为虚拟变量，而且选定产业结构发展的综合评价体系构成指标并对选定的指标进行无量纲处理，以此作为控制变量用双重差分法进行分析。首先，探究"一带一路"倡议对中国省域产业结构转型升级的整体影响。其次，探究"一带一路"倡议对产业结构转型升级影响的区域异质性，按华北、东北、华东、中南、西南以及西北地区进行区域异质性分析，厘清各地域的差异，并把"一带"和"一路"两个经济圈所涉及的省（区、市）分别进行检验，找出两个经济圈对产业结构转型升级影响的差异。最后，结合中国目前产业结构转型升级的基础条件与发展环境以及"一带一路"倡议的实施情况，提出相应的发展建议。

工业是中国三大产业当中的重要支柱，然而中国工业贸易却仍集中在以加工组装贸易为主的劳动密集型行业和资本密集型行业，如何抓住"一带一路"倡议的发展机遇，寻求中国工业转型升级的具体方向是当务之急。于是，本书测算了包含中国在内的世界 90 个国家工业整体及细分行业的出口技术复杂度，找到能够使中国国际分工地位提升的行业，根据市场需求确定基于国际分工地位的我国应该发展的工业行业。另外，运用偏离—份额分析法分析了中国各地区、各省份工业发展的实际情况，基于"一带一路"和国际分工视角遴选出的中国工业发展的潜在行业进行对比分析，进一步地选择出中国东部地区、中部地区、西部地区、东北地区整体及其细分省份工业转型和升级的行业，结合中国 31 个省（自治区、直辖市）关于"一带一路"布局的相关政策与规划，对中国各地区、各省份工业转型升级的发展方向提出了一些参考建议。

物流业既是连接我国与"一带一路"沿线国家的纽带，也是实现国内大循环、国内国际双循环战略的手段，是对外贸易链中的关键环节。利用 2018 年中国投入产出表和 2014 年世界投入产出表构建了包含单独物流业的世界投入产出表，首先，分析中国物流业空间分布的前后向关联度，发现中国物流业与韩国、印度尼西亚具有较强的直接后向关联，与俄罗斯的存在着较强的间接后向联系，与韩国、意大利具有较强的直接前向关联，同时与印度的间接前向联系也不容忽视；其次，通过分析中国物流业空间分布的对外依存度，发现中国物流业的对外依存度在国民经济中处于较高水平，且其对外依存度较高的"一带一路"沿线国家主要包括韩国、俄罗斯、印度、印度尼西亚、意大利等；再次，分析中国物流业的产业关联效应，发现中国物流业与"一带一路"沿线国家后向关联效应较强的行业为石油加工、炼焦和核燃料加工业，前向关联效应较强的行业为物流业和建筑业；最后，分析中国物流业的产业波及效应，发现中国物流业的影响力系数和感应度系数均大于 1，属于强辐射性和强制约的产业部门。

本书主要回答三个问题：一是"一带一路"倡议对中国产业转型升级是否有影响，对不同区域的影响是否有异质性。二是如何能够跳出资源禀赋，脱离投入产出关系，基于国际分工理论，找到中国工业转型升级的方向，确定出具体的行业。三是物流业作为连接我国与"一带一路"沿线国家的纽带，"一带一路"沿线国家中哪些国家与中国依赖度高其关联效应就强。

本书在撰写过程中，赵斌杰老师、张玉路老师、陈玉宏老师以及杨晓青（燕京理工学院）、刘珂嘉、张梦杰、白明远、王志宁、武亚兴等研究生做出了很大的贡献，特此表示感谢。其中，王志宁参与编写第一、第二、第十一和第十二章，刘珂嘉、杨晓青（燕京理工学院）、张梦杰、白明远参与编写第三、第四和第五章，张梦杰参与编写第六章和第七章，杨晓青（燕京理工学院）、刘珂嘉参与编写第八章和第九章，白明远参与编写第十章。感谢赵斌杰、陈玉宏老师和武亚兴、董容材和魏鹭同学在统稿中所作的贡献。

本书出版得到内蒙古社科规划重大项目《供给侧背景下内蒙古产业转型升级研究（2018ZDA003）》、国家自然科学基金项目《煤基全产业链生产税的收入分配效应测度与结构优化研究（71640032）》、内蒙古社科基金重点项目《内蒙古稀土资源开发利用的创新机制研究（202108）》以及内蒙古工业大学经济管理学院的资助，使得该研究得以顺利完成。同时，感谢中国商务出版社的张永生编辑对本书出版的辛勤付出。

作者

2022 年 5 月

目录

CONTENTS

第一章

绪　论

第一节　研究背景

2013 年，习近平总书记先后提出共建"丝绸之路经济带"和"21 世纪海上丝绸之路"（简称"一带一路"）重大倡议，运用创新合作的发展模式加强"一带一路"沿线国家之间的政策沟通、道路联通、贸易畅通、货币流通和民心相通，共同建设"一带一路"沿线国家区域合作和发展大格局。旨在通过与"一带一路"沿线国家积极合作，致力于开放型经济的建设，以促进国家之间贸易和投资为主要方式，推动区域经济共同繁荣发展，这符合世界发展的根本利益，也为世界和平带来了正能量。"一带一路"倡议的实施有利于中国与其沿线国家合作构建一条新型的全球价值链（或称区域价值链、线性价值链），将"被动嵌入者"角色转变为积极"推动者"角色，以此获得一条畅通的中国经济发展道路，从而摆脱"低端锁定"与发达国家"俘获效应"等问题，为中国加快解决供给和需求不平衡、区域经济和对外贸易发展不平衡、产业结构转型升级等困局，提供了新的路径。

中国自 2001 年加入 WTO 以来，积极融入全球价值链这一新型国际分工体系，通过参与全球贸易不但推动了自身经济的发展，并逐渐成为世界第二大经济体和世界第一大贸易国。2021 年，"十四五"规划纲要指出："我国经济已转向高质量发展阶段"，国家对于产业结构的调整与改造给予高度重视，在当前全球竞争加剧的形势下，中国的产业结构调整面临着新的挑战。结构和空间失衡，部分行业产能严重过剩、传统产业竞争力弱，且有劳动力供给、资源和环境的约束，凸显了产业结构转型升级的必要性。从全球视角来看，只有少数的国家顺利地完成了产业结构的转型升级保证了经济的高质量发展，而大多数国家都没有顺利实现转型，并掉入中等收入的陷阱。近些年，中国依靠大规模生产、技术创新、良好的产业发展环境等优势，实现高附加值产业和新兴产业占比提高。但产能过剩和发达国家"再制造业化"等问题不能有效解决，这将会阻碍产业结构转型升级的进程，并影响目前中国产业结构的发展趋势。

因此，需要重视产业结构的转型升级，为其营造良好经济环境，深入分析中国经济发展规律，探索符合国情的产业结构转型升级路径。本书从"一带一路"沿线国家工业发展潜力行业出发，分析"一带一路"倡议对中国产业结构转型升级的政策效果，借助物流业的中介作用，分析"一带一路"倡议对中国产业结构转型升级的政策效果，明确"一带一路"倡议是否推动产业结构的转型升级，应该如何选择产业，本书将通过系统深入地分析和全面细致地阐述来详细回答这些问题，为经济发展提供政策及实践指导，从而实现经济协调发展、扩大对外贸易的范围和影响力并形成良好的经济格局。

第二节　国内外研究现状

一、国外研究

（一）关于国际分工地位的研究

国外学者对于国际分工地位的研究主要包括四方面：一是国际分工地位的演变；二是国际分工地位的测算方法；三是国际分工地位与国际贸易之间的关系；四是国际分工地位对产业转型升级的影响与作用。

1. 国际分工地位的演变

国外学者主要研究发展中国家与发达国家间国际分工地位的对比情况。Davide 等（2017）认为发展中国家通过融入世界国际分工体系中，提升自身的综合竞争力。Chun-miao Shen 等（2019）运用动态一般均衡模型发现，尽管多数发展中国家在国际分工中的位置较低，但通过开展技术变革（skill biased technical change，SBTC）可以提升国际分工地位水平。

2. 国际分工地位的测算方法

国外学者主要通过全球价值链分工地位来衡量一国的国际分工地位水平。

Balassa（1965）、Hausmann 等（2007）、Shujaat Abbas（2017）、Hoang（2019）、Hasan A Faruq（2019）采用显示性比较优势指数（revealed comparative advantage，RCA）、出口技术复杂度、贸易竞争力指数（trade competitiveness，TC）、贸易专业化指数（trade specialization coefficient，TSC）、产业内贸易指数（index of intra-industry trade，IIT）等，衡量一国全球价值链分工地位。Hummels 等（2001）提出了垂直专业化份额（vertical speciallization share，VSS），运用投入产出表计算出口产品占进口中间投入品的比重，以此来衡量全球价值链分工地位。Koopman 等（2010）提出了 GVC 地位指数，将贸易附加值进行分解，以此衡量全球价值链分工地位。Antràs 等（2012）运用产业上游度的测算方法，衡量不同行业的全球价值链分工地位。

3. 国际分工地位与国际贸易之间的关系

国外学者普遍认为积极融入世界国际分工体系有助于提升一国的国际贸易收益。Patrick Schroeder 等（2018）认为国际贸易低收益国家可通过融入国际分工体系提高国际贸易收益。Woori Lee（2019）基于贸易自由化视角，发现参与国际分工是发展中国家工业化战略的关键要素。

4. 国际分工地位对产业转型升级的影响与作用

国外学者从不同角度考虑国际分工中的地位对产业转型升级的影响。Kaplinsky（2010）从技术角度认为一国无论是主动还是被动，嵌入国际分工体系均会导致技术进步，有助于该国的产业转型升级。Gereffi G 等（2010）、Frederick 等（2012）、Fernandez Stark K 等（2016）从国际分工地位角度对产业转型升级进行了系统定义，研究具体产业如何通过国际分工体系促进转型升级。

（二）关于"一带一路"倡议的研究

国外学者对于"一带一路"倡议的研究主要集中在两个方面：一是"一带一路"倡议对中国及其沿线国家经济与贸易的发展影响与作用方面；二是"一带一路"倡议对于节能减排的重要性。

1. "一带一路"倡议对中国及沿线国家经济与贸易的发展影响与作用

Du J 等（2018）研究发现"一带一路"倡议是中国与沿线国家建设合作的平台，在政策、基础设施、贸易以及文化方面取得了密切合作，并对中国的海外投资有明显的帮助。Chris Y. Tung 和 Fang-I Wen（2019）通过分析发现，在"一带一路"背景下"海外经贸合作区"能加速中国对其沿线国家的直接投资。John Joshua（2019）全面探究了"一带一路"对世界经济带来的影响，其认为"一带一路"不仅推动了全球经济一体化的发展，促进了对外贸易的发展，而且能够加速全球经济的转型，持续促进全球经济发展的重心向新兴经济体转移，并带动区域经济加速发展。而 Kashif Shafiq 等（2020）分析了中国推进"一带一路"倡议的必要性和重要性，全面肯定了"一带一路"倡议为中国经济带来的效益和机遇，其提出中国的纺织和服装行业在"一带一路"背景下将实现快速发展。

2. "一带一路"倡议对于节能减排的重要影响

Yue-Jun Zhang 等（2020）测算了 1995—2015 年"一带一路"沿线国家的能源绩效水平，并根据计算结果对各个国家节能减排的潜力进行分析，其计算结果表明"一带一路"沿线的 56 个国家的平均能源绩效约为 0.7，1995—2015 年 56 个国家共同减少了二氧化碳排放量 508.7 亿吨，并且各个国家和地区之间存在显著的差异性，其中欧洲、中亚、东亚以及太平洋地区贡献最大，总之，"一带一路"倡议为沿线国家节能减排做出了巨大贡献。Zhongxin Ni 等（2020）研究"一带一路"倡议背景下中国资金、货物的"走出去"能否解决中国钢铁产能过剩问题，他们先通过动态模型的估计方法，探讨决定钢铁消费的影响指标并预测钢铁消费的模式，再对中国钢铁的供应情况与沿线国家的需求情况进行分析，最后得出中国钢铁的供给与沿线国家的需求存在关联，在"一带一路"的带领下，可以有效解决中国钢铁产能过剩问题。Awais Anwar 等（2020）通过对 1986—2017 年人均工业增加值、运输货物量和二氧化碳排放量这 3 个指标的研究发现，1986—2017 年人均工业增加值和运输货运量均与二氧化碳排放量存在密切的正相关关系，即人均工业增加值的提升和运输货运量的提高一直在破坏生态环境，其认为工业和运输部门应重视环境的恶化问题，尽快制定有效的环境政策。

（三）外贸依存度影响因素的研究

在国际贸易领域中，外贸依存度是用以管理国家风险，衡量国家对外依存程度的重要指标之一，是指某一国贸易量与该国国内生产总值的比值，由Grassman（1980）首次提出，定义为一国进出口总额占其国内生产总值的比重，用以衡量该国的开放程度，预测其对外依存度程度。S. Kuznets（1960）利用统计学的原理得出，国民收入与外贸比例之间存在着负相关关系。Jan Tinbergen（1962）使用引力模型得出国家间地理位置是外贸依存度的影响因素之一。Hollis 等（1967）认为人口过多将会导致对外贸易比率的下降。Kuznets Simon（1967）提出一国人口数量与该国外贸依存度之间呈负相关关系。Blu-menthal（1972）提出一国生产率和国民生活水平与该国外贸依存度之间呈正相关关系。Chenery H. B（1986）根据人均收入水平的变化，将经济发展分为初级阶段、工业化阶段和发达阶段等，并认为不同阶段下的外贸依存度不同。Cruzbets（1989）提出一国对外贸易商品规模与该国外贸依存度之间存在负相关关系。Rose（1991）认为小国的外贸依存度受国际储备、人均收入、商品结构、关税率等因素影响，而大国由于贸易环境复杂无法确定其外贸依存度的影响因素。Catao 等（1999）选择资本存量、汇率波动、劳动力工资和相关价格作为影响因素分析阿根廷的外贸依存度，结果显示影响阿根廷出口贸易的最主要因素是资本存量。Hartmut Egger 等（2006）基于外贸区域结构视角，认为一国外贸依存度过高则会面临进口、出口市场风险。Huot 等（2007）通过重力模型分析贸易流动，根据外贸依存度衡量产品结构风险。E. S. Prasad（2008）认为利用外贸依存度衡量一国外贸结构时，不能仅凭数值大小进行判断，要考虑不同国家的具体国情。Goswami（2013）从需求和供给角度解释了人均收入对外贸依存度的正向影响，检验了南亚地区外贸依存度的影响因素，主要包括：人均收入、贸易自由化、人力资本、金融发展和基础设施建设。

（四）全球价值链视角下对外依存度测算的研究

在全球价值链的背景下，贸易增加值核算法迅速发展为用以解决传统贸易核算法的"统计幻想"问题，其中基于投入产出模型将产品增加值进行分解往往是贸易增加核算的基础。国外学者侧重于对全球价值中贸易增加值核算进行补充与完善。Daudin 等（2011）首次提出了增加值贸易，并测算不同国家产业部门出口中增加值的分布情况。Johnson 和 Noguera（2012）认为增加值出口是被其他国家最终使用所引起的本国国内的增加值部分，结果表明该定义符合全球价值链背景下一国出口贸易实际情况，有效避免了传统核算下的失衡程度。Chen Q 等（2014）提出扩展的世界投入产出模型，测算中国加工贸易中对国民经济对外依存度偏差。Johnson（2014）定义了增加值出口，并测算了增加值出口占总出口的比重，用以衡量全球价值链下一国的参与度，指标数值越大说明投入产出法中的重复计算越严重。Koopman 等（2014）构建了一个统一的全球价值链分析框架，并将出口总额进行了完全分解，主要包括国外增加值、国内增加值、回流国内增加值和重复计算等，从增加值的视角评估各国各产业的比较优势。Bart Los 等（2015）利用世界投入产出模型测算国内外增加值以衡量国际贸易碎片化，并分析欧洲国家和地区的竞争力变化趋势。Wang 等（2017）利用 WWZ 分析方法从国家和产业的双边层面对贸易增加值进行分解，根据最终产品的分配来源和使用去向分解为 16 个部分，完善了传统贸易测算方法并建立了新的贸易核算体系。Steen‐Olsen 等（2016）通过测算贸易和消费的增加值比较不同的世界投入产出数据库。Patel 等（2014）通过世界投入产出模型测算增加值，并在此基础上构建有效测算汇率的方法用以评估竞争优势。

根据上述研究成果可以发现，利用世界投入产出模型可以有效避免中间品贸易所带来的重复统计，并且更加准确地测算我国参与全球价值链下的贸易隐含的增加值，从而为从增加值视角下重新测算一国对外依存度打下基础。利用贸易增加值核算的研究成果，可从全球价值链的视角以增加值替换贸易量测算一国对外依存度。Wang 等（2006）利用增加值贸易量代替海关统计贸易量分析影响对外依存度的主要因素。Belke 等（2011）利用贸易增加值核算测算了德国的对外依存度。Larudee（2012）利用贸易增加值核算测算墨西哥的对外依存度，结果表明传统核算法测算结果明显高于墨西哥实际对外依存度。Banacloche 等（2020）从全球价值链视角下分析南美洲对外经济情况。

（五）投入产出法下物流产业关联的研究

从开始研究产业的空间关联时，投入产出法就是这些现有理论与模型的基础，进而使得后续各类测算指标的提出成为了可能。无论是国际的产业关联或是国内的区域关联，其核心部分依然是对应产业（区域）间的投入产出问题。投入产出法最早是由美国经济学家 Leontief（1936）提出，并被广泛应用于经济结构分析方面的研究方法，通过整理投入产出表，建立投入产出模型，从而可以定量分析产业部门间的关联效应。Kelly Whealan George（2013）利用世界投入产出数据库（world input-output database，WIOD）发布的世界投入产出表，分析美国物流业中航空运输部门的投入产出情况，结果表明美国航空运输部门对农业、矿业和制造业等有积极的影响，对建筑业、金融和批发零售业有消极影响。Lim S 等（2015）使用投入产出模型测算物流运输业的经济贡献与波及效应，结果表明公路贡献率为 1.03%，铁路贡献率为 0.16%，尽管增值效应偏低但生产诱导效应和后向连锁效应较高。Ana Alises（2016）使用投入产出表评估经济结构对物流运输需求的影响，证实了服务型经济的国家物流运输需求较低。Maksim Pyataev（2019）使用 2017 年俄罗斯投入产出表，分析物流业中铁路运输部门与其他产业部门间的关联程度，结果表明物流业中的铁路基础设施直接影响到其他产业部门经济的发展，并确定铁路运价是价格水平的主要影响因素。Santacruz 和 Maria（2020）使用投入产出表衡量南美地区在全球价值链中的参与程度，结果表明南美在全球价值链中参与度较低，并且南美是中间产品提供商的上游。

（六）关于"一带一路"沿线国家经济合作的研究

国外学者对于"一带一路"沿线国家经济合作的研究相对较少，多数集中在"一带一路"倡议对沿线国家经济的发展影响。Enrico Fardella（2017）发现"一带一路"倡议对大多数欧洲地区的国家贸易收益起到促进作用。Kaho Y U（2018）、Katarzyna（2019）、Richard Pomfret（2019）认为"一带一路"倡议是实现中国与欧亚大陆多边合作的重要发展战略。

（七）关于产业转型升级和产业选择的研究

国外学者较早研究了产业结构转型升级，第二次世界大战后日本经济就实现了快速发展，其"工业振兴—高度的产业结构—战略产业发展"的转型模式受到各国的关注。对产业结构转型升级及产业选择的分析国外学者主要集中于：产业结构转型升级的重要性、产业转型升级和产业选择的路径、产业转型升级和产业选择的影响因素、产业转型升级的测度、产业结构转型升级的影响因素等方面。

1. 产业结构转型升级的重要性

Jennifer Bair 等（2001）认为东亚地区的服装商品链的产业升级处于世界领先地位，而墨西哥托列安市牛仔裤产业的升级具有重要作用，墨西哥应充分借鉴东亚地区的发展经验，实现产业升级并提升在全球商品链中的地位。Peter C. Y. Chow（2001）认为中国工业的发展对每个经济发展阶段都具有重要影响，在不同的经济发展周期和阶段，技术和创新都是经济全球化的重要推进动力，高新技术的发展对工业的发展有着极为重要的作用，并认为工业升级在比较优势政策方面具有重要意义。Hyeseon Na（2019）认为东非地区产业升级是促进经济发展的重要环节，应抓住区域贸易的机遇实现产业升级。Li Fuyi 等（2019）提出中国服装价值链产业升级的重要性，并提出通过电子商务的发展来实现产业升级。Anhua Zhou 等（2020）认为多数国家的产业结构调整即能够促进经济增长，也能减少各国二氧化碳的排放。Binbin Yu（2020）的研究指出产业结构的调整和产业结构生产率的提高都可以带动全要素能源效率。技术创新投入不能促进全要素能源效率的提高，但技术创新产出对全要素能源效率有促进作用。Fangqu Niu 等（2020）以西藏自治区为例，建立资源环境承载力评估的概念框架，以支持产业、人口、资源与环境的协同发展规划，其认为探究西藏自治区政府应从产业结构调整、生态保护和经济发展等方面着手。

2. 产业转型升级和产业选择的路径

Dmitrim Knatko（2016）从人力资本发展水平角度运用企业资源理论和权变方法，分析资本密集型产业和技术密集型产业的选择路径。Hyeseon Na（2019）从区域一体化的角度，认为扩大区域内贸易是促进产业转型升级的重要路径。

3. 产业转型升级和产业选择的影响因素

技术创新水平、居民消费、劳动生产率以及环境状况都在一定水平程度上影响产业结构转型升级。Michael Poter（2000）认为技术进步是推动产业结构发展的重要因素，面对激烈的地区竞争和市场竞争，可以通过提升技术水平来增强市场竞争力。Caiani A（2017）基于区域集群的研究，发现创新水平是推动产业结构转型升级的重要动力，且时间越长推动越明显。Masakazu Katsumoto 等（2005）认为在近 20 年来，100 个国家的居民工资的增加和生活水平的提高，使居民消费向高层次进行转变，从而带动服务业逐步向高层次、高附加值转变。Shu-Ru Liu（2015）认为产业选择是国家经济发展的重要现象，通过构建产业因子模型发现需求水平、收入水平、劳动力水平、技术水平等是主要影响因素。Swiecki T（2017）通过对多个国家的数据进行分析，探究了影响产业结构变化的因素。Shu-Hong Wang 等（2019）认为劳动生产率、环境规制以及环境要素生产率是影响产业结构的关键，应通过对环境超效率评价来探索产业结构优化的途径。Li Fuyi 等（2019）认为产业转型升级的重要因素包括需求、供给以及消费水平结构。Di Zhou 等（2020）的研究认为，中国多数省份的碳排放效率与产业结构具有失衡问题，应通过协调碳排放与产业结构之间的关系来推动产业结构升级。Biying Dong 等（2020）认为中国整体的产业结构升级、经济增长和碳排放存在长期动态均衡，经济增长对碳排放产生负面影响，从而促进产业结构升级。Lin Zhang 等（2020）基于动态门槛面板模型的分析，认为产业结构与碳强度具有影响关系。Feng Wang 等（2020）认为应从矿业、电力和制造业的绿色 GDP 三方面来优化产业发展模式。Liwen Sun 等（2020）通过实证分析产业结构与碳排放直接的关系发现产业结构与碳排放研究呈现快速增长趋势。

4. 产业转型升级的测度

Kaplinsky（2005）提出以产品转型升级代替产业转型升级，形成了新的产业结构升级衡量指标。Seth Pipkin（2017）通过发展中国家的初级产品和轻工业案例，构建了"诱导搜索"模型，分析发展中国家工业转型升级的动态情况。

二、 国内研究

（一）关于国际分工地位的研究

国内学者关于国际分工地位的研究涉及 4 个方面：一是国际分工地位的演变；二是国际分工地位的测算方法；三是国际分工地位与国际贸易之间的关系；四是国际分工地位对产业转型升级的影响与作用。

1. 国际分工地位的演变

国内学者主要研究中国参与国际分工的程度及演变趋势。程大中（2015）通过跨国投入—产出分析从中间产品关联、增加值关联、投入—产出关联等角度评估中国参与国际分工的程度及演变趋势。黄晓亮（2018）从中国外贸增速变化角度，认为改变中国传统外贸发展模式有助于促进国际分工地位。

2. 国际分工地位的测算方法

国内学者以全球价值链分工地位来衡量国际分工地位水平。喻胜华等（2017）、李善同等（2018）利用世界投入产出表，测算了中国的出口垂直专业化份额（VSS），发现中国参与垂直专业化分工主要集中在资本密集型产业。王涛等（2017）、程惠芳等（2018）通过测算中国制造业 GVC 地位指数，分析中国制造业 GVC 参与程度呈递增趋势。王思语、郑乐凯（2019）、任英华等（2019）认为嵌入全球价值链有利于低出口技术复杂度国家提升自身生产技术水平。

3. 国际分工地位与国际贸易之间的关系

国内学者主要侧重于国际分工地位对国际贸易的影响与作用层面。赵明亮、臧旭恒（2018）将全球价值链增加值（VA-GVC）与双边贸易增加值（VAX-F）相结合，探讨了重塑国际分工格局与塑造国际贸易新动能之间的关系。孙亚军（2019）以中美贸易摩擦为例，发现非合作博弈下的国际贸易能够促进中国的国际分工地位提升。

4. 国际分工地位对产业转型升级的影响与作用

国内学者主要研究中国的国际分工地位对产业转型升级的影响与作用。曾繁华等（2016）、杜朝晖（2017）、余东华等（2019）等通过测算全球价值链分工地位，为中国在世界国际分工体系下的传统产业转型升级提出了一些不同路径及原则。刘慧岭、凌丹（2019）基于2000—2014年世界制造业投入产出数据，衡量附加值口径下不同制造业的 GVC 重构特征，提出了中国各类制造业转型升级的路径。

（二）关于"一带一路"倡议的研究

国内学者对于"一带一路"倡议的研究主要集中于3个方面：一是"一带一路"倡议的内涵；二是"一带一路"倡议实施面临的阻碍；三是"一带一路"倡议对经济与贸易的发展影响与作用。

1. "一带一路"倡议的内涵

"一带一路"倡议是对全球经济合作和治理方式的新的探索，"一带一路"倡议的推行引起了学者广泛的关注。中国国际问题研究院上海合作组织研究中心陈玉荣（2014）提出"一带一路"的建设需要分阶段、分步骤进行。前期需重视通航、通路以及电信、港口等基础设施的建设；中期应在条件成熟的国家及地区建立自由贸易区；后期应建成覆盖南亚、中亚、西亚、非洲、欧洲以及拉丁美洲的自贸区群。宾厚等（2019）认为"一带一路"倡议内涵丰富、涉及面广且存在强大包容性，符合全球经济共同发展的愿望，是当今国际形势下开展国际合作的大平台。

2. "一带一路"倡议实施面临的阻碍

"一带一路"倡议是对经济发展的全新的理论和探索，是中国长远的发展目标，"一带一路"倡议的顺利实施和进行需要国际共同协作。然而，由于"一带一路"倡议内涵精深、覆盖区域广泛，加之各国经济发展不平衡、民族宗教复杂、文化各异、地理环境存在差异等因素，"一带一路"倡议的实施必定会面临许多困难。杨恕、曾向红（2008）主要研究"一带一路"背景下中亚地区的经济发展，其认为中亚地区存在四大困难：①中国关于中亚的研究深度不够；②大多数国家对中国都有疑虑；③西部地区的发展水平遭遇"瓶颈"；④中亚国家之间的关系复杂。刘国斌（2015）认为，"一带一路"倡议在东南亚国家将会遇到多方面的阻碍，如领海主权争议、贸易发展不平衡以及西方国家故意干扰等，这些都是"一带一路"倡议实施的困难因素。苏杭（2015）认为"一带一路"倡议的实施需要解决沿线国家工业发展落后、基础设施不健全以及市场发展不完善等问题，而且大多数沿线国家政治环境复杂且社会不稳定，易受到恐怖主义的威胁。

3. "一带一路"倡议对经济与贸易的发展影响与作用

王腊芳等（2020）通过对中国与"一带一路"沿线国家经济增长的溢出效应进行研究，发现在"一带一路"背景下，中国经济增长对沿线国家的溢出效应较明显且显著上升，尤其是距离较近、经济体量较大的沿线国家。郝瑞锋（2020）主要研究"一带一路"倡议下，中国与中亚五国的农产品贸易潜力，并对农产品贸易竞争力、互补性与发展潜力进行量化分析。骆旭旭（2020）认为"一带一路"自由贸易协定对经济规则的新倡议，能够协调区域竞争，其对区域经济和大市场的发展具有较大推动作用。仇发华（2020）认为"一带一路"倡议对中国进出口贸易具有显著的政策推动效应，能够促进进出口贸易总量和占比的持续提高。周杰文等（2020）主要研究"一带一路"沿线省份的绿色经济效率，其认为"一带一路"对绿色经济效率具有重要作用，并在时空上存在差异性，南部、东北部绿色经济效率较高。

（三）关于"一带一路"沿线国家经济合作的研究

国内学者关于"一带一路"沿线国家经济合作的研究主要包括 4 方面：

一是"一带一路"与全球价值链的构建；二是"一带一路"与产业转型升级和产业选择；三是"一带一路"与产业转移和产业合作；四是"一带一路"与对外贸易和对外投资。

1. "一带一路"与全球价值链构建

国内学者主要研究如何抓住"一带一路"倡议的发展机遇，实现全球价值链重构。刘志彪等（2018）通过研究 GVC 的嵌入模式、路径和机制，发现"一带一路"这条新型全球价值链是实现中国经济中高速增长、中国产业迈向中高端发展的基本保障。孙铭壕等（2019）基于投入产出模型，分析沿线国家 1990—2017 年的贸易增加值，发现"一带一路"沿线国家可根据自身发展特点与比较优势共同构建新"雁阵模式"，即"一带一路"区域价值链。李芳芳等（2019）从禀赋变动、技术变革和制度重构等角度，发现"一带一路"倡议为全球价值链的重构提供了发展机遇。

2. "一带一路"与产业转型升级和产业选择

国内学者的研究主要集中在"一带一路"倡议对中国产业转型升级的影响以及国家和地区发展产业选择层面。金梅等（2016）、薛伟贤等（2016）、王炳辉（2017）、钱书法等（2017）等运用 BP 神经网络模型、产业选择矩阵、GVC 地位指数、GVC 参与度等方法对服务业、高技术产业进行分析，认为在"一带一路"背景下，应发展强势型产业、挑战型产业，减少弱势型产业发展。李军等（2019）从企业的角度出发，认为"一带一路"倡议有助于实现产业结构调整和产业转型升级。

3. "一带一路"与产业转移和产业合作

国内学者主要侧重于结合"一带一路"倡议对中国产业转移模式和中国与沿线国家产业合作方式进行研究。殷琪、薛伟贤（2017）利用二元 Logistic 回归模型证明了市场寻求型、资源寻求型、效率寻求型等动机与中国在"一带一路"生产网络中的产业转移模式的概率具有显著的相关性。张辉等（2019）通过测算"一带一路"沿线国家产业结构高度，结合劳动力、境外投资和经济发展水平等因素，搭建了产业合作"钻石模型"，以此获得针对沿线国家产业特征的具体合作方向。

4. "一带一路"与对外贸易和对外投资

国内学者多数聚焦于"一带一路"倡议在中国与沿线国家之间进行贸易和投资时所产生的影响以及发挥作用的层面。韩亚峰（2018）验证了中国与"一带一路"沿线国家对外贸易与双向投资增长的协调关系，提出组建经济合作组织、开展多元贸易与投资的重要策略。胡冰等（2019）将"一带一路"倡议东道国区位优势与对外直接投资（outward foreign direct invest，OFDI）效率作为定量指标，发现多数沿线国家具备市场、能源、政治关系以及自由贸易优势，适合中国进行对外贸易和对外投资。

（四）外贸依存度影响因素的研究

伴随着"一带一路"倡议的提出，研究各国之间的外贸依存关系有助于客观评价中国与其他国家的相互依赖程度，并且外贸依存度可以较好地反映一国开放程度与经济增长的关系。古琪（2012）通过选取产业结构、外贸商品结构、外贸形势、汇率、服务贸易比重、外商之间投资比重和境外投资比重等建立评价指标体系，利用方差贡献率进行分析，最后根据不同影响因素对外贸依存度提出相关政策建议。王悦（2012）选取1982—2010年我国宏观经济数据分析影响外贸依存度的因素，并结合罗斯托起飞理论进行实证分析，结果表明GDP和服务贸易对外贸依存度的影响为负，汇率和加工贸易对外贸依存度的影响为正。杜雪（2013）选取1990—2011年我国贸易总额、GDP、CPI、人口总数、汇率等数据分析影响外贸依存度的主要因素，结果表明第三产业占GDP的比重和外资额的使用时间对外贸依存度的影响为负，其他因素对外贸依存度的影响为正。路丽（2014）基于SITC2分类视角下，分析自我国加入WTO以来影响外贸依存度变化的因素，结果表明工业制成品对外贸依存度影响力是初级产品的31倍，其中机械运输设备的影响力占据主导地位，对我国外贸依存度的影响远大于其他产品。韩永辉等（2015）考虑出口相似度、贸易结合度和产业内贸易等因素测算中国与西亚主要国家之间的外贸依存关系。邹嘉龄（2015）使用HM指数来衡量中国与"一带一路"外贸依存度，但测算结果与实际情况有所偏差。

（五）全球价值链视角下对外依存度测算的研究

1. 对全球价值中贸易增加值核算的研究

李昕等（2013）使用 KPWW 法重新测试了传统海关统计下我国进出口总额以及贸易差异，结果表明我国贸易规模与对外依存度明显高于实际情况。王直等（2015）使用 HIY 法和 KWW 法根据产品来源和使用去向对出口总额进行分解，进一步完善了新的贸易核算框架。夏明等（2015）认为全球价值链跨国生产特征应通过贸易增加值核算方式体现。刘鹏等（2017）分析了我国 1995—2011 年的对外依存程度的国家空间分布及变化特征。刘瑞翔等（2017）基于里昂惕夫逆矩阵提出前向关联和后向关联的测度指标，并利用增加值出口代替了增加值贸易量，测算了我国三大产业对欧洲、北美洲及亚洲地区对外依存度的时序变化。唐宜红等（2017）研究发现在全球价值链体系下，由于各个国家之间中间产品的流动，导致使用传统测算方法时重复计算了中间产品的价值。姚星等（2019）对全球经济体服务出口进行分解，测度全球价值链下的服务业特征及 2000—2014 年动态演变趋势。苏丹妮等（2020）使用全球价值链分工地位指数研究中国在全球价值链下的参与程度与地位。

2. 对具体国家间贸易增加值的研究

张丽娟等（2019）基于增加值核算体系下，对中美两国的双边贸易进行分解测算，用以研究两国的利益分配问题，研究发现美国获益更大。问泽霞（2019）依据属权原则测算了中美两国的贸易增加值，研究发现我国贸易增加值高于美国，但剔除中间产品贸易和资本流动后我国贸易增加值低于美国。刘兆国（2019）分析了中日制造业增加值贸易，研究发现中国对日本的中间产品出口比重降低，中国高技术制造业增加值依赖于最终产品出口。谢锐等（2020）利用三区域产出溢出反馈模型，测算了中国和美国贸易增加值与就业情况的关联程度。韩中（2020）研究发现 2011 年中国总出口中，由中间产品产生的国外增加值并非中国所得。聂聆等（2020）基于世界投入产出表测算中国与俄罗斯、印度和巴西之间的增加值分布情况，并以此衡量各国之间在全球价值链中的互补性。刘志彪等（2020）、顾学明和林梦（2020）基于突发事件的背景下，深入研究了全球供应链的长期影响。王振国等（2020）基于全球价值链增加值贸易，利用世界投入产出表测算了中国的出口功能专业化水平及其演变情况。张淑芹和王玉凤（2021）利用贸易增加值分解模型，分析全球价值链下中国制造业在生产和需求方面的稳定性与竞争力。王玲（2021）从全球价值链增加值角度，利用 WWZ 和 SNA 法分析影响运输服务贸易网络的主要因素。黄光锋等（2021）通过 UIBE GVC Index 数据库和 WWZ 方法，从产业层面分析了中美贸易利益与结构。戴岭等（2022）基于总贸易核算框架和区域投入产出表，利用社会网络分析、抗毁性分析等方法，分析中欧增加值贸易的演变过程。

（六）投入产出法下物流产业关联的研究

在中国，各省区市统计局要求编制各级投入产出表，国家统计局负责发布全国投入产出表，并且编制过程具有明确的国家规定和编制时间，具体为每逢年尾数为 2、7 编制基本表，逢年尾数 0、5 编制延长表。随着投入产出表在国内的重视，投入产出法也在不断普及与发展，并且具备了明显的中国特色。

张艳等（2011）通过 1997 年、2002 年和 2007 年投入产出表测算相关系数，研究中美两国物流业与制造业、其他服务业之间的产业关联情况，发现相比之下我国物流业更加依赖于制造业。黄凌鹤（2012）通过投入产出模型定量分析我国物流业中的铁路运输业对国民经济的影响，结果说明铁路运输业的前向关联效应显著，作为我国支柱产业有助于我国经济发展、缓解就业压力。程艳（2013）通过 2002 年和 2007 年投入产出表测算长江经济带物流业相关系数，指出长江经济带各省份物流业的产业结构存在较大差异，发达地区的产业结构高级化特征更为明显，从而说明产业关联需要因地制宜。张莉（2013）利用 2002 年和 2007 年投入产出表实证分析我国航空运输业的产业关联，结果发现航空运输业与下游产业关联度高于上游产业，说明我国航空运输业呈现后向相关。申勇锋等（2014）利用贡献率评价指标体系和投入产出模型相关系数，研究港口对所属区域经济发展的贡献率。吴福象等（2014）通过全国、江苏和广东投入产出表，计算三大产业的直接消耗系数和完全消耗系数，比较分析产业结构技术变化对中间消耗和经济增长的影响。程永伟等（2014）利用投入产出表垂直思维，建立物流业与制造业关联测度模型，研究发现物流业发展依赖于制造业，不同地区同一产业对物流业的依赖性也不同，农业、采掘业和商业对物流业依赖性最为明显。

杨阳彤晞（2016）基于投入产出表将物流业中的航空运输业单独划分出来，并建立对应的经济增长贡献的模型进行回归分析，定量测算航空运输业对国民经济增长的直接贡献和其他产业部门的外溢效应。李杨超等（2016）使用投入产出模型测算物流业关联和波及效应，定性分析物流业对国民经济增长的拉动作用。董双华（2017）利用投入产出模型分析我国物流中的交通运输业与国民经济之间的关联情况，同时还分析了 2007 年和 2012 年我国交通运输业对国民经济的影响变化及支撑作用。蒋茂荣等（2017）利用投入产出模型和灰色关联模型，研究我国高速铁路的投资建设对国民经济的影响。周小勇等（2017）利用投入产出数据和 SDA 模型，测算物流业与商贸细分行业的产业关联效应，研究指出在制定商贸物流市场发展专项规划前，需要了解商贸业结构特点以区分不同的细分部门，从而实现更精准的产业关联。王燕（2018）利用投入产出表测算相关系数，实证分析湖北省航空运输业的经济贡献率，并将其在国民经济各行业中进行定位。贺俊（2020）利用投入产出法对供应链安全及韧性进行实证分析。闫育满等（2021）基于投入产出模型分析生产性服务业的产业关联效应。苏庆义等（2021）利用世界投入产出模型测算中美两国的全球供应链风险。高明（2021）利用投入产出表，分析中国物流业的产业关联及波及效应，并研究中国物流业与其上下游企业的经济联系。韩丽萍等（2022）基于投入产出理论，利用结构分解法和产业关联效应法，分析物流业的碳排放强度变化原因。

（七）关于产业转型升级和产业选择的研究

国内学者对产业结构转型升级的内涵、决定因素、转型方向及途径进行了丰富研究。主要集中在产业结构转型升级的重要性、产业转型升级和产业选择的路径、产业转型升级和产业选择的影响因素、产业转型升级的测度等。

1. 产业结构转型升级的重要性

林毅夫（2012）全面探讨了中国产业升级给低收入国家带来的发展机遇，资本、技术以及建设机遇使得低收入国家制造业发展的充分活力，并认为产业升级将推动中国成为世界经济引领者。姜琳等（2012）研究了1999—2010年中国东中西部工业产业转移，其认为产业的转型不仅是产业类型和发展阶段的改变和调整，其本质应该是生产要素的改变。蒋兴明（2014）通过对中国产业结构发展的深入探讨，发现产业结构转型升级可以提高企业的市场份额，提升企业品牌的影响力，促进各企业符合行业发展规则，从而实现企业的发展。刘英基等（2015）的研究指出新兴经济体进行产业转型升级会影响全球产业分工格局，并对本国面临的经济增长、可持续发展、产业结构和就业问题有积极影响。费洪平（2017）提出通过强化研发设计、构建销售网络以及良好的品牌来促进产业高质量发展，并提出产业转型升级需要注重生态环境、产业集聚、信息建设以及国际影响力。

2. 产业转型升级和产业选择的路径

一些学者认为产业机制、创新水平、政府监管、教育投资力度、进出口效率以及绿色发展是产业结构转型升级的主要路径。周敏倩（2002）提出应通过建立合理有效的产业机制、产业政策并重视技术创新3个方面来优化产业结构。鞠建东等（2017）通过研究发现有为政府是实现产业结构平行交易和垂直管理的有效形式，能够达到资源的最优配置。赵儒煜（2018）以东北地区产业选择为例，通过对东北三省社会总投资、社会总消费、产业占GDP比重、国有企业经营状况等方面进行分析，发现加大产业创新、明确需求导向等是实现东北振兴产业选择的重要路径。丁铎栋（2019）对中国煤炭产业的转型升级路径的研究发现，应加大对教育发展的投资、提高对外进出口效率、注重产业的绿色发展并延长产业链，从而实现煤炭产业转型升级。李永红等（2019）基于大数据价值链视角，从数据量与数据质量、数据分析能力以及创新性思维出发，分别提出大数据驱动传统产业转型升级的 3 种路径。另一些学者认为各地区应根据自身发展状况制定产业结构转型升级的路径。张米尔（2002）通过研究国内外资源型城市的产业发展状况发现，各城市不同的发展阶段和外部环境都会影响到本城市产业转型的内涵，各城市应当根据实际情况探索符合自身的产业转型道路。涂颖清（2015）主要研究江西省产业升级的路径，其认为产业生态化与产业升级之间具有相关关系，应制定产业规划和落实政策法规、构建合理的生态产业网络和优化评估体系以及加强科技创新水平，从宏观、中观以及微观 3 个层面实现江西省产业升级。杜剑等（2018）认为贵州省应与其他国家实现优势互补、资源互通以及信息交流，通过对外开放度的提高推动贵州省产业转型升级。徐祥军等（2019）认为河南省的发展应与东部发达地区以及国际发达区域实现对接，凭借自身的优势承接产业转移来促进产业升级。王炎灿等（2019）认为川南地区的产业结构的调整与优化应从第一产业出发，提高农业生产效率，扩展农产品销售渠道，全面提高第一产业附加值。

3. 产业转型升级和产业选择的影响因素

环境规制、生产要素、财政支出水平、金融发展、人力资本、创新水平以及外商直接投资都在一定水平程度上影响产业结构转型升级。郑磊（2012）通过研究发现在"一带一路"背景下，金融业、交通运输、邮政业和制造业对产业结构转型升级的推动作用最大。杨英等（2015）认为产业升级能够增加向"一带一路"国家的直接投资，但不存在反向作用。艾麦提江·阿布都哈力克等（2016）深入研究西北和西南地区投资结构，并分析其对产业结构的作用，认为丝绸之路经济带投资结构的优化能拉动产业结构优化升级。童健等（2016）指出环境规制和生产要素是影响工业转型升级的重要因素，随着环境规制的资源有效配置和技术水平的提升，工业转型升级也不断加快。王勇（2017）提出"有效政府"和"有为政府"相结合，并发挥市场主导作用来促进产业转型。袁航等（2018）探讨多种政策对产业结构转型升级的影响，发现国家高新区能推动产业结构高级化而对合理化无影响；西部大开发对该区域的产业结构具有明显促进作用。另外，综合配套改革试验区也是中国产业结构发展的重要机遇。李卫兵等（2018）对综改区整体的作用效果进行了检验，发现山西省的综改区发展状况较差。孙盼盼（2018）认为在供给侧改革的作用下，地方政府应通过提高全要素生产率，提高经济发展质量来促进旅游业的优化升级。杨嘉顾等（2018）对辽宁省的经济发展利用柯布道格拉斯函数进行分析，发现在供给侧改革的作用下，地方财政支出水平、金融发展环境以及消费者价格指数均能推动辽宁省的产业结构优化。邵长斌等（2018）运用共词分析法，对 CSSCI 数据库中 2012—2017 年产业转型升级研究文献的关键词进行了凝聚子群分析归类，发现技术创新、比较优势、产业分工、双向投资等是影响产业转型升级的重要因素。贾仓仓等（2018）、王仁祥等（2019）、覃业霞等（2019）分别运用面板 OLS 模型、差分 GMM 模型以及引力模型，通过实证分析得出资源条件、资金能力、技术水平、劳动力、资本、技术创新等的相互效应是影响产业转型升级的重要因素。毛建辉等（2019）提出两个观点：一是区域之间环境规制对产业结构的作用效果具有差异性；二是政府的财政支出压力和环境治理压力也会迫使各地区产业结构的升级效率的提升。此外，杨云飞等（2019）认为影响河北省产业升级的 4 个关键要素分别是人力资本、技术创新、政府调控和外商直接投资，应从这四个角度出发，探究产业升级的具体措施。肖玉花（2019）认为对"一带一路"国家的直接投资量不影响产业结构合理化，却能加速产业结构高度化。刘晨曦（2019）和刘刚（2019）都认为在"一带一路"倡议的背景下，应通过提高对外直接投资来促进中国产业结构转型升级。

4. 产业转型升级的测度

陈强强等（2016）、杨立勋等（2016）、刘林初等（2017）、马洪福等（2017）等运用超前系数、Lilien 指数、More 值以及结构偏离度等指标分析西安、甘肃等西部省市以及长江中游城市群的产业转型升级方向、速度以及产业结构高级化。张晓燕等（2018）测算江苏省各地级市产业转型升级的方向与速率，发现技术进步和人口素质的提高能够促进产业转型升级，外商直接投资与贸易阻碍产业转型升级。

（八）关于"一带一路"作用下产业结构转型升级的路径和策略

国内学者对"一带一路"作用下产业结构转型升级的路径和策略进行研究的有：赵菲菲等（2015）根据西北五省产业结构趋同问题的研究，发现"一带一路"倡议将有效解决新疆的产业趋同，促进产业链的合理分工与布局，并为新疆产业结构的调整提出建议。龚英等（2015）认为"一带一路"背景下，西部发展特色产业应从开发清洁能源、延长农业产业链以及西部陶瓷产业的发展出发带动西部特色产业走出去。谢静（2022）以内生增长理论为基础，对中国在"一带一路"沿线65个国家的面板数据进行了实证分析，表明中国对外投资通过研发资本溢出促进了东道国的长期经济增长。苏丽婷（2016）研究"一带一路"倡议背景下陶瓷产业的转型升级路径，提出应结合陶瓷产业发展特色，提升工艺创新水平，形成品牌效应，并推动陶瓷产业"走出去"。李军等（2016）主要研究各企业升级的机制，其认为企业应抓住"一带一路"的发展机遇，实现跨产业升级和产业的空间调整，有效减少企业成本并加强创新投资，充分提高市场竞争力。石薛桥等（2019）的研究发现，"一带一路"能从产业结构合理化和高级化方面实现产业结构优化升级。

三、 文献述评

通过对现有文献梳理发现，国内外对于"一带一路"沿线国家经济合作、国际分工地位、产业转型升级和产业选择的研究已取得了大量的丰硕成果，然而仍缺少如何将三者结合起来，根据"一带一路"沿线国家产业经济发展的市场需求情况、中国的国际分工地位水平情况、中国各地区及各省份自身产业经济发展的实际情况来确定中国产业转型升级具体行业如何选择层面的研究。

（1）关于"一带一路"沿线国家经济合作的相关研究，缺乏结合"一带一路"沿线国家产业经济发展的市场需求情况，为中国各地区、各省份产业转型升级提出具体行业选择的参考方向。国外学者的研究侧重于"一带一路"倡议对沿线国家的经济发展贡献，较少针对中国自身经济发展来展开研究。

国内学者虽然将研究重心放在"一带一路"倡议对中国经济发展的影响与作用方面，但仍主要围绕"一带一路"倡议是如何促进中国实现全球价值链重构、产业转移、产业合作、国际贸易与投资、产业转型升级等方面，缺少对"一带一路"倡议是如何推动中国各地区、各省份产业转型升级，并为之提供转型行业、升级行业具体选择方向的研究。

（2）关于国际分工地位的相关研究，缺乏对发展中国家如何摆脱"发达国家俘获"和"低端锁定"的现状，提升国际分工地位水平方面的研究。国外学者的研究多侧重于从发达国家的角度出发，主要包括国际分工地位的演变、国际分工地位的测算方法、国际分工地位与国际贸易之间的关系以及国际分工地位对产业转型升级的影响与作用等方面，缺少对发展中国家如何积极融入而不是被动嵌入世界国际分工体系方面的研究。国内学者虽然将研究视角转向发展中国家如何积极融入世界国际分工体系方面，但仍缺少发展中国家在融入世界国际分工体系之后如何提升自身国际分工地位层面的研究。

（3）关于产业转型升级和产业选择的相关研究，缺乏将产业转型升级与产业选择相结合，并用一定的模型或方法，对转型行业、升级行业进行具体选择层面的研究。国内外学者的研究侧重于产业转型升级和产业选择的路径、影响因素以及测度3个方面，较少将产业转型升级和产业选择两者综合考虑，缺少对于国家产业转型升级具体行业选择层面的研究。

（4）较少从省域的角度分析"一带一路"倡议对产业结构转型升级影响的文献。在经济转型时期，调整产业结构是实现转型增长、跨越中等收入陷阱的突破口，而如何转型升级以及转向什么方向是关键着力点。那么，在"一带一路"倡议的大背景下产业走出去的机会越来越多，"一带一路"倡议对沿线省域产业结构转型升级是否具有促进作用，这决定了研究的特殊性和必要性。

（5）关于"一带一路"倡议对产业结构转型升级影响的区域差异性分析不够深入。已有文献探讨"一带一路"倡议对中国经济与贸易的发展产生重要影响，并提出在"一带一路"倡议带来的各种发展机遇下，也存在着"一带一路"倡议实施中面临经济发展不平衡、民族宗教复杂、文化各异、地理环境差异大等问题。因此，应详细研究"一带一路"倡议对产业结构转型升级的区域差异性。根据中国行政区域的划分，分别研究各区域"一带一路"倡议对产业结构转型升级的影响及影响的差异性，这也是缩小地区发展差距的重要举措。

鉴于此，立足于产业结构的发展现状及存在的问题，探究"一带一路"倡议对产业结构转型升级的整体影响；然后，分析"一带一路"对产业结构转型升级的区域异质性，分别研究华北、东北、华东、中南、西南、西北地区，探究区域间存在怎样的差异。

第三节　研究意义、内容、方法及创新点

一、　研究意义

当今，我国面临着复杂的社会经济形势，不稳定性不确定性因素明显增加，对"一带一路"倡议实施以及经济发展造成了极大影响，为适应当前复杂的国内外环境，我国提出了"国内国际双循环的新发展格局"。那么，"一带一路"倡议致力于开放型经济的建设，是否能推进各省域产业结构转型升级，怎样影响着产业结构的转型升级，有哪些地方需要加以改进，并进一步探究"一带一路"倡议具体从哪些方面对产业结构转型升级产生影响。从而为"一带一路"倡议的实施和中国产业结构转型升级提出发展建议与对策，主要存在以下几方面的意义。

（1）研究发现"一带一路"倡议对产业结构高级化的质和量、产业结构合理化以及狭义的产业结构服务化的影响较大，而"一带一路"沿线省市区广义的产业结构服务化程度较低，为政府制定产业结构转型升级的相关政策提供了理论依据。

（2）从"一带一路"倡议对六大行政区以及"一带"和"一路"两个经济圈所涉及的省市区分别进行检验，探寻"一带一路"倡议对区域产业结构转型升级影响的差异性。

（3）基于"一带一路"和国际分工视角，将"一带一路"范围内中国工业全球价值链分工地位得到提升的行业与"一带一路"沿线国家工业市场需求的实际情况进行对比，选择出中国工业发展的潜在行业，尝试为中国工业发展寻找发力点，提供参考方向。首先，运用出口技术复杂度测算中国工业整体及 36 个细分行业在全球价值链分工体系中的地位情况。其次，将中国与"一带一路"沿线国家单独抽出，观察在"一带一路"范围内中国工业整体及 36 个细分行业全球价值链分工地位的变化情况，发现中国工业绝大多数行业的全球价值链分工地位水平得到了提升，表明中国工业在全球价值链分工中已处于较高的地位，并通过加大与沿线国家之间的工业合作，来加快中国由工业大国向工业强国转变的步伐。最后，通过将"一带一路"范围内中国工业全球价值链分工地位得到提升的行业与"一带一路"沿线国家工业市场需求的实际情况相结合，选择出中国工业发展的潜在行业，以此寻找出中国工业发展的一个发力点。

（4）基于中国各地区、各省份工业 36 个细分行业发展的实际情况，通过与"一带一路"国际分工视角下中国工业发展的潜在行业进行对比分析，来对其工业转型升级的具体行业进行选择，以期尝试为中国各地区、各省份工业转型升级行业的具体选择方向提供一种新的参考思路。

（5）利用调整后的世界投入产出模型测算中国物流业后向关联度和前向关联度，根据中国物流业与"一带一路"沿线国家的空间关联分布，解决中国与沿线国家在基础设施、运输标准和政治互信等方面存在的问题，从而提高中国物流业在国际贸易往来过程中的效率。

（6）根据对外依存度的测算方法，能够评估我国物流业面临的潜在外部市场风险，从而提前制定应对策略。在参与全球化贸易谈判时，可以衡量中国与具体贸易国之间的依赖程度，判断我国是否处于优势地位，从而为政府制定谈判策略提供参考价值。同时，通过贸易增加值核算下对外依存度的测算结果，可以将其作为衡量我国参与国内大循环、国内国际双循环相对程度的指标。

二、 研究方法

(1) 文献分析法。对国内外相关文献归纳整理，并进行有效地分析和总结，确定文章的研究内容与研究思路。

(2) 比较分析法。运用出口技术复杂度的测算方法对包含中国在内的世界上 90 个国家工业整体及细分行业全球价值链分工地位进行测算，并通过将中国分别放入到全球和"一带一路"两种体系中，对中国工业整体及细分行业在全球范围内和"一带一路"范围内的全球价值链分工地位情况进行对比分析。

(3) 实证分析法。运用偏离—份额分析法对中国各地区、各省份主要发展的工业行业进行实证分析，为后续基于"一带一路"和国际分工视角，对中国各地区、各省份工业转型升级的具体行业进行选择提供了前期条件；利用 2014 年世界投入产出表和 2018 年中国投入产出表，调整出独立物流业部门。通过调整后的世界投入产出表，测算中国物流业的后向关联度、前向关联度、对外依存度、产业关联效应和波及效应，分析"一带一路"倡议下中国物流业的国际空间关联分布。

(4) 定性分析和定量分析相结合法。通过定性分析，明确物流业的定义和"'一带一路'沿线国家的界定"，了解投入产出理论以及产业关联理论，应用于中国物流业国际空间关联的研究；通过定量分析，基于投入产出模型，测算中国物流业的空间关联度和产业关联效应，分析中国物流业与沿线国家的空间关联情况。

三、 研究内容

第一章　绪论。本章介绍了文章的研究背景，梳理了国内外研究的相关文献，简述了文章的研究意义、研究方法、研究内容以及创新点。

第二章　相关概念及理论方法。本章介绍了一些相关概念和理论，并对所用到的工具方法进行了简单介绍。

第三章　中国产业发展现状。分析了中国产业整体、工业以及物流业的发展现状。

第四章 中国与"一带一路"沿线国家经贸往来现状。分析中国与"一带一路"沿线国家总体和细分行业的贸易往来以及互联互通情况。

第五章 中国产业结构发展中存在的问题。分析"一带一路"国际分工视角下中国产业结构总体、工业发展以及物流业发展中存在的问题。

第六章 "一带一路"倡议对产业结构转型升级的作用机制。分析"一带一路"倡议对产业结构转型升级的作用机制及行业选择机制。

第七章 "一带一路"倡议对中国产业结构转型升级的政策效果。主要进行"一带一路"倡议对中国产业结构转型升级的整体影响和异质性影响分析。

第八章 中国与"一带一路"沿线国家工业整体和细分行业的全球价值链分工测算。主要测算了中国工业整体及细分行业的全球价值链分工地位，并分析了中国在"一带一路"沿线国家中工业整体及细分行业全球价值链分工的变化。

第九章 基于倾向匹配得分及提升国际分工地位目标的中国工业行业选择。首先分析与中国发展趋势相同的国家，然后进行潜在行业选择，最后从潜在发展行业中再根据市场需求对中国工业发展行业进行选择。

第十章 "一带一路"倡议下中国分地区及省份工业转型升级的行业选择。运用偏离—份额分析法对中国各地区、各省份主要发展的工业行业进行了实证分析，并通过结合"一带一路"国际分工视角下中国工业发展的潜在行业，进一步遴选出了中国各地区、各省份工业亟待转型和升级的行业。

第十一章 "一带一路"倡议下中国物流业国际空间关联分析。主要对世界投入产出表进行物流业部分的剥离，然后对中国物流业与"一带一路"沿线国家以及与"一带一路"沿线国家各行业的空间关联分析。

第十二章 主要结论与建议。主要从"一带一路"倡议下中国产业发展、工业转型升级以及物流业发展三个方面总结主要结论及提出相应的发展建议。

四、 创新点

国内外目前有关产业结构转型升级的研究，多数侧重于把"一带一路"

倡议和产业转型升级进行关联性分析，探究"一带一路"背景下产业结构的发展状况，而具体分析"一带一路"倡议对产业结构转型升级影响的文献较少，并且关于"一带一路"倡议对产业结构转型升级作用的区域差异性的分析不够深入。

（1）分析"一带一路"倡议对沿线省域和非沿线省域产业结构转型升级影响的差异性。文章明确界定了"一带一路"倡议与产业结构转型升级的概念，并根据其内涵和相关理论对这两个变量进行了定量测算，进而探究"一带一路"倡议对产业结构高级化的质和量、合理化以及狭义和广义的服务化的重要作用。

（2）探讨"一带一路"倡议对产业结构转型升级影响的区域差异性。不仅研究了六大行政区域在"一带一路"倡议影响下产业结构高级化的质和量、合理化及狭义和广义的服务化影响的差异性，并对"丝绸之路经济带"和"21世纪海上丝绸之路"包含的省（区、市）产业结构高级化的质和量、合理化及狭义和广义的服务化进行比较分析。

（3）基于中国工业在不同范围内国际分工地位的变化情况，为确定中国工业发展的潜在行业，提供了"一带一路"和国际分工的研究视角。

根据中国在全球和"一带一路"两种不同范围内工业整体及细分行业全球价值链分工地位的变化情况，以沿线国家工业市场需求的实际情况为引导，以中国工业国际分工地位的实际情况为约束，对中国工业的发展方向进行了探讨分析，从而选择出了中国工业发展的潜在行业。

（4）基于中国各地区、各省份自身工业发展的实际情况，为中国各地区、各省份工业转型升级的行业选择方向，增添了"一带一路"和国际分工的研究视角。

现有文献对于中国工业转型升级方向选择的相关研究，侧重于通过运用投入产出、比较优势等相关理论和模型方法，主要研究中国各地区、各省份自身工业上下游产业链之间的相互关联和推动情况，来确定某一地区或省份工业转型升级的方向，而这种方式往往不能脱离该地区或省份自身的区位优势和资源禀赋。因此，本书尝试从"一带一路"和国际分工视角出发，以

"一带一路"国际分工视角下中国工业发展的潜在行业为引导，以中国各地区、各省份自身工业发展的实际情况为约束，对中国各地区、各省份工业转型升级的行业选择进行分析，以期能够丰富有关中国工业转型升级方向选择等相关领域的研究。

（5）在世界投入产出表中调整出独立的物流业部门。在2014年世界投入产出表的基础上，利用2018年中国投入产出表中货物运输与旅客运输单独核算的特点，计算属于物流产业部门的相关调整系数，调整出包含独立物流业的世界投入产出表。

（6）分析"一带一路"倡议下中国物流业的国际空间关联分布。通过调整好的世界投入产出模型，测算中国物流业的后向关联度、前向关联度、对外依存度、产业关联效应和产业波及效应，利用测算结果分析"一带一路"倡议下中国物流业的国际空间关联分布情况。

第二章

相关概念及理论方法

第一节　基本概念

一、"一带一路"倡议

2013 年，习近平主席先后提出"丝绸之路经济带"和"21 世纪海上丝绸之路"，简称"一带一路"倡议（The Belt and Road，B&R），立足于新的历史时期，由党中央、国务院统揽全局所作出的重大战略决策，旨在借用古代丝绸之路的历史符号，高举和平发展的旗帜，积极开展与沿线国家的经济合作伙伴关系，共同打造政治互信、经济融合、文化包容的利益共同体、命运共同体和责任共同体。"一带一路"倡议有助于沿线国家之间互相取长补短、共同成长，提升中国综合国力、国际影响力，加快世界的经济发展。2015 年 3 月 28 日，《推动共建丝绸之路经济带和 21 世纪海上丝绸之路的愿景与行动》文件正式推行，"一带一路"倡议开始实施后，承包工程项目数量突破 3000 个。2015 年，中国对"一带一路"49 个沿线国家进行直接投资，投资额同比增长 18.2%。根据《"一带一路"贸易合作大数据报告 2018》，"一带一路"倡议 71 个沿线国家[①]的具体名单情况详见附录 1。

"一带一路"倡议符合各国经济发展的目标，也是对全球经济合作和治理方式的创新探索，为世界和平带来了正能量。自"一带一路"倡议实施以来，中国开拓了与沿线国家的合作范围以及合作方式，保持着促进经济发展的初心，不断扩展战略合作的区域，向世界证明了主动开放必然造就机遇。在

[①] 文中涉及的"一带一路"沿线国家共 50 个，包括：亚洲及大洋洲地区 10 个国家，韩国、新西兰、蒙古国、新加坡、马来西亚、印度尼西亚、菲律宾、文莱、缅甸、越南；中亚地区 2 个国家，哈萨克斯坦、吉尔吉斯斯坦；西亚地区 12 个国家，以色列、土耳其、格鲁吉亚、阿塞拜疆、亚美尼亚、伊朗、约旦、黎巴嫩、沙特阿拉伯、阿曼、科威特；南亚地区 5 个国家，印度、巴基斯坦、斯里兰卡、马尔代夫、尼泊尔；东欧地区 18 个国家，波兰、立陶宛、爱沙尼亚、斯洛伐克、匈牙利、斯洛文尼亚、俄罗斯、乌克兰、白俄罗斯、摩尔多瓦、捷克、克罗地亚、黑山、塞尔维亚、阿尔巴尼亚、罗马尼亚、保加利亚、马其顿；非洲及拉美地区 4 个国家，南非、摩洛哥、马达加斯加、埃及。

"一带一路"倡议的开放包容下，中国与沿线国家的交通更便利、信息更畅通，有效实现各种经济资源的合理配置，形成了有序的市场环境，可以说"一带一路"倡议有效处理了经济平衡发展的难题。

二、 全球价值链

目前，联合国工业发展组织关于全球价值链（global value chain，GVC）的定义最具代表性。全球价值链是指为实现商品或服务价值，连接生产、销售、回收处理等过程的全球性跨企业网络组织，涉及从原料采购和运输，半成品和成品的生产和分销，直至最终消费和回收处理等环节，包括所有参与者和生产销售等活动的组织及其价值、利润分配，当前散布于全球的处于价值链上的企业进行设计、开发、生产、制造、营销、交货、消费、售后、循环利用等各种增值活动。

三、 产业结构转型升级

产业结构转型升级是指依据产业关联技术的比例关系，转变不协调的产业结构，促进产业间协调发展。产业结构的调整就是通过相关产业政策调整来影响供给结构和需求结构的改变，实现资源优化配置与再配置，来推动产业结构的合理化、高级化和服务化。随着社会经济的不断发展，需要摒弃以往的数量增长，转变为质量的增长，而产业结构转型升级对经济高质量发展是不可或缺的环节。中国学者结合国情赋予产业结构转型升级新的内涵，就国内产业结构转型升级的主流观点总结为以下3个方面：

（1）产业结构高级化是指产业结构从低水平向高水平方向的发展。产业结构的发展顺着第一、二、三产业优势地位顺向递进，并按照劳动密集型产业、资本密集型产业、技术密集型产业优势地位顺向演进。

（2）产业结构合理化是指产业之间协调能力的加强和关联水平的提高。产业结构的合理化要解决供给结构和需求结构相互适应的问题，三次产业以及各产业内部之间发展的问题，产业结构效应如何充分发挥的问题。产业结构合理化应根据消费需求和资源条件，对不理想的产业结构进行相关变量的调整，使资源在产业间实现合理配置。

（3）产业结构服务化是指随着时间的推移，产业结构由以第一产业为主导转向以第二产业为主导，再转向以第三产业为主导。狭义的产业结构服务化是相对于第一、第二产业而言，第三产业产值占比的提升更快且扩展领域更大，即形成"三、二、一"的产业结构。广义的产业结构服务化是指服务业向其他行业拓展的动态过程，包括服务业与其他各行业的融合，即第三产业内部结构的服务化。

四、行业划分

2017 年，国家统计局、国家质量监督检验检疫总局以及国家标准化管理委员会联合推出《国民经济行业分类》（GB/T 4754—2017）第四次修订版，对各产业进行了划分，国民经济行业共分为 20 个大类行业，包含 97 个细分行业。通过查阅历年的《中国统计年鉴》《中国工业统计年鉴》以及各省（区、市）的统计年鉴，搜集了中国 31 个省（区、市）的各细分行业的数据。按照各行业中的劳动力、资本和技术三种生产要素的相对集中度进行模糊聚类分析，将 97 个细分行业划分为劳动密集型产业、资本密集型产业以及技术密集型产业。

（1）技术密集型产业指技术和智力生产要素投入的重要性远远高于其他生产要素。所以根据各行业的研发技术投入占中间总投入的比重进行聚类分析，筛选出技术密集型产业。

（2）劳动密集型产业指在生产过程中劳动力生产要素的投入占主导地位，即对技术和设备的依赖程度较低。因此，根据各行业劳动投入量与固定资产投入的比例进行聚类分析，划分出劳动密集型产业。

（3）资本密集型产业指在单位产品成本中，资本所占比重远高于其他生产要素，对固定资本和流动资本的依赖程度都较高。所以根据各行业固定资产投入与劳动投入的比例进行聚类分析，划出资本密集型产业。不同生产要素相对集中度划分下 3 种密集型工业分类结果见附录 2。

五、物流业

第二次世界大战期间出于战争的需要，许多军事研究者和学者对军事后勤物流工作进行了深入研究，由此慢慢发展出了物流的概念。1915年，美国学者阿奇·萧首次提出了"distribution"，并认为物流是对物资进行管理的学科，其主要包括整个运输系统中的生产、销售、配送等各个运输环节。随着物流学科的不断发展进步，物流从最开始的"distribution"转变为"logistics"，研究者们对于物流的理解也不仅仅局限于分配物资，而是从全局来考虑整个物流系统的作用，学者们对于物流学科的理解也变得更加专业化，但是目前世界各个国家对于物流学科的理解依然没有形成统一的认识，分散化现象较为严重。

1985年，美国物流协会提出，物流是货物和服务从起源地运往消费地的过程，并对运输、仓储、服务等环节进行规划和控制。1994年，欧洲物流协会提出，物流是对货物运输及人员安排等活动进行规划和控制的过程。同时物流具有多样性的特点，可以根据不同消费者的特点制定不同的物流服务。1981年，日本综合研究院将物流定义为："生产者将货物运往需求者物理意义上的位移，转移的过程中所创造出的附加价值，有助于提升社会经济的发展。"20世纪70年代末，我国引入"物流"概念。1997年，在我国的《物流术语》中提出，物流是指物品从供应地向接收地的实体流动过程。关于物流方面的研究，我国众多学者认为物流属于产业领域并将其视为物流产业，但对于物流产业这一概念，国际上并无确切的标准，学术界也未达成一致的看法，尽管物流产业没有作为独立的行业，但是物流活动却涉及国民经济多个环节。随着社会经济发展不断的进步，新产业的诞生必然会伴随着旧产业的消亡，同时产业自身的发展速度必然大于产业分类调整的速度，这是经济社会发展的客观规律，因此物流产业已然是客观存在的。

综上所述，物流的实质是物资的移动，其他环节的展开都是围绕物资移动而衍生出来的，目的是提高服务质量，满足消费者需求，并不断完善售后服务，使物资移动这一过程变得更具价值意义。

第二节　相关理论

一、国际分工理论

国际分工（international division of labor）指世界各国（地区）之间的劳动分工，是各国生产者通过世界市场形成的劳动联系，是实现国际贸易和经济联系的基础，主要包括：比较优势理论、产业内分工理论以及产品内分工理论。

（一）比较优势理论

1776 年，亚当·斯密（Adam Smith）在《国富论》中提出，每一个国家都有其适宜于生产的某些特定产品绝对有利的生产条件，将特定产品进行专业化生产并进行国家之间彼此交换，则对所有交换的国家都是有利的。1817年大卫·李嘉图（David Ricardo）指出，每个国家都应该根据"两利相权从其重，两害相权从其轻"的原则，集中生产并出口具有比较优势的产品，进口具有比较劣势的产品。1933 年，赫克歇尔-俄林（Heckscher-Orin）认为，一国应该以自身最丰富和最便宜的要素为导向来进行生产和出口，而不是去生产那些自身生产效率最高的产品，H-O 理论强调国际分工的格局是由世界各国要素禀赋的差异性来决定的。

（二）产业内分工理论

20 世纪中叶，保罗·克鲁格曼（Paul Krugman）曾在产业内分工理论方面进行了深入研究，通过构造产业内贸易理论模型，综合运用规模报酬递增、产品差异化等思想分析资本积累的资源，即进口方的福利主要来自于差异化产品的消费，而出口方则从规模经济利益之中获得盈利。

（三）产品内分工理论

20 世纪中后期，随着产业内分工模式在技术方面不断创新、在市场与资源方面不断活跃，产业内分工逐渐演变为产品内分工。产品内分工则是指产品生产过程包含的不同工序和区段，被拆散分布到不同国家进行，形成以工序、区段、环节为对象的分工体系。

二、 全球价值链理论

1985 年，哈佛大学商学院教授 Michael Porter 提出价值链概念，认为每个企业都是一种集合体，具备设计、生产、销售、配送以及辅助活动等功能，这些功能与相互关联构成了一条能够创造价值的生产链，即企业的价值链。1995 年，Paul Krugman 提出企业间的价值链分工同样适用全球各国价值链分工的观点。2001 年，Garry Griffin 基于全球商品链，提出了全球价值链概念，全球价值链理论指出在跨国公司生产活动的背景下，价值链上各个环节的利润程度各不相同，每条全球价值链上总是存在一些能够创造更高利润的战略环节，而这种高增加值的战略环节是需要价值链上的国家引起重视的。

全球价值链主要包括三个环节：技术环节、生产加工环节和营销环节。从附加值的角度看，全球价值链三大环节创造的附加值呈 U 型，即"微笑曲线"。如图 2-1 所示，曲线左端的技术环节和右端的营销环节创造附加值相对较高，曲线中间的生产加工环节创造的附加值相对较低，由于生产加工环节进入全球价值链的门槛较低，竞争十分激烈，利润不高，一旦失去成本优势便会被淘汰。通过提升技术环节、营销环节的优势，能够使一国更好地融入全球价值链，并长期处于高端位置。

三、 产业发展相关理论

产业转型升级是指产业结构高级化与产业结构合理化，即产业向更有利于经济、社会发展的方向发展，反映了一个国家产业发展的方向和速度，代表一个国一二三产业的发展均衡情况，主要包括：产业发展理论、产业竞争力理论。

（一）产业发展理论

1940 年，Colin Clark 在配第（William Petty）发现的基础上，对产业结构

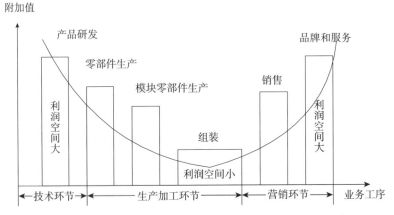

图 2-1　基于"微笑曲线"下的全球价值链各环节附加值示意图

的演变进行了进一步考察，发现为人均国民收入不断提高时，劳动力会由第一产业逐渐转向第二、三产业。这一产业结构的演变趋势称为"配第—克拉克定理"。1985 年，美国经济学家 Simon Kuznets 在"配第—克拉克定理"的基础上，通过对国民收入和劳动力在产业间分布结构的变化进行分析，不仅证实了"配第—克拉克定理"，而且发现工业在国民经济的比重将经历一个由上升到下降的倒 U 型变化。

（二）产业竞争力理论

1990 年，迈克尔·波特（Michael Porter）从产业竞争力的角度，认为决定一国产业竞争力的有生产要素、需求条件、相关产业和竞争对手等 4 个因素，这四个因素构成了"钻石模型"的主体框架，称为波特"钻石模型"理论。1996 年，瑞士洛桑国际管理发展学院（International Institute for Management Development，IMD），认为国际竞争力＝竞争力资产×竞争力过程，竞争力过程指一国把资产转化为增加值而产生国际竞争力的活动。

（三）雁行理论

1935 年，日本经济学家赤松要提出了"雁行理论"，通过全新角度证明了对外合作以及学习领先技术对产业结构转型升级的作用机制。主要讲述的是全球各国的发展内容、发展阶段以及发展方向都具有差异性，而落后的国家应该积极进行国际贸易，积极引进资本和科学技术，为产业结构优化提供保障。这主要包含 3 个方面：①加大教育投入，并不断学习先进技术以提高创新能力，注重生产力的提升；②坚持对外贸易，不断加大进出口量，扩大国内和国际市场；③充分发挥自身优势，降低产品成本。

（四）技术创新产业升级理论

20 世纪 90 年代初，英国学者托兰惕诺和坎特韦尔提出了"技术创新产业升级理论"，通过技术积累论衡量发展中国家的投资，解释发展中国家的对外直接投资活动，并建立了一个动态的理论模型。该理论的内涵是：发展中国家的对外投资随着社会经济的不断发展，其投资的区域以及内容会随之变化，还可以根据已有数据进行预判。另外，对外直接投资的长期增长离不开科学创新力的提升，并认为科学创新水平的发展能够直接影响产业结构的升级，科学技术发展状况是跨国公司发展方向和发展速度的决定因素，也是国际生产状况的重要影响因素。

（五）产业关联理论

1939 年，美国经济学家里昂惕夫提出产业关联理论，从"量"的角度描述国民经济各产业部门间相互影响、相互制约的技术经济联系，即产业间"投入"与"产出"的量化比例关系。产业关联理论在现实中用途广泛，主要应用于国民经济核算，研究产业部门间投入与产出的比例关系及其特征，进而预测经济发展、制定经济计划及产业政策。

产业关联理论的基础是依据社会生产来研究产业间的经济联系。国民经济各产业部门在社会再生产中的经济联系形式较为多样，主要包括直接联系和间接联系，这种联系形式即存在依存关系，也存在制约关系，这种产业关系即包括投入产出关系，也包括供给需求关系。因此产业关联理论涵盖了国民经济各产业部门的多种经济联系。

产业关联理论的研究工具主要是投入产出法，定量研究产业间的生产、交换和分配。投入产出法主要包括编制投入产出表，建立对应的投入产出模型，系统性地分析国民经济各部门间、各环节间数量依存关系的一种数量经济综合分析方法。作为现代国民经济核算体系的重要组成部分之一，投入产出法的研究对象是相互联系的各类经济活动共同组成的生产部门，其实质是研究事物间存在的数量关联性的"投入"与"产出"相互依存关系。其中，"投入"是指产业部门在生产经营过程中所消耗和使用的各种生产要素。各产业部门在生产产品时，也在消耗其他部门的产品，包括中间产品、劳动者报酬、生产税净额、固定资产折旧和营业盈余等，统称为总投入。"产出"是指产业部门在生产经营过程中产生的成果被分配的去向。各产业部门所生产的产品，一方面提供给其他部门作为中间产品；另一方面作为最终产品直接用于全社会消费、投资和出口等，统称为总产出。

在 1968 年联合国统计局发布的《国民经济核算体系》中，将投入产出法作为国民经济核算的重要组成部分，并与其他核算体系相互结合了起来。近年来，随着全球宏观经济管理的不断加强，投入产出法因其全面性和实用性受到了普遍的重视，同时在分析对象和分析方法上也取得了长足的进展，至此投入产出法的应用步入了新的发展阶段。

产业关联理论的内容是指产业间的关联方式，主要表现为产业间相互影响、相互制约的不同类型。此外，产业生产与劳动力的联系即是产业关联理论的研究重点，也是产业间最基本的联系。在社会再生产循环的链条上，每个产业即是其他产业的供给者又是需求者，产业间的关联关系不仅奠定了产业结构形成的基础，同时也揭示了产业间的比例关系及其变化形式。

综上所述，产业关联并不是独立存在且只为自身服务的，从宏观层面讲是为整个国民经济服务，从微观层面讲是为产业间各类产品的交换服务。因此，作为整个产业系统的重要组成部分，各产业间理应相互关联、互为市场，从而形成一个动态经济系统服从于整个产业系统发展趋势的总体要求。

四、 区域经济理论

（1）增长极理论。20 世纪 50 年代由法国经济学家佛朗索瓦·佩鲁提出，该理论主要观点为：区域经济的发展主要依靠一部分条件较好的地区和产业带动，应该着重培养这部分条件较好的地区和产业形成经济增长极。增长极的发展可以带动周边区域经济的进步，其表现形式为"极化效应"和"扩散效应"，前者是指增长极以其经济技术条件吸引周围区域的自然及社会经济的潜力，后者是指增长极为周围区域投资或提供经济支援。极化效应在区域经济发展初期发挥着积极影响作用，而到了后期则随着发展水平趋于均衡，因此在更大程度上扩散效应发挥着主要的影响作用。

（2）点轴开发理论。最早是由波兰经济学家萨伦巴提出，点轴开发理论是增长极理论的延伸，增长极是点轴开发理论的"点"，研究者在分析增长极"点"的作用时，也关注了与"点"相关的交通干线"轴"所带来的影响。随着航空与水路等交通干线的陆续构建，物流量随之大幅增加，企业所需的运输成本迅速缩骤减，使得区域获得了更好的区位条件和投资优势。点轴开发理论展现出区域经济发展的不均衡性，要求将区域经济内的开发重点进行转移，通过点点跳跃方式实现资源的合理配置，并借助轴的带动作用推动区域经济的蓬勃发展。物流交通基础设施决定着区位优势，因此积极完善物流基础设施对于区域经济的发展具有重要的现实意义。

（3）网络开发理论。网络开发理论认为当区域经济发展到一定程度时，就会出现增长轴和增长极现象，并在更大范围内形成流动网络，加强了增长极与生产要素间的交流。随着区域经济网络不断延申，区域间的交流范围逐渐扩大。在区域物流的系统内，各物流子系统共同构成了物流网络，并与物流节点形成物流体系，推动着区域经济网络的发展。

（4）梯度推移理论。1966年，美国哈佛大学教授拉坦·弗农将产品生命周期阶段论引入到区域经济发展中，进而得出梯度推移理论，并认为区域经济发展决定着地区产业结构，同时地区产业结构也影响着区域经济的发展。基于此理论，在研究某一地区发展潜力时，可通过分析其主导产业的组成情况进行衡量，当组成情况是创新阶段的专业部门时则有必要投资，因为创新是经济进步的先决条件，对于区域经济发展而言至关重要。运用该理论研究各个区域物流时，发现其技术、人才和资源等存在显著差异，因此需通过区域间的分工与协作，结合经济实力选择适合自身的物流产业，从而实现区域经济的均衡发展。

五、 现代物流理论

现代物流理论是研究物流业的重要理论基础，随着物流理论的不断完善和发展，国内关于物流的研究不断衍生出诸多物流相关理论。纵观现代物流理论的发展过程，其主要核心理论如下：

（1）物流冰山和黑大陆理论。物流冰山理论观点是指物流实际支出像露出水面的冰山一样，绝大部分的物流费用都藏身在水面下方。黑大陆理论提出"流通是经济领域里的黑暗大陆"，物流活动存在着未知黑暗领域，人们对物流成本理解是模糊的。黑大陆理论属于抽象性研究结果，却对物流成本的相关研究提供了很好的参考。

（2）物流效益悖反理论。主要指物流领域中的一种矛盾现象，一种物流要素得到优化，另一种物流要素就会受到损害，各要素之间的关系是此消彼长、此盈彼亏，从而阻碍了物流系统的功能发挥，影响了物流整体的运行效率。因此，从整体优化的角度出发，将物流当作一个整体，有助于更大程度发挥物流的系统功能。

（3）物流中心理论。早期的物流中心理论主要研究物流成本对企业的影响，企业大量成本来源于物流消耗，合理地进行物流管理，有助于降低物流成本，提高企业经济效益。后期衍生出的物流服务中心理论认为，企业物流的重点是提升服务质量，满足消费者需求，增强企业的竞争能力。

第三节　主要工具方法

一、 出口技术复杂度

出口技术复杂度是衡量一个国家或地区某一产业或行业全球价值链分工地位的重要方法，一国某一产业或行业的出口技术复杂度越高，表示该产业或行业所包含的技术水平越高，从而全球价值链分工地位也就越高。

　　1984 年，西方经济学家 Michael Kelly 最早提出了出口技术复杂度的测算方法，认为一国或地区的出口技术水平会随着其人均国内生产总值的提高而不断增高。2002 年，华裔经济学家关志雄在迈凯利的研究基础上提出可以采用技术附加值来衡量出口技术复杂度水平，即首先利用各国的人均 GDP 乘某种产品的出口额与世界该产品总出口额之比来计算某种产品的出口技术复杂度，从而去衡量一个国家的出口技术复杂度。由于迈凯利和关志雄的方法会导致出口小国的影响基本消失，2007 年，Hausmann 将权重改为一种产品在一国总出口中的比例相对于世界总水平的份额（即显示比较优势指数），构建了新的产品出口技术复杂度指标，来克服这一偏差。

　　本书借鉴豪斯曼等人的测算方法，将测算一国或地区某行业的出口技术复杂度分为两步，首先构建产品 c 的出口技术复杂度，测算公式如下：

$$PRODY_c = \sum_r \left[\frac{\dfrac{X_{cr}}{X_r}}{\sum_r \left(\dfrac{X_{cr}}{X_r} \right)} * Y_r \right] \qquad (2-1)$$

　　式（2-1）中，X_{cr} 代表 r 国 c 产品的出口额，X_r 代表 r 国的出口额，分子代表 r 国 c 产品的出口额占 r 国总出口额的比重，分母代表所有国家该比重的和，Y_r 代表 r 国的人均 GDP，$PRODY_c$ 代表一种产品 c 的出口技术复杂度。一种产品的出口技术复杂度 $PRODY_c$ 指的是对所有出口这种产品的国家的人均 GDP 进行加权平均，权重为某个国家这种产品的出口额与所有国家这种产品的出口额之比。

　　然后，针对于某一国家或地区某一行业出口技术复杂度的测算，则是把一种产品的出口额占某一国家或地区该产品所在行业的总出口额的比重作为权重，分别乘以该产品对应的出口技术复杂度，再对所有产品的这项指标进行求和，以此得出一国或地区某一行业的出口技术复杂度，测算公式如下：

$$EXPY_{jr} = \sum_c \frac{X_{cjr}}{X_{jr}} PRODY_c \qquad (2-2)$$

式中，$EXPY_{jr}$ 表示一国或一地区某一行业的出口技术复杂度；X_{cjr} 代表 r 国 j 行业 c 产品的出口额，X_{jr} 代表 r 国 j 行业的总出口额。

二、 偏离—份额分析法

偏离—份额分析法（shift-share method，简称 SSM 分析法），是由美国经济学家 Daniel（1942）和 Creamer（1943）相继提出，经 Dunn（1960）、Hirlwall（1967）、Zaccomer（2006）等人不断完善，最终形成的一种用于衡量一个国家的某一地区或省份所有产业部门经济增长情况的方法。此方法将区域经济看作一个动态变化的过程，以其所在国家整体的经济发展作为参照系，将区域自身经济总量在某一时期的变动分解为 3 个分量，即份额分量（share component）、结构偏离分量（structural deviation component）和竞争力偏离分量（competitiveness deviation component），以此说明区域经济发展和衰退的原因，评价区域经济结构优劣和自身竞争力的强弱，找出区域具有相对竞争优势的产业，进而可以确定区域未来经济发展的合理方向和产业结构调整的原则。

假定区域 i 在经历了时间 $[0, t]$ 之后，经济总量和结构均已发生变化。设初始期（基年）区域 i 经济总规模为 $b_{i,0}$（用总产值或就业人数表示），末期（截止年 t）经济总规模为 $b_{i,t}$。同时，依照一定的规则，把区域经济划分为 n 个产业部门，分别以 $b_{ij,0}$、$b_{ij,t}$（$j=1, 2, \cdots, n$）表示区域 i 第 j 个产业在初始期与末期的规模，并以 B_0、B_t 表示区域所在国家在相应时期初期与末期经济总规模，以 $B_{j,0}$ 与 $B_{j,t}$ 表示区域所在国家在相应时期初期与末期第 j 个产业的经济规模。

区域 i 第 j 个产业在 $[0, t]$ 时间段的变化率为：

$$r_{ij} = (b_{ij,t} - b_{ij,0}) / b_{ij,0} \qquad (j = 1, 2, \cdots, n) \qquad (2\text{-}3)$$

全国第 j 个产业在 $[0, t]$ 时间段内的变化率为：

$$R_j = (B_{j,t} - B_{j,0}) / B_{j,0} \qquad (j = 1, 2, \cdots, n) \qquad (2\text{-}4)$$

以全国各产业所占的份额按式（2-5）将区域 i 各产业规模标准化得到：

$$b'_{ij} = (b_{i,0} \cdot B_{j,0}) / B_0 \qquad (j = 1, 2, \cdots, n) \qquad (2\text{-}5)$$

这样，在 $[0, t]$ 时间段内区域 i 第 j 个产业的增长量 G_{ij} 可以分解为 N_{ij}、

P_{ij}、D_{ij}三个分量，表达式为：

$$N_{ij} = b'_{ij} \cdot R_j \tag{2-6}$$

$$P_{ij} = (b_{ij,\,0} - b'_{ij}) \cdot R_j \tag{2-7}$$

$$D_{ij} = b_{ij,\,0} \cdot (r_{ij} - R_j) \tag{2-8}$$

$$PD_{ij} = P_{ij} + D_{ij} \tag{2-9}$$

$$G_{ij} = N_{ij} + P_{ij} + D_{ij} \tag{2-10}$$

式（2-6）~（2-10）中：

N_{ij}称为份额分量——指将j产业的全国总量按比例分配，分析区域i第j个产业经济规模发生的变化，即区域标准化产业按全国的平均增长率发展所产生的变化量。若$N_{ij}>0$，表明j产业属于区域i的增长型产业。反之，若$N_{ij}<0$，则表明j产业属于区域i的衰退型产业。

P_{ij}称为结构偏离分量（或产业结构转移份额）——指区域i的产业比重与全国相应产业比重的差异引起的区域i第j产业增长相对于全国标准所产生的偏差，它是将区域增长速度与全国的平均增长速度差异排除掉，假定两者等同，而单独分析产业结构对经济增长的影响和贡献。若$P_{ij}>0$，表明区域i的j产业结构优于全国整体的j产业结构，即区域i的j产业结构素质较好，并且P_{ij}的值越大，表明j产业对区域i的经济发展贡献越大。反之，若$P_{ij}<0$，则表明区域i的j产业结构劣于全国整体的j产业结构，即区域i的j产业结构素质较差，并且P_{ij}的值越小，表明j产业对区域i的经济发展贡献越小。

D_{ij}称为区域竞争力偏离分量（或区域份额效果）——指区域i第j个产业的增长速度与全国相应产业的增长速度差别引起的偏差，反映区域i第j个产业的相对竞争能力。若$D_{ij}>0$，表明区域i的j产业较全国而言，有较强的竞争力，并且D_{ij}的值越大，表明j产业对区域i经济增长的促进作用越大。反之若$D_{ij}<0$，则表明区域i的j产业较全国而言，有较弱的竞争力，并且D_{ij}的值越小，表明j产业对区域i经济增长的促进作用越小。

PD_{ij}称为总偏离分量——指区域i第j个产业的总增长优势。若$PD_{ij}>0$，表明j产业在区域i属于具有增长优势的产业，竞争力较强，对经济增长的贡献也较大。若$PD_{ij}<0$，则说明j产业在区域i属于具有衰退劣势的产业，竞争

力较弱，对经济增长的贡献也较小。

G_{ij} 称为实际增长量——指区域 i 第 j 个产业的实际经济增长情况。若 $G_{ij}>0$，表明 j 产业的经济总量在区域 i 当中属于增长趋势，即属于区域 i 主要发展的产业。若 $G_{ij}<0$，则说明 j 产业的经济总量在区域 i 当中属于下降趋势，即不属于区域 i 主要发展的产业。

三、 倾向得分匹配

倾向得分匹配（propensity score matching，PSM）统计方法主要用来处理数据偏差和混杂变量等问题，降低对模型的干扰性，从而保证合理的分析实验组和控制组，主要是利用非实验或观察数据进行干预效应分析。倾向得分匹配是匹配估计量思想的主要表现方式，在控制组中找到一个变量与实验组中某一个基于其他匹配变量的变化趋近相同。当政策的实施对各变量的影响完全是基于匹配变量的时候，就能近似得出与实验组受到政策影响的概率相同的控制组，将概率相似的控制组和实验组进行匹配。

倾向得分匹配能有效解决自选择偏误，常与双重差分法组合使用，即倾向得分匹配—双重差分法。首先通过倾向得分匹配的结果检验数据是否满足继续双重差分的条件，即确保实验组与控制组的趋势差别不明显；再剔除其他因素对被解释变量的影响，单纯考察某一政策对被解释变量产生的净效应。

四、 双重差分法

双重差分法（differences-in-differences，DID）主要是对政策实施的效果进行分析，其实质是双向固定效应模型，需要使用面板数据进行时间和空间的界定。为了科学分析政策影响的净效应，在双重差分模型中包含个体和分组的虚拟变量，受到政策实施影响的虚拟变量设为 1，否则设为 0，所以至少需要两年的面板数据才能进行双重差分模型检验。

双重差分法作为一种政策效应评估的方法，越来越受到学者们的青睐，主要原因有两个方面：①相对于微观经济主体来说，政策属于外生性因素，不存在逆向因果关系，双重差分法的使用能够有效处理内生性的干扰，并可以合理地解决遗漏变量的偏差。②双重差分法不仅设置了政策是否实施的虚拟变量，而且对时间和地区效应进行了界定，可以科学地评估政策实施的净效应。

五、 世界投入产出模型

在世界投入产出模型中，各个国家相互作用形成一个整体，假设有 R 个国家（地区），根据统一标准划分 N 个部门。世界投入产出表以矩阵的形式反映出各国不同产业间错综复杂的投入产出关系，基本结构（见表2-1），纵向反映了各个国家（地区）不同产业部门的中间投入和增加值，横向反映了各个国家（地区）不同产业部门的中间使用和最终使用。世界投入产出模型是一个封闭的经济模型，能够清晰地反映出不同国家产品的进口来源和出口去向。

表 2-1　简化的世界投入产出表

			中间使用				最终使用				总产出
			A 国	B 国	…	ROW	A 国	B 国	…	ROW	
			$1,\cdots,N$	$1,\cdots,N$	…						
中间投入	A 国	$1,\cdots,N$	Z^{AA}	Z^{AB}	…	Z^{AR}	F^{AA}	F^{AB}	…	F^{AB}	X^A
	B 国	$1,\cdots,N$	Z^{BA}	Z^{BB}	…	Z^{BR}	F^{BA}	F^{BB}	…	F^{BR}	X^B
	⋮	⋮	⋮	⋮	⋮	⋮	⋮	⋮	⋮	⋮	⋮
	ROW	$1,\cdots,N$	Z^{RA}	Z^{RB}	…	Z^{RR}	F^{RA}	F^{RB}	…	F^{RR}	X^R
增加值			V^A	V^B		V^R					
总投入			X^A	X^B	…	X^R					

在世界投入产出表中，A-ROW 国分别代表不同国家（地区），数字代表各个国家（地区）不同的产业部门，Z 代表中间流量矩阵，F 代表最终使用列向量，X 代表总产出列向量，V 代表增加值行向量。水平方向存在以下平

衡关系：中间使用+最终使用=总产出，具体关系如下：

$$X_i^A = \sum_{j=1}^{N} Z_{ij}^{AA} + \sum_{j=1}^{N} Z_{ij}^{AB} + \cdots + \sum_{j=1}^{N} Z_{ij}^{AR} + F_i^{AA} + F_i^{AB} + \cdots + F_i^{AR} \quad (2-11)$$

$$X_i^B = \sum_{j=1}^{N} Z_{ij}^{BA} + \sum_{j=1}^{N} Z_{ij}^{BB} + \cdots + \sum_{j=1}^{N} Z_{ij}^{BR} + F_i^{BA} + F_i^{BB} + \cdots + F_i^{BR} \quad (2-12)$$

$$X_i^R = \sum_{j=1}^{N} Z_{ij}^{RA} + \sum_{j=1}^{N} Z_{ij}^{RB} + \cdots + \sum_{j=1}^{N} Z_{ij}^{RR} + F_i^{RA} + F_i^{RB} + \cdots + F_i^{RR} \quad (2-13)$$

上式可用矩阵形式表示为：

$$\begin{bmatrix} Z^{AA} + Z^{AB} + \cdots + Z^{AR} \\ Z^{BA} + Z^{BB} + \cdots + Z^{BR} \\ Z^{RA} + Z^{RB} + \cdots + Z^{RR} \end{bmatrix} U^T + \begin{bmatrix} F^{AA} + F^{AB} + \cdots + F^{AR} \\ F^{BA} + F^{BB} + \cdots + F^{BR} \\ F^{RA} + F^{RB} + \cdots + F^{RR} \end{bmatrix} = \begin{bmatrix} X^A \\ X^B \\ X^R \end{bmatrix} \quad (2-14)$$

其中，U 为 $1×N$ 元素为 1 的行向量，U^T 为 U 的转置。

世界投入产出表的垂直方向存在以下平衡关系：中间投入+增加值合计=总投入，即：各个国家（地区）各产业部门的总投入等于中间投入与最初投入之和，具体关系如下：

$$X_j^A = \sum_{i=1}^{N} Z_{ij}^{AA} + \sum_{i=1}^{N} Z_{ij}^{BA} + \cdots + \sum_{i=1}^{N} Z_{ij}^{RA} + V_j^A \quad (2-15)$$

$$X_j^B = \sum_{i=1}^{N} Z_{ij}^{AB} + \sum_{i=1}^{N} Z_{ij}^{BB} + \cdots + \sum_{i=1}^{N} Z_{ij}^{RB} + V_j^B \quad (2-16)$$

$$X_j^R = \sum_{i=1}^{N} Z_{ij}^{AR} + \sum_{i=1}^{N} Z_{ij}^{BR} + \cdots + \sum_{i=1}^{N} Z_{ij}^{RR} + V_j^R \quad (2-17)$$

上式可用矩阵形式表示为：

$$\begin{bmatrix} Z^{AA} + Z^{BA} + \cdots + Z^{RA} \\ Z^{AB} + Z^{BB} + \cdots + Z^{RB} \\ Z^{AR} + Z^{BR} + \cdots + Z^{RR} \end{bmatrix}^T U^T + \begin{bmatrix} V^A \\ V^B \\ V^R \end{bmatrix}^T = \begin{bmatrix} X^A \\ X^B \\ X^R \end{bmatrix}^T \quad (2-18)$$

六、 空间关联模型

（一）后向关联度矩阵模型

空间关联是指一国与其他国家（地区）经济之间的依存关系，从关联程度分类，分为直接关联和完全关联，从关联方向分类，分为后向关联和前向关联。空间后向关联是指一国与其他国家的后向关联的程度，反映其他国家为本国经济提供的支撑作用。在全球供应链视角下，一个国家产业不仅仅是通过直接消耗另一国家产品及原材料产生直接的后向联系，还包括通过其他关联产业与该国产生间接后向联系。因此，空间后向关联包括直接后向关联和完全后向关联，分别用直接消耗系数和完全消耗系数进行度量。直接消耗系数计算公式为：$A^{rs} = Z^{rs} / X^{s}$，表示 s 国各产业对 r 国各产业的直接消耗量，矩阵形式可表示为：

$$\begin{bmatrix} A^{AA} & A^{AB} & A^{AR} \\ A^{BA} & A^{BB} & A^{BR} \\ A^{RA} & A^{RB} & A^{RR} \end{bmatrix} \begin{bmatrix} X^{A} \\ X^{B} \\ X^{R} \end{bmatrix} + \begin{bmatrix} F^{AA} + F^{AB} + F^{AR} \\ F^{BA} + F^{BB} + F^{BR} \\ F^{RA} + F^{RB} + F^{RR} \end{bmatrix} = \begin{bmatrix} X^{A} \\ X^{B} \\ X^{R} \end{bmatrix} \tag{2-19}$$

将式移项整理可得式（2-20）~（2-22）：

$$\begin{bmatrix} X^{A} \\ X^{B} \\ X^{R} \end{bmatrix} = \begin{bmatrix} I - A^{AA} & -A^{AB} & -A^{AR} \\ -A^{BA} & I - A^{BB} & -A^{BR} \\ -A^{RA} & -A^{RB} & I - A^{RR} \end{bmatrix}^{-1} \begin{bmatrix} F^{AA} + F^{AB} + F^{AR} \\ F^{BA} + F^{BB} + F^{BR} \\ F^{RA} + F^{RB} + F^{RR} \end{bmatrix} \tag{2-20}$$

$$\begin{bmatrix} X^{A} \\ X^{B} \\ X^{R} \end{bmatrix} = \begin{bmatrix} B^{AA} & B^{AB} & B^{AR} \\ B^{BA} & B^{BB} & B^{BR} \\ B^{RA} & B^{RB} & B^{RR} \end{bmatrix} \begin{bmatrix} F^{AA} + F^{AB} + F^{AR} \\ F^{BA} + F^{BB} + F^{BR} \\ F^{RA} + F^{RB} + F^{RR} \end{bmatrix} \tag{2-21}$$

$$B = (I - A)^{-1} = \begin{bmatrix} I - A^{AA} & -A^{AB} & -A^{AR} \\ -A^{BA} & I - A^{BB} & -A^{BR} \\ -A^{RA} & -A^{RB} & I - A^{RR} \end{bmatrix}^{-1} = \begin{bmatrix} B^{AA} & B^{AB} & B^{AR} \\ B^{BA} & B^{BB} & B^{BR} \\ B^{RA} & B^{RB} & B^{RR} \end{bmatrix}$$
$$\tag{2-22}$$

式（2-22）中为里昂惕夫逆矩阵，B 又称完全需要系数矩阵。同时完全消耗系数为里昂惕夫逆矩阵减单位矩阵 I，其计算公式为：$B^{rs} - I = (I - A^{rs})^{-1} - I$，表示 s 国（地区）各产业每增加 1 单位最终产品对 r 国（地区）的产品的完全消耗量，反映 s 国（地区）各产业对 r 国（地区）经济通过其他关联国家的完全依赖程度和拉动力。

（二）前向关联度矩阵模型

空间前向关联是指某一国家与其他国家的前向关联程度，反映本国为其他国家经济提供的支撑作用，也反映其他国家对本国的依赖程度。在全球供应链视角下，一个国家的产业不仅仅是直接供给另一国家产品及原材料产生直接前向联系，还包括通过其他关联产业与该国产生间接前向联系。因此，空间前向关联包括直接前向关联和完全前向关联，分别采用直接分配系数和完全分配系数进行度量。直接分配系数计算公式为：$H^{rs} = Z^{rs} / X^r$，表示 r 国各产业为 s 国直接提供产品和服务，矩阵形式可表示为：

$$
\begin{bmatrix} H^{AA} & H^{AB} & H^{AR} \\ H^{BA} & H^{BB} & H^{BR} \\ H^{RA} & H^{RB} & H^{RR} \end{bmatrix} \begin{bmatrix} X^A \\ X^B \\ X^R \end{bmatrix} + \begin{bmatrix} F^A \\ F^B \\ F^R \end{bmatrix} = \begin{bmatrix} X^A \\ X^B \\ X^R \end{bmatrix} \tag{2-23}
$$

将式（2-23）移项整理可得：

$$
\begin{bmatrix} X^A \\ X^B \\ X^R \end{bmatrix} = \begin{bmatrix} I - H^{AA} & -H^{AB} & -H^{AR} \\ -H^{BA} & I - H^{BB} & -H^{BR} \\ -H^{RA} & -H^{RB} & I - H^{RR} \end{bmatrix}^{-1} \begin{bmatrix} F^A \\ F^B \\ F^R \end{bmatrix} \tag{2-24}
$$

$$
G = (I - H)^{-1} = \begin{bmatrix} I - H^{AA} & -H^{AB} & -H^{AR} \\ -H^{BA} & I - H^{BB} & -H^{BR} \\ -H^{RA} & -H^{RB} & I - H^{RR} \end{bmatrix} = \begin{bmatrix} G^{AA} & G^{AB} & G^{AR} \\ G^{BA} & G^{BB} & G^{BR} \\ G^{RA} & G^{RB} & G^{RR} \end{bmatrix}
$$

$$
\tag{2-25}
$$

完全分配系数其计算公式为：$G^{rs} - I = (I - H^{rs})^{-1} - I$，表示 r 国（地区）各产业每增加 1 单位最终产品对 s 国（地区）的生产完全提供的中间产品和服务，反映 r 国（地区）各产业对 s 国（地区）的经济通过其他关联国家的完全支撑力和推动力。

七、对外依存度矩阵模型

产值视角下的空间关联测算从生产的角度描述了国家空间关联结构，但没有与各国分工合作过程中创造出来的新增价值联系起来。由于世界投入产出模型将中间品贸易内生化从而避免了中间品贸易所引起的增加值重复计算，因此在区分了最终需求来源国的依存关系后，基于世界投入产出模型对增加值进行分解并构建对外依存度的测算方法。

受生产碎片化的影响我国与其他国家（地区）之间的对外依存关系变得极为复杂，同时生产碎片化使中间品贸易在国际贸易中的占比达到了 67%，致使我国与其他国家（地区）的依存关系呈现出 3 条不同的路径。如图 2-2 所示，路径 1 国家 A 直接向国家 B 出口最终品并获得增加值；路径 2 国家 A 先向国家 B 出口中间品，之后由国家 B 通过进口再生产并被最终使用；路径 3 国家 A 首先向国家 C 出口中间品，其次国家 C 通过进口再生产产品并出口到国家 B，最后被国家 B 最终使用。在该分析中，路径 1 和路径 2 都是由国家 A 产品出口到国家 B，换言之，国家 A 对国家 B 具有依赖性。路径 3 国家 A 通过与国家 C 出口中间品，间接与国家 B 建立联系并对其最终需求产生依存关系。因此，衡量一国对外依存度不能只考虑贸易活动，还应该从最终使用来源国的角度出发，测算一国对其他国家的对外依存度。

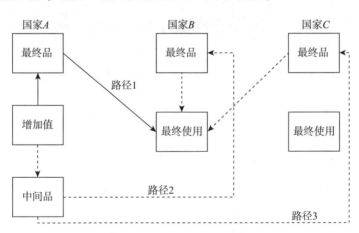

图 2-2　国家 A 对国家 B 的依赖路径

世界投入产出模型中增加值系数矩阵为 $A_v^r = V / X^r$，表示 r 国（地区）单位产出所对应的增加值，根据投入产出理论，世界投入产出模型将各国的总产出视为最终使用的函数，即：$X = (I - A)^{-1} F$。

$$
\begin{bmatrix} X^A \\ X^B \\ \vdots \\ X^R \end{bmatrix} = \begin{bmatrix} I-A^{AA} & -A^{AB} & \cdots & -A^{AR} \\ -A^{BA} & I-A^{BB} & \cdots & -A^{BR} \\ \vdots & \vdots & \ddots & \vdots \\ -A^{RA} & -A^{RB} & \cdots & I-A^{RR} \end{bmatrix}^{-1} \begin{bmatrix} F^A \\ F^B \\ \vdots \\ F^R \end{bmatrix} \tag{2-26}
$$

$$
\begin{bmatrix} X^A \\ X^B \\ \vdots \\ X^R \end{bmatrix} = \begin{bmatrix} B^{AA} & B^{AB} & \cdots & B^{AR} \\ B^{BA} & B^{BB} & \cdots & B^{BR} \\ \vdots & \vdots & \ddots & \vdots \\ B^{RA} & B^{RB} & \cdots & B^{RR} \end{bmatrix} \begin{bmatrix} F^A \\ F^B \\ \vdots \\ F^R \end{bmatrix} \tag{2-27}
$$

其中，上角标表示国家，B^{rs} 是完全需要系数矩阵，$B^{rs} = (I-A^{rs})^{-1}$，将式中等号右侧左乘增加值系数对角矩阵，可以得到：

$$
\begin{bmatrix} V^A \\ V^B \\ \vdots \\ V^R \end{bmatrix} = \begin{bmatrix} A_V^A & 0 & \cdots & 0 \\ 0 & A_V^B & \cdots & 0 \\ \vdots & \vdots & \ddots & \vdots \\ 0 & 0 & \cdots & A_V^R \end{bmatrix} \begin{bmatrix} B^{AA} & B^{AB} & \cdots & B^{AR} \\ B^{BA} & B^{BB} & \cdots & B^{BR} \\ \vdots & \vdots & \ddots & \vdots \\ B^{RA} & B^{RB} & \cdots & B^{RR} \end{bmatrix} \begin{bmatrix} F^{AA}+F^{AB}+\cdots F^{AR} \\ F^{BA}+F^{BB}+\cdots F^{BR} \\ \vdots \\ F^{RA}+F^{RB}+\cdots F^{RR} \end{bmatrix}
$$

$$
= \begin{bmatrix} \sum_{s=1}^{M} A_V^A B^{As}(F^{AA}+F^{AB}+\cdots F^{AR}) \\ \sum_{s=1}^{M} A_V^A B^{Bs}(F^{AA}+F^{AB}+\cdots F^{AR}) \\ \vdots \\ \sum_{s=1}^{M} A_V^A B^{Rs}(F^{AA}+F^{AB}+\cdots F^{AR}) \end{bmatrix} \tag{2-28}
$$

以国家 A 为例，可以将国家 A 的增加值表示为：

$$
V^A = A_V^A B^{AA} F^A + A_V^A B^{AB} F^B + \cdots + A_V^A B^{AR} F^R \tag{2-29}
$$

$A_V^A B^{AA} F^A$ 表示国家 A 的最终需求对国家 A 的增加值的拉动作用，余下依此类推。国家 r 对国家 s 的对外依存度表示为 s 国最终需求拉动的 r 国增加值与 r 国 GDP 之比，从而 r 国对 s 国的对外依存度计算公式为：

$$
R^{rs} = \frac{A_V^r B^{rs} F^s}{GDP^r} \tag{2-30}
$$

第三章

中国产业发展现状

第一节　中国产业发展现状

一、中国三次产业及各省域产业发展现状

(一)中国三次产业趋势分析

在相关政策的推行下,中国不断进行经济改革,使得经济发展状况趋于稳定,而且中国产业结构也在不断发生变化。2000—2019 年中国一二三产业产值及占比变化情况如图 3-1 所示。

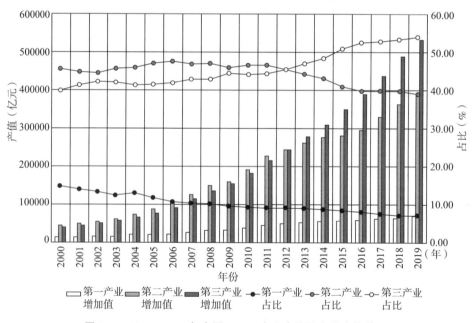

图 3-1　2000—2019 年中国一二三产业产值及占比变化情况

数据来源:《中国统计年鉴》。

(1)第一产业产值所占比重持续下降。2000—2019 年间,2000 年第一产业产值占比为 14.68%,而 2019 年为 7.11%,下降了 7.57%,平均每年下

降 0.40%，但是世界主要发达国家多数在 1% 左右。因此，中国第一产业所占比重将会继续下降。

（2）第二产业的发展呈现出波动状态。第二产业长期以来是中国的支柱型产业，而且随时间变化幅度较小。截至 2019 年，发达国家第二产业在 GDP 中占比一般在 20%～30% 之间，而中国的目前为 38.97%，依旧占有很大的比例。因此，中国第二产业所占的比重还处于下降的趋势。

（3）第三产业的发展呈现持续上升的趋势。2000 年第三产业占比 GDP 的比重为 39.79%，到 2019 年为 53.92%，上升了 14.13%，每年大约上涨 0.74%，而大部分发达国家第三产业占比为 70%～80% 左右，因此，中国第三产业占比还有很大的上升空间。

随着经济水平的提升，中国产业结构已经发生很大变动，第一产业比重持续下降；第二产业占比相对比较稳定，但在 2010 年之后出现了明显下降趋势，相比于第一产业和第三产业变化相对较小；第三产业占比随时间的推移稳步增长。整体上，2000—2019 年，中国产业结构取得了一定的优化，但相比发达国家，中国的第一产业和第二产业占比相对较高，而第三产业占比在 2013 年才首次超过第二产业占比，其发展规模有待继续强化。

（二）中国各省域三次产业产值占比分析

以 2000 年、2010 年以及 2019 年三年的截面数据分析 31 个省（区、市）的一二三产业产值所占比重（见图 3-2），并研究其变化趋势。

（1）从 2000、2010 和 2019 年可以看出中南和华东地区第一产业占地区生产总值呈现明显下降趋势，而东北和西北地区下降幅度较小。2000 年，各省域第一产业占地区生产总值比重大约在 20%，5% 以下的仅有 3 个，5%～10% 的有 2 个，10%～15% 的有 5 个，15%～20% 的有 8 个，20% 以上的有 13 个。到 2010 年，第一产业占地区生产总值的比重在大部分省（区、市）为 12% 左右，5% 以下的有 5 个，5%～10% 的有 9 个，10%～15% 的有 13 个，15%～20% 有广西、云南、新疆，20% 以上仅有海南。到 2019 年，这一比重继续下降到 10% 左右，5% 以下的省（区、市）增加为 6 个，多了一个山西省，上海市第一产业占比仍是最低的；占比 5%~10% 的有 12 个，10%~15% 的有 9 个，15% 以上的仅有黑龙江、海南和广西，其中黑龙江达到 23.38%。

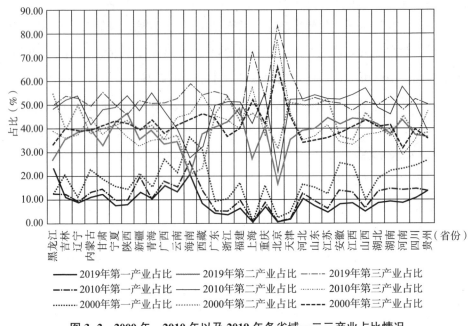

图 3-2 2000 年、2010 年以及 2019 年各省域一二三产业占比情况

数据来源：《中国统计年鉴》以及中国 31 个省（区、市）的统计年鉴。

（2）多数省（区、市）第二产业占比呈下降趋势。2000 年多数省（区、市）第二产业占地区生产总值比重约占比 40%，占比 30% 以下的有海南、西藏，30%~35% 的有北京、江西，35%~40% 的有 9 个，40%~45% 的有 7 个，45%~50% 的有 6 个，50% 以上的有 5 个。2010 年第二产业占地区生产总值的比重呈上升趋势，17 个省（区、市）处于 50% 以上，其中山西最高；40% 以下的有 4 个，其中海南第二产业占比下降为 27.66%；占比 40%~45% 的有 3 个，45%~50% 的有 7 个。到 2019 年，大部分区域第二产业占地区生产总值的比重已经下降到 35% 左右，第二产业占地区生产总值的比重大幅下降，黑龙江和上海下降幅度最大，北京和海南第二产业占比仍为 30% 以下；30%~35% 的有 3 个，35%~40% 的有 12 个，40%~45% 的有 10 个，而 45% 以上的仅有陕西和福建。

（3）各省（区、市）第三产业占比处于上升趋势。2000年大部分省（区、市）第三产业占地区生产总值比重为40%左右，黑龙江、河北、山东、河南处于30%~35%，35%~40%的有10个，40%~45%的有14个，45%以上的仅西藏、上海和北京。2000—2010年，各省（区、市）第三产业所占比重变化较小。到2010年，35%以下的有5个，其中河南所占比重仍最低；35%~40%的有13个，40%~45%的有6个，45%~50%的有4个，西藏和上海处于50%~60%之间，60%以上的仅有北京。到2019年，多数地区第三产业占地区生产总值比重处于55%左右，50%以下的有5个，其中最低的是福建；50%~55%的有20个，55%~60%的有3个，上海和天津第三产业占比也上升为60%以上。

（三）中美俄各地区三次产业结构对比分析

为分析中国各省域三次产业结构发展状况，把中国各省域的一二三产业产值所占比重与其他国家进行比较，从而找到各省域一二三产业发展中存在的问题。考虑到美国是经济强国和综合性的大国，又因为俄罗斯人均GDP与中国人均GDP相当，所以，把中国各省域与美国各州、俄罗斯各联邦进行对比分析。选取了美国51个州一二三产业产值占地区总产值的比重、俄罗斯85个联邦一二三产业产值占地区总产值的比重与中国31个省（市、区）进行对比分析。2000年、2010年以及2019年中美俄各地区一二三产业占比分布情况见表3-1。

表3-1　2000年、2010年以及2019年中美俄各地区三次产业占比分布情况

（单位：个）

产业	占比区间	2000			2010			2019		
		中国	美国	俄罗斯	中国	美国	俄罗斯	中国	美国	俄罗斯
第一产业	5%以下	3	48	23	5	47	19	7	47	30
	5%~10%	2	3	19	9	4	36	12	4	27
	10%~15%	5	0	15	13	0	18	9	0	17
	15%~20%	8	0	17	3	0	9	1	0	8
	20%以上	13	0	11	1	0	3	2	0	3

续表

产业	占比区间	2000			2010			2019		
		中国	美国	俄罗斯	中国	美国	俄罗斯	中国	美国	俄罗斯
第二产业	30%以下	2	44	23	2	46	31	3	46	28
	30%~35%	2	6	11	0	1	13	3	3	5
	35%~40%	9	1	6	0	3	10	12	0	14
	40%~45%	7	0	11	3	1	13	10	1	7
	45%~50%	6	0	11	7	0	2	2	1	6
	50%以上	5	0	23	17	0	16	0	0	25
第三产业	35%以下	4	0	15	5	0	10	0	0	10
	35%~40%	10	0	6	13	0	10	0	0	0
	40%~45%	14	0	18	6	0	9	0	0	8
	45%~50%	1	0	18	4	0	10	5	0	14
	50%~55%	1	0	15	1	1	13	20	1	13
	55%~60%	0	0	4	1	0	14	3	1	20
	60%以上	1	51	9	1	50	19	3	49	20

数据来源:《美国统计年鉴》《俄罗斯统计年鉴》《俄罗斯各地区社会经济指标》《中国统计年鉴》《中国工业统计年鉴》以及中国31个省(区、市)的统计年鉴。

(1)中国省(区、市)第一产业占比不仅高于美国,也高于俄罗斯各地区。2000年中国的31个省(区、市)中第一产业占比高于20%的有13个;而俄罗斯各联邦中有23个联邦第一产业占低于5%;美国51个州中有48个第一产业产值占比在5%以下。2010年中国31个省(区、市)第一产业占比有所下降;而美国和俄罗斯各地区第一产业所占比重变动不大。到2019年,中国各省(区、市)第一产业占比进一步下降,但与美国、俄罗斯的差距还较大,中国各省(区、市)第一产业产值所占比重需进一步减少。

(2)中国各省(区、市)第二产业占比远高于美国各州,与俄罗斯各联邦相当。2000年中国第二产业占比高于40%的省(区、市)有18个,占全国58.06%;美国第二产业占比低于30%的州有44个,占全国86.27%;俄罗斯第二产业占比高于40%的联邦有45个,占全国的52.94%。2019年中国第二产业占比高于40%的省(区、市)有12个,占全国38.71%;美国第二产业占比低于 30% 的州有 46 个，占全国 90.20%；俄罗斯第二产业占比高于 40% 的联邦有 38 个，占全国的 44.71%。

（3）中国各省（区、市）第三产业占比低于美国和俄罗斯各地区。2000 年中国第三产业占比低于 40% 有 14 个省（区、市），到 2019 年没有第三产业占比低于 45% 的省（区、市）了；而俄罗斯 2000 年第三产业占比低于 40% 的联邦有 21 个，到 2019 年第三产业占比低于 40% 的联邦仅有 10 个；而美国 2000 年、2010 年和 2019 年第三产业产值占比高于 60% 的州分别为 51、50 和 49 个。多数州第三产业产值占比达到了 80% 左右。总之，中国各省（区、市）第三产业占比的增长率高于美国和俄罗斯各地区，但第三产业占比低于美国和俄罗斯各地区。

二、 中国各省域产业发展现状

（一）劳动密集型产业

1. 劳动密集型产业占比分析

选取了 2000 年、2010 年以及 2019 年 3 年的截面数据，分析各省市区的劳动密集型产业产值占地区生产总值的变化趋势。31 个省域劳动密集型产业产值以及占地区生产总值比重的情况，如图 3-3 所示。

由图 3-3 可知，从 2000 年到 2019 年，各地区劳动密集型产业产值持续增加，尤其是陕西、新疆和贵州 3 个省域的增长速度均达到 10 倍以上。广东、山东、江苏 2019 年的劳动密集型产业产值较高，宁夏、青海、西藏劳动密集型产业产值较低。从劳动密集型产业占比来看，2019 年大部分省（区、市）的劳动密集型产业占比约 15%，2000 年到 2019 年各省（区、市）的劳动密集型产业所占比重变化较小。

2. 中美俄各地区劳动密集型产业结构对比分析

为了更全面地研究各省域细分行业发展状况，把各省域的劳动密集型产业的产值所占比重与其他国家进行比较，从而找到各省域劳动密集型产业存在的问题。考虑到美国是经济强国和综合性的大国，又因为俄罗斯人均 GDP 与中国人均 GDP 相当，所以，把中国各省域与美国各州、俄罗斯各联邦进行

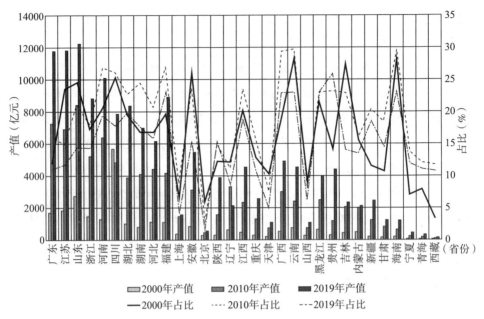

图 3-3　2000 年、2010 年以及 2019 年各省域劳动密集型产业产值以及占比情况

数据来源：《中国统计年鉴》《中国工业统计年鉴》以及中国 31 个省（市、区）的统计年鉴。

对比分析。选取了美国 51 个州劳动密集型产业占地区总产值的比重、俄罗斯 85 个联邦劳动密集型产业占地区总产值的比重与中国 31 个省（区、市）的劳动密集型产业占地区总产值比重进行对比分析。2000 年、2010 年以及 2019 年中、美、俄各地区劳动密集型产业占比分布区间见表 3-2。

表 3-2　2000 年、2010 年以及 2019 年中美俄各地区劳动密集型产业占比分布情况

（单位：个）

占比区间	2000			2010			2019		
	中国	美国	俄罗斯	中国	美国	俄罗斯	中国	美国	俄罗斯
5% 以下	1	30	15	1	37	10	3	37	10
5%~10%	5	20	11	3	12	14	2	14	25
10%~15%	8	1	11	6	2	25	11	0	16
15%~20%	7	0	15	5	0	23	9	0	13
20%~25%	5	0	18	10	0	7	6	0	11

占比区间	2000			2010			2019		
	中国	美国	俄罗斯	中国	美国	俄罗斯	中国	美国	俄罗斯
25%以上	5	0	15	6	0	6	1	0	10

数据来源:《美国统计年鉴》《俄罗斯统计年鉴》《俄罗斯各地区社会经济指标》《中国统计年鉴》《中国工业统计年鉴》以及中国31个省(市、区)的统计年鉴。

2000 年,中国劳动密集型产业占比低于 20% 的省(区、市)有 21 个,占全国的 67.74%,美国劳动密集型产业占比则全部低于 15%,俄罗斯劳动密集型产业占比低于 20% 的联邦有 52 个,占全国的 61.18%;到 2019 年中国劳动密集型产业占比低于 20% 的省(区、市)有 25 个,占全国的 80.65%,美国劳动密集型产业占比则全部低于 10%(其中,低于 5% 的州占全国的 72.55%),俄罗斯劳动密集型产业占比低于 20% 的联邦有 64 个,占全国的 75.29%。伴随产业结构的转型升级,中国劳动密集型产业产值所占比重仍需继续降低。

(二)资本密集型产业

1. 资本密集型产业占比分析

选取了 2000 年、2010 年以及 2019 年 3 年的截面数据,分析各个省(市、区)的资本密集型产业产值占地区生产总值的变化趋势。31 个省域资本密集型产业产值以及占地区生产总值的比重情况,如图 3-4 所示。

2000 年四川资本密集型产业占产值比最高,到 2010 年、2019 年广东、山东、浙江 3 个省份的资本密集型产业产值最高,而增长幅度上,从 2000 年到 2019 年江苏、天津、安徽和吉林的增长速度最快,西藏资本密集型产业产值不增反降。从资本密集型产业占地区生产总值比重来看,2000 年到 2019 年,多数地区资本密集型产业所占比重变化幅度不大,整体上处于下降趋势,但是内蒙古、西藏、甘肃、宁夏、青海的资本密集型产业所占比重下降幅度较大,尤其是西藏的资本密集型产业所占比重从 2000 年的 83.60% 下降到 2019 年的 20%,下降了 63.60%。

2. 中美俄各地区资本密集型产业结构对比分析

为了更全面地研究各省域细分行业发展状况,把各省域的资本密集型产

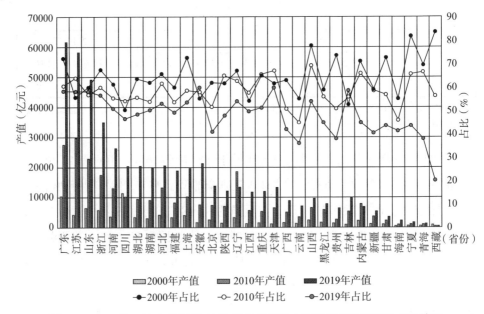

图 3-4　2000 年、2010 年以及 2019 年各省域资本密集型产业产值及占比情况

数据来源:《中国统计年鉴》《中国工业统计年鉴》以及中国 31 个省(市、区)的统计年鉴。

业的产值所占比重与其他国家进行比较,从而找到各省域资本密集型产业存在的问题。选取了美国 51 个州资本密集型产业占地区总产值的比重、俄罗斯 85 个联邦资本密集型产业占地区总产值的比重与中国 31 个省(区、市)的资本密集型产业占地区总产值的比重进行对比分析。2000 年、2010 年以及 2019 年中、美、俄各地区资本密集型产业占比分布区间见表 3-3。

表 3-3　2000 年、2010 年以及 2019 年中美俄各地区资本密集型产业占比分布情况

(单位:个)

占比区间	2000			2010			2019		
	中国	美国	俄罗斯	中国	美国	俄罗斯	中国	美国	俄罗斯
50%以下	0	0	32	2	0	34	17	0	33
50%~55%	3	1	18	6	1	15	7	1	13
55%~60%	8	1	4	11	1	13	7	1	12
60%~65%	7	7	10	5	7	9	0	7	11

占比区间	2000			2010			2019		
	中国	美国	俄罗斯	中国	美国	俄罗斯	中国	美国	俄罗斯
65%~70%	5	22	11	7	14	6	0	14	5
70%以上	8	20	10	0	28	8	0	28	11

数据来源：《美国统计年鉴》《俄罗斯统计年鉴》《俄罗斯各地区社会经济指标》《中国统计年鉴》《中国工业统计年鉴》以及中国31个省（市、区）的统计年鉴。

2000 年，中国资本密集型产业占比高于 60% 的省（区、市）有 20 个，占全国的 64.52%，美国资本密集型产业占比高于 60% 的州有 49 个，占全国的 96.08%，俄罗斯资本密集型产业占比高于 60% 的联邦有 31 个，占全国的 36.47%；到 2019 年中国各省（区、市）的资本密集型产业占比全部低于 60%，美国资本密集型产业占比高于 60% 的州仍然是 49 个，占全国的 96.08%，俄罗斯资本密集型产业占比高于 60% 的联邦有 27 个，占全国的 31.76%。可见，2000—2019 年，中国各省（区、市）资本密集型产业占比明显下降，而 2000 年到 2019 年美国各州、俄罗斯各联邦的资本密集型产业占比变化幅度较小。

（三）技术密集型产业

1. 技术密集型产业占比分析

选取了 2000 年、2010 年以及 2019 年 3 年的截面数据，分析各个省（区、市）的技术密集型产业产值占地区生产总值的变化趋势。31 个省域技术密集型产业产值以及占地区生产总值的比重情况如图 3-5 所示。

由图 3-5 可知，2000 年四川技术密集型产业产值最高，到 2010 年广东、山东、江苏的产值高于其他地区，2019 年广东技术密集型产业产值最高，其次是江苏、山东，但宁夏、云南增长幅度是最大的，与 2000 年相比，宁夏技术密集型产业产值增长 23 倍。而从技术密集型产业占比来看，2000 年到 2019 年 31 个省（区、市）的技术密集型产业占地区生产总值比重均有所提高，2000 年技术密集型产业产值占地区生产总值比重大多处于 20% 左右，到 2019 年多数地区技术密集型产业产值占比达到 30% 左右。

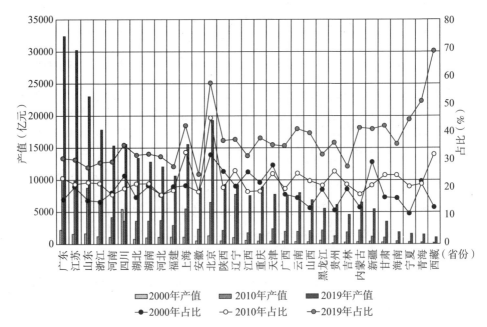

图 3-5 2000 年、2010 年以及 2019 年各省域技术密集型产业产值及占比情况

数据来源：《中国统计年鉴》《中国工业统计年鉴》以及中国 31 个省（区、市）的统计年鉴。

2. 中美俄各地区技术密集型产业结构对比分析

为了更全面地研究各省域细分行业发展状况，把各省域的技术密集型产业的产值所占比重与其他国家进行比较，从而找到各省域技术密集型产业存在的问题。选取了美国 51 个州技术密集型产业占地区总产值的比重、俄罗斯 85 个联邦技术密集型产业占地区总产值的比重与中国 31 个省（区、市）的技术密集型产业占比进行对比分析。2000 年、2010 年以及 2019 年中、美、俄各地区资本密集型产业占比分布区间见表 3-4。

表 3-4 2000 年、2010 年以及 2019 年中美俄各地区技术密集型产业占比分布情况

（单位：个）

占比区间	2000			2010			2019		
	中国	美国	俄罗斯	中国	美国	俄罗斯	中国	美国	俄罗斯
15%以下	5	0	6	0	0	2	0	0	2

占比区间	2000			2010			2019		
	中国	美国	俄罗斯	中国	美国	俄罗斯	中国	美国	俄罗斯
15%~20%	13	2	4	9	4	3	1	2	2
20%~25%	8	25	29	15	21	12	5	5	13
25%~30%	4	15	27	4	18	21	7	15	23
30%~35%	1	6	8	2	5	23	9	17	22
35%~40%	0	2	6	0	2	10	8	9	8
40%以上	0	1	5	1	1	14	1	2	15

数据来源:《美国统计年鉴》《俄罗斯统计年鉴》《俄罗斯各地区社会经济指标》《中国统计年鉴》《中国工业统计年鉴》以及中国 31 个省（区、市）的统计年鉴。

第二节　中国工业发展现状

一、工业整体发展情况

（一）贸易额

随着中国工业经济的不断发展，中国工业贸易规模的不断扩大，2017 年中国工业进口额达 17236 亿美元，出口额达 22300 亿美元，相对于 2008 年均增长 30.58 倍。此外，2008—2017 年中国工业进口额和出口额的年平均增长量分别达 767 亿美元和 1010 亿美元。

从中国工业贸易额增长率来看（见图 3-6），由于受到 2008 年世界金融危机的影响，2009 年中国工业进口额和出口额的同比增长率分别下降了 15.7% 和 16.2%，到了 2010 年迅速回暖，说明尽管受到世界金融危机的影响，中国工业的贸易规模不仅没有受到重创，反而在短时间之内实现了迅速的反弹。2017 年中国工业进口额和出口额的同比增长率分别为 18.8% 和 8.1%。

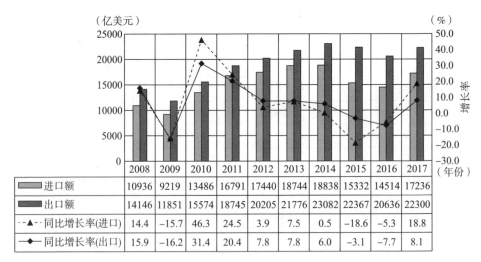

	2008	2009	2010	2011	2012	2013	2014	2015	2016	2017
▨ 进口额	10936	9219	13486	16791	17440	18744	18838	15332	14514	17236
▨ 出口额	14146	11851	15574	18745	20205	21776	23082	22367	20636	22300
--▲-- 同比增长率(进口)	14.4	−15.7	46.3	24.5	3.9	7.5	0.5	−18.6	−5.3	18.8
──◆── 同比增长率(出口)	15.9	−16.2	31.4	20.4	7.8	7.8	6.0	−3.1	−7.7	8.1

图 3-6 2008—2017 年中国工业贸易额及其同比增长率情况①

数据来源：根据联合国商品贸易统计数据库（UN Comtrade）当中，中国工业共计 36 个细分行业所有类型工业产品（共计 249 种）的进口额、出口额逐一进行统计后计算求和所得。

（二）出口企业构成

自 2008 年以来，中国工业的出口企业主要以外商投资企业为主，2016 年外商投资企业、私营企业的出口额分别为 71229 亿元和 21087 亿元，相比 2008 年的 57217 亿元和 10508 亿元，分别增长 24.49% 和 50.17%。相比之下国有企业的出口额则变化不大。

通过中国工业各类出口企业的出口额占全部企业出口额的比重可以看出，2008—2016 年私营企业出口额占比不断上升，2016 年相比 2008 年增长 1 倍左右。国有企业出口额稍有下降，外商投资企业出口额增长了 24.49%（见图 3-7）。

（三）利润情况

自 2008 年以来，中国工业利润总额呈波动上升趋势，2008 年利润总额为 30562 亿元，2018 年利润总额为 66351 亿元，2008—2018 年利润总额年平均增长量约为 3579 亿元。利润率总体发展比较平稳，2008 年利润率为 6.11%，

---

① 文中未标明数据来源的图表中的数据均来自联合国商品贸易统计数据库（UN Comtrade）。

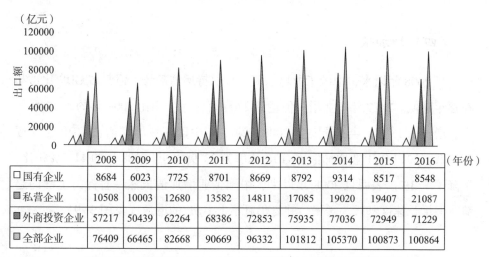

	2008	2009	2010	2011	2012	2013	2014	2015	2016	（年份）
□国有企业	8684	6023	7725	8701	8669	8792	9314	8517	8548	
▣私营企业	10508	10003	12680	13582	14811	17085	19020	19407	21087	
▤外商投资企业	57217	50439	62264	68386	72853	75935	77036	72949	71229	
□全部企业	76409	66465	82668	90669	96332	101812	105370	100873	100864	

图3-7　2008—2016年中国工业各类出口企业总出口额情况①

数据来源：《中国工业统计年鉴》。

2018年利润率为6.32%，2008—2018年利润率年平均增长率为0.63%。这表明近年来中国工业利润总额虽有明显的提升，但利润率的涨幅并无明显提高（见图3-8）。

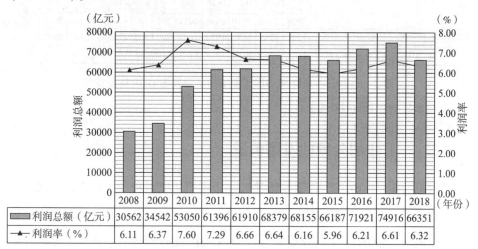

	2008	2009	2010	2011	2012	2013	2014	2015	2016	2017	2018	（年份）
▣利润总额（亿元）	30562	34542	53050	61396	61910	68379	68155	66187	71921	74916	66351	
▲利润率（%）	6.11	6.37	7.60	7.29	6.66	6.64	6.16	5.96	6.21	6.61	6.32	

图3-8　2008—2018年中国工业利润总额及利润率情况

数据来源：《中国统计年鉴》《中国工业统计年鉴》。

---

① 截止目前，由于《中国工业统计年鉴》只更新到了2017年，故文书所使用的相关数据只能更新到2016年。文中涉及的工业出口企业包括：国有企业、私营企业、外商投资企业3种，剔除了数据缺失严重的集体企业。

（四）增加值

自 2008 年以来，中国工业增加值一直保持递增趋势，但其占 GDP 比重却在逐年降低。2017 年工业增加值达到 2800 百亿元，相比 2008 年的 1317 百亿元，增长 1.13 倍。与此同时，2008—2017 年中国工业增加值占 GDP 比率逐年降低，2017 年工业增加值占 GDP 比率为 33.9%，与 2008 年的 41.2% 相比，下降了 7.3%。表明自 2008 年以来，中国工业增加值虽然一直保持上涨的趋势，但增长速度却较为缓慢，并且仍赶不上 GDP 的增速（见图 3-9）。

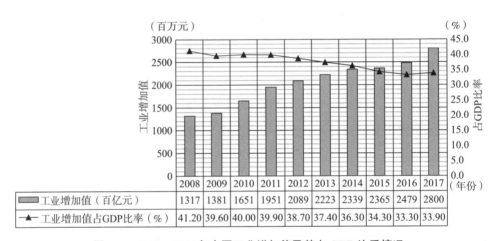

	2008	2009	2010	2011	2012	2013	2014	2015	2016	2017
工业增加值（百亿元）	1317	1381	1651	1951	2089	2223	2339	2365	2479	2800
工业增加值占GDP比率（%）	41.20	39.60	40.00	39.90	38.70	37.40	36.30	34.30	33.30	33.90

图 3-9　2008—2017 年中国工业增加值及其占 GDP 比重情况

数据来源：《中国统计年鉴》。

二、　工业细分行业发展情况

根据 2017 年 10 月 1 日国家统计局、国家质量监督检验检疫总局、国家标准化管理委员会联合发布的《国民经济行业分类》（GB/T4754—2017）第四次修订版对工业的行业划分规定，以及《中国统计年鉴》《中国工业统计年鉴》《工业分类和工业与环境》对工业的分类标准进行综合整理，按照投入的生产要素相对集中度对工业 36 个细分行业进行划分，具体分为资源密集型行业、劳动密集型行业、资本密集型行业以及技术密集型行业四大类（详见附录 2）。

（一）资源密集型行业

1. 贸易额

自2008年以来，中国资源密集型行业进口规模大于出口规模，2017年进出口额分别为3924亿美元和114亿美元，相比2008年分别上升了56.58%和下降了28.75%。此外，通过计算资源密集型行业贸易额占全行业贸易额的比重发现，与2008年相比，2017年进口额占比、出口额占比出现双重下降的现象，进口额占比、出口额占比的增长率分别为-1.49%和-6.20%（见图3-10）。

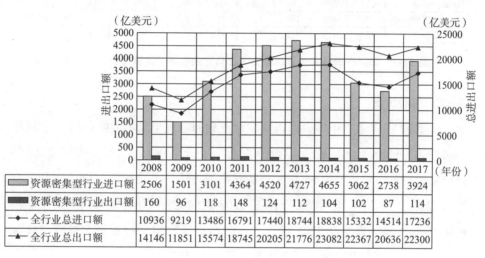

	2008	2009	2010	2011	2012	2013	2014	2015	2016	2017
资源密集型行业进口额	2506	1501	3101	4364	4520	4727	4655	3062	2738	3924
资源密集型行业出口额	160	96	118	148	124	112	104	102	87	114
全行业总进口额	10936	9219	13486	16791	17440	18744	18838	15332	14514	17236
全行业总出口额	14146	11851	15574	18745	20205	21776	23082	22367	20636	22300

图3-10　2008—2017年中国资源密集型行业贸易额情况

2. 出口企业构成

自2008年以来，中国资源密集型行业的出口企业主要以国有企业和外商投资企业为主，而私营企业则相对较少。2016年国有企业与外商投资企业的出口额分别为115亿元和156亿元，相比2008年的461亿元和186亿元，分别下降了3.01倍和0.19倍。2016年私营企业出口额为20亿元，相较2008年的34亿元，下降了0.41倍。

通过中国工业各类出口企业的资源密集型行业出口额占全部企业资源密集型行业出口额的比重发现，2008—2016年国有企业出口额占比呈下降趋势，2016年相比2008年下降了75.25%。私营企业、外商投资企业出口额占比则呈上升趋势，2016 年相比 2008 年分别上升了 1.88% 和 26.30%（见图 3-11）。

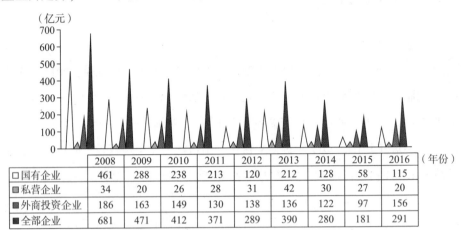

（亿元）	2008	2009	2010	2011	2012	2013	2014	2015	2016 （年份）
□ 国有企业	461	288	238	213	120	212	128	58	115
▨ 私营企业	34	20	26	28	31	42	30	27	20
▥ 外商投资企业	186	163	149	130	138	136	122	97	156
■ 全部企业	681	471	412	371	289	390	280	181	291

图 3-11　2008—2016 年中国工业各类出口企业资源密集型行业出口额情况

3. 利润情况

自 2008 年以来，中国资源密集型行业利润总额呈先增后降趋势，2008 年利润总额为 8888 亿元，到 2018 年利润总额上升至 9418 亿元，2008—2018 年利润总额年平均增长量为 53 亿元。利润率则总体呈递减趋势，2008 年利润率为 13.21%，到 2018 年利润率下降至 8.08%，2008—2018 年利润率年平均增长率为 -3.32%。表明自 2008 年以来，中国资源密集型行业利润总额整体虽有所上升，但利润率却属于下滑状态（见图 3-12）。

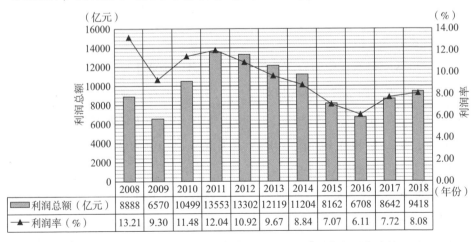

	2008	2009	2010	2011	2012	2013	2014	2015	2016	2017	2018 （年份）
利润总额（亿元）	8888	6570	10499	13553	13302	12119	11204	8162	6708	8642	9418
利润率（%）	13.21	9.30	11.48	12.04	10.92	9.67	8.84	7.07	6.11	7.72	8.08

图 3-12　2008—2018 年中国资源密集型行业利润总额及利润率情况

(二)劳动密集型行业

1. 贸易额

自 2008 年以来,中国劳动密集型行业出口规模大于进口规模,2017 年进出口额分别为 1308 亿美元和 5544 亿美元,相比 2008 年分别上升了80.17% 和 56.08%。此外,通过计算劳动密集型行业贸易额占全行业贸易额的比重发现,进口额占比为先降后增趋势,出口额占比则为下降状态,2008—2017 年进口额占比、出口额占比的年平均增长率分别为 1.89% 和−0.05%(见图 3-13)。

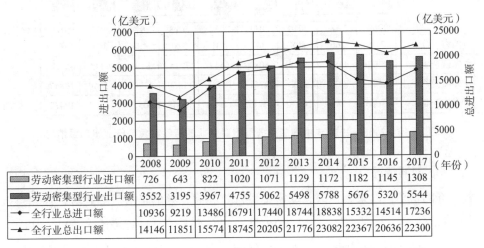

	2008	2009	2010	2011	2012	2013	2014	2015	2016	2017
劳动密集型行业进口额	726	643	822	1020	1071	1129	1172	1182	1145	1308
劳动密集型行业出口额	3552	3195	3967	4755	5062	5498	5788	5676	5320	5544
全行业总进口额	10936	9219	13486	16791	17440	18744	18838	15332	14514	17236
全行业总出口额	14146	11851	15574	18745	20205	21776	23082	22367	20636	22300

图 3-13 2008—2017 年中国劳动密集型行业贸易额情况

2. 出口企业构成

自 2008 年以来,中国劳动密集型行业的出口企业主要以私营企业和外商投资企业为主,而国有企业相对较少。2016 年私营企业与外商投资企业的出口额分别为 8201 亿元和 10847 亿元,相比 2008 年的 4202 亿元和 9145亿元,分别增长了 95.17% 和 18.61%。2008—2016 年国有企业出口额变化并不明显。

通过计算中国工业各类出口企业的劳动密集型行业出口额占全部企业劳动密集型行业出口额的比重发现,2008—2016 年私营企业出口额占比呈上升趋势，2016 年相比 2008 年私营企业占全部企业出口的比重上升了11.50%。国有企业、外商投资企业出口额占比呈下降趋势，2016 年相比2008 年分别下降了 0.46% 和 11.04%（见图 3-14）。

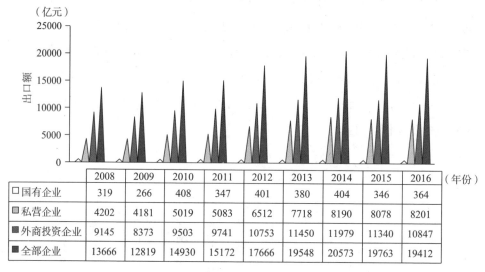

（亿元）

	2008	2009	2010	2011	2012	2013	2014	2015	2016	（年份）
□ 国有企业	319	266	408	347	401	380	404	346	364	
▨ 私营企业	4202	4181	5019	5083	6512	7718	8190	8078	8201	
■ 外商投资企业	9145	8373	9503	9741	10753	11450	11979	11340	10847	
■ 全部企业	13666	12819	14930	15172	17666	19548	20573	19763	19412	

图 3-14　2008—2016 年中国工业各类出口企业的劳动密集型行业出口额情况

3. 利润情况

自 2008 年以来，中国劳动密集型行业利润总额呈先增后降趋势，2008 年利润总额为 4958 亿元，到了 2018 年利润总额升至 11143 亿元，2008—2018年利润总额的年平均增长量为 618 亿元。利润率同样总体呈先增后减趋势，2008 年利润率为 5.49%，到了 2018 年利润率上升至 6.09%，2008—2018 年利润率的年平均增长率为 0.06%。这表明自 2008 年以来，中国劳动密集型行业的利润总额上升幅度虽高，但利润率的增幅并不明显（见图 3-15）。

（三）资本密集型行业

1. 贸易额

自 2008 年以来，中国资本密集型行业进口规模与出口规模相差不大，2017 年进出口额分别为 8026 亿美元和 9678 亿美元，相比 2008 年分别上升了62.40% 和 65.21%。此外，通过计算资本密集型行业贸易额占全行业贸易额

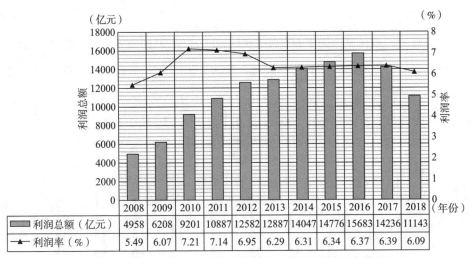

图 3-15　2008—2018 年中国劳动密集型行业利润总额及利润率情况

	2008	2009	2010	2011	2012	2013	2014	2015	2016	2017	2018
利润总额（亿元）	4958	6208	9201	10887	12582	12887	14047	14776	15683	14236	11143
利润率（%）	5.49	6.07	7.21	7.14	6.95	6.29	6.31	6.34	6.37	6.39	6.09

的比重发现，与 2008 年相比，2017 年进口额占比与出口额占比变化并不大，进口额占比、出口额占比的分别增长为 1.38% 和 2.00%，涨幅变动也十分小（见图 3-16）。

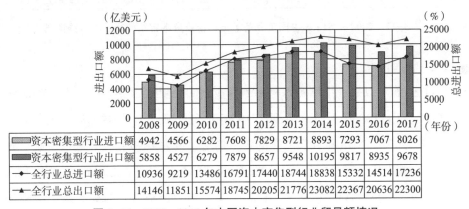

	2008	2009	2010	2011	2012	2013	2014	2015	2016	2017
资本密集型行业进口额	4942	4566	6282	7608	7829	8721	8893	7293	7067	8026
资本密集型行业出口额	5858	4527	6279	7879	8657	9548	10195	9817	8935	9678
全行业总进口额	10936	9219	13486	16791	17440	18744	18838	15332	14514	17236
全行业总出口额	14146	11851	15574	18745	20205	21776	23082	22367	20636	22300

图 3-16　2008—2017 年中国资本密集型行业贸易额情况

2. 出口企业构成

自 2008 年以来，中国资本密集型行业的出口企业主要以外商投资企业为主，而国有企业、私营企业相对较少。2016 年私营企业的出口额为 8326 亿元，相比 2008 年的 4898 亿元，上升了 69.99%。与此同时，2008—2016 年国有企业、外商投资企业的出口额变化并不明显，分别徘徊在 5000 亿元和

20000 亿元之间。

通过进一步计算中国工业各类出口企业的资本密集型行业出口额占全部企业资本密集型行业出口额的比重发现，2008—2016 年私营企业出口额占比为上升趋势，2016 年相比 2008 年上升了 8.71%。国有企业、外商投资企业出口额占比为下降趋势，2016 年相比 2008 年分别下降了 6.15% 和 2.55%（见图 3-17）。

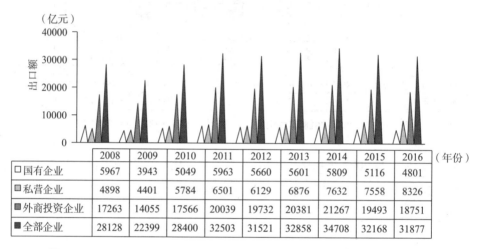

（年份）	2008	2009	2010	2011	2012	2013	2014	2015	2016
□国有企业	5967	3943	5049	5963	5660	5601	5809	5116	4801
▨私营企业	4898	4401	5784	6501	6129	6876	7632	7558	8326
▩外商投资企业	17263	14055	17566	20039	19732	20381	21267	19493	18751
■全部企业	28128	22399	28400	32503	31521	32858	34708	32168	31877

图 3-17　2008—2016 年中国工业各类出口企业资本密集型行业出口额情况

3. 利润情况

自 2008 年以来，中国资本密集型行业利润总额整体呈上升趋势，2008 年利润总额为 11100 亿元，之后到 2018 年利润总额上升为 29998 亿元，上涨 31.7 倍，2008—2018 年利润总额的年平均增长量为 1890 亿元。利润率则呈先增后降，最终趋于平稳的趋势，2008 年利润率为 4.59%，之后到 2018 年利润率上升为 5.94%，2008—2018 年利润率年平均增长率为 0.12%。这表明中国资本密集型行业的利润总额增长虽快，但利润率却增长十分缓慢，涨幅并不算高（见图 3-18）。

（四）技术密集型行业

1. 贸易额

自 2008 年以来，中国技术密集型行业进口规模约占出口规模的 50%，

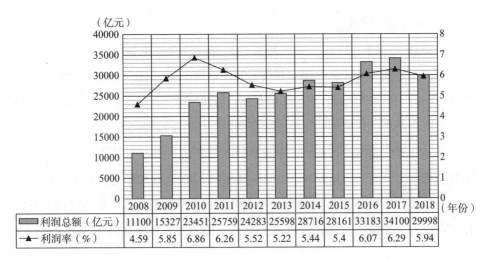

	2008	2009	2010	2011	2012	2013	2014	2015	2016	2017	2018
利润总额（亿元）	11100	15327	23451	25759	24283	25598	28716	28161	33183	34100	29998
利润率（％）	4.59	5.85	6.86	6.26	5.52	5.22	5.44	5.4	6.07	6.29	5.94

图 3-18　2008—2018 年中国资本密集型行业利润总额及利润率情况

2017 年进出口额分别为 3978 亿美元和 6965 亿美元，相比 2008 年分别上升了 44.03% 和 52.17%。此外，通过计算技术密集型行业贸易额占全行业贸易额的比重发现，2008—2017 年中国技术密集型行业的进口额占比、出口额占比变化并不大，其中进口额占比始终在 25% 左右，出口额占比则始终在 30% 左右（见图 3-19）。

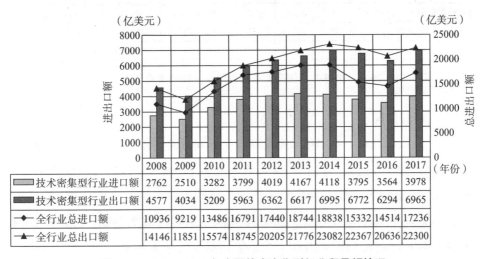

	2008	2009	2010	2011	2012	2013	2014	2015	2016	2017
技术密集型行业进口额	2762	2510	3282	3799	4019	4167	4118	3795	3564	3978
技术密集型行业出口额	4577	4034	5209	5963	6362	6617	6995	6772	6294	6965
全行业总进口额	10936	9219	13486	16791	17440	18744	18838	15332	14514	17236
全行业总出口额	14146	11851	15574	18745	20205	21776	23082	22367	20636	22300

图 3-19　2008—2017 年中国技术密集型行业贸易额情况

2. 出口企业构成

自 2008 年以来，中国技术密集型行业的出口企业主要以外商投资企业为主，而国有企业、私营企业相对较少。2016 年私营企业的出口额为 4512 亿元，相比 2008 年的 1378 亿元，增长 2 倍有余。与此同时，2008—2016 年国有企业和外商投资企业出口额的年平均增长量分别为 139 亿元和 1306 亿元之间。

通过计算中国工业各类出口企业的技术密集型行业出口额占全部企业技术密集型行业出口额的比重发现，2008—2016 年国有企业和私营企业出口额占比为上升趋势，2016 年相比 2008 年分别上升了 0.56% 和 5.22%。外商投资企业出口额占比为下降趋势，2016 年相比 2008 年下降了 5.77%（见图 3-20）。

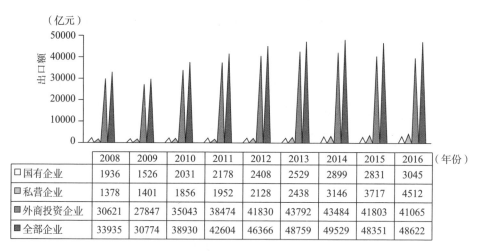

（亿元）	2008	2009	2010	2011	2012	2013	2014	2015	2016
□ 国有企业	1936	1526	2031	2178	2408	2529	2899	2831	3045
□ 私营企业	1378	1401	1856	1952	2128	2438	3146	3717	4512
▨ 外商投资企业	30621	27847	35043	38474	41830	43792	43484	41803	41065
■ 全部企业	33935	30774	38930	42604	46366	48759	49529	48351	48622

图 3-20　2008—2016 年中国工业各类出口企业技术密集型行业出口额情况

3. 利润情况

自 2008 年以来，中国技术密集型行业利润总额整体为上升趋势，2008 年利润总额为 5576 亿元，到了 2018 年利润总额上升至 15545 亿元，增长 31.79 倍，2008—2018 年利润总额的年平均增长量约为 997 亿元。利润率则波动较大，2008 年利润率为 5.61%，2010 年利润率达到峰值 7.28%，之后到 2018 年利润率下降至 6.54%，2008—2018 年利润率的年平均增长率约为 0.09%。该现象表明自 2008 年以来，中国技术资源密集型行业虽利润总额有着大幅度提高，但利润率平均涨幅却并不够高（见图 3-21）。

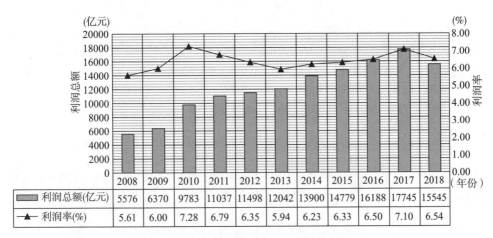

图3-21 2008—2018年中国技术密集型行业利润总额及利润率情况

	2008	2009	2010	2011	2012	2013	2014	2015	2016	2017	2018
利润总额(亿元)	5576	6370	9783	11037	11498	12042	13900	14779	16188	17745	15545
利润率(%)	5.61	6.00	7.28	6.79	6.35	5.94	6.23	6.33	6.50	7.10	6.54

第三节　中国物流业发展现状

一、　物流业政策环境

随着物流业对于我国经济发展的作用日益凸显，政府部门针对经济与物流业的发展，制定了关于物流业降本增效、电商物流以及智能物流等相关政策措施，以保证我国物流业能够健康平稳良性发展。依据政府下发的政策性文件，国务院对于我国物流业的关注重点大多集中在以下三方面：①创新发展供应链，推动实施一体化、信息化、专业化的进程；②降低物流业成本及税费，提高整体运行效率；③借助电子商务的巨大产能，与快递业进行协同发展（见表3-5、图3-22）。

表3-5　近几年国务院关于物流发展政策

时间	名称	主要内容
2014年9月12日	《物流业发展中长期规划（2014—2020年）》	统筹规划物流业中长期发展，提出物流业是我国的战略性产业与基础性产业，提出物流业发展中长期目标：物流增加值年均增长8%，到2020年物流业占我国GDP的比重达7.5%

续表

时间	名称	主要内容
2017年8月17日	《国务院办公厅关于进一步推进物流降本增效，促进实体经济发展的意见》	从我国物流业发展的7个方面提出27条物流业降本增效的具体举措，并对我国物流业降本增效的任务进行部署
2017年10月13日	《国务院办公厅关于积极推进供应链创新与应用的指导意见》	创新发展供应链新理念、新技术、新模式，打造大数据支撑、网络化共享、智能化协作的智慧供应链体系，推进供给侧结构性改革，提升我国经济全球竞争力
2018年1月23日	《国务院办公厅关于推进电子商务与快递物流协同发展的意见》	为实施"互联网+流通"行动计划，提高电子商务与快递物流协同发展水平，经国务院同意，提出6条强化措施意见
2019年11月19日	《中共中央 国务院关于推进贸易高质量发展的指导意见》	推进贸易高质量发展，加快培育贸易竞争新优势，提出10项重点任务

数据来源：根据《中国物流统计年鉴（2014—2020)》统计整理。

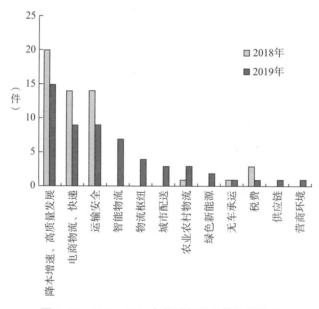

图3-22 2018—2019年物流相关政策数量情况

数据来源：《中国物流统计年鉴（2020)》。

2019 年，我国关于物流业政策文件共计出台近 60 件，顺应行业发展需求，政策体系更加完善，突出了前瞻性、针对性和有效性的特点。如图 3-22 所示，2018—2019 年我国关于物流业出台的相关政策数量情况，政策分布主要聚焦于物流业降本增效、电商物流、农业农村物流等重点问题，体现了良好的延续性，有助于我国物流业实现转型升级。

二、　物流业发展规模

（一）物流业总额

如图 3-23 所示，2006—2019 年中国物流总额呈现逐年上涨势态，发展规模不断扩大。2019 年我国社会物流总额达到了 298 万亿元，其中工业品物流总额达到了 269.6 万亿元，单位与居民物品物流总额达到了 8.4 万亿元，同比增长率为 16.1%。同时，中国物流业增长波动较大，2007 年增长率高达 32.94%，2015 年增长率仅为 2.57%，涨幅高达 30%。主要原因是我国物流业主要依靠资本驱动，2008 年之前我国经济正处于高速发展阶段，资本市场较为活跃，物流业得到快速成长。2008 年受国际金融危机的影响，物流业补充资金及其增长率急剧下降，随着我国出台的 4 万亿计划有效刺激了经济，物流业得以重新步入增长阶段。

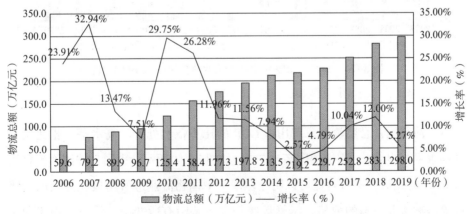

图 3-23　2006—2019 年中国物流总额及其增长率

数据来源：根据《中国物流统计年鉴（2007—2020）》统计整理。

（二）物流业总费用

国际上常用物流业总费用占 GDP 的比重来衡量物流资源的有效利用程度，该项指标越高说明物流资源浪费程度越严重，指标越低说明物流业资源协调程度越高。随着生产技术不断进步和物流业规划不断完善，我国社会物流费用占 GDP 的比重逐年下降，从 2007 年的 18.4% 下降至 2019 年的 14.7%，虽然仍处于较高的水平，但我国物流业的组织利用资源能力正在不断提高。如图 3-24 所示，2014 年之前我国物流费用占 GDP 的比重始终在 18% 上下波动，物流资源的浪费情况较为严重。2014 年，国务院出台了《物流业发展中长期规划（2014—2020 年）》，我国物流业有了统一的协调目标，区域物流各自为政的局面得到了改善，2019 年物流业总费用占 GDP 的比重下降至 14.7%，之后将不断持续改善。

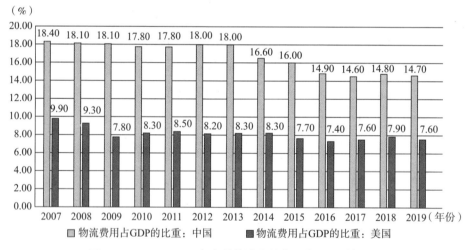

图 3-24　2007—2019 年中美物流业总费用占 GDP 的比重

数据来源：根据《中国物流统计年鉴（2007—2020）》、Wind 数据库统计整理。

当前我国社会物流业总费用占 GDP 的比重依然处于较高水平，相比世界平均水平高出 2%，相比美国高出 7%。如图 3-24 所示，中国与美国物流费用占 GDP 的比值，通过对比可以明显发现，中国物流业总费用较高并且已经接近美国物流业成本的两倍，尽管近些年二者差距有所变小，但我国物流费用占 GDP 的比重仍然存在一定的下降空间，运行效率仍然具有明显的上升潜力，此外随着智慧物流和仓储信息化、标准化、智能化的推广应用，我国物流业的技术水平也将得到进一步的提高。

三、 物流业需求结构

（一）快递业务

伴随着网上购物的不断壮大，物流需求持续增长。2019 年，我国单位与居民的物流需求增长了 16.1%，我国的实体商品网上零售额同比增长了 19.5%，增速高出了全社会的消费品零售总额 11.5 个百分点，实体商品网上零售额的贡献率超过了 45%。如图 3-25 所示，2007—2020 年我国快递业务量从 12.02 亿件增长到 833.58 亿件，复合增长率达 35.36%，单位与居民物流需求在整个社会物流需求结构中比重越来越高。近几年，我国快递业务量增长率始终保持较高水平，2009 年增长率开始上升，到 2011 年增长率高达 57.04%，此后每年都保持高位增长，我国的单位居民物流总额占全社会的物流总额比重不断提高，这与我国电子商务的快速壮大有一定的关系。随着各类网络促销活动层出不穷，网络购物的普及率和消费者接受率迅速升温，对于个人物流需求发展起到了极大的助推作用。

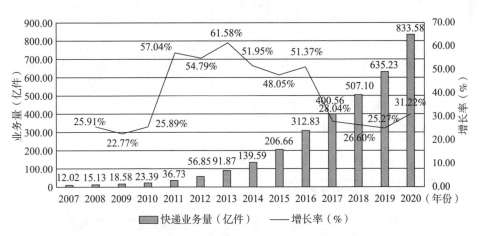

图 3-25　2007—2020 年中国快递业务量及其增长率

数据来源：根据国家统计局网站数据整理。

（二）第三方物流外包

"一带一路"倡议的提出，促进了中国与沿线国家的国际贸易往来，也带来了巨大的货物运输需求，为物流业提供了广阔的空间，向国际化服务平台迈进。2017 年，中国物流业总收入步入高速增长阶段，这一显著成效离不开供应链的迅猛发展，究其本质，供应链是指围绕核心企业，集合了物流、商流、资金流、信息流的基本情况，从采购原材料出发，制造出中间产品后，依次经过多个环节后送达消费者。物流外包是供应链外包的基本形式，根据图 3-26 所示，2009—2020 年既是我国第三方物流发展的关键时期，也是物流外包比例迅速提升的重要阶段，图 3-27 为 2009—2016 年我国物流外包比例，伴随着信息技术的不断进步以及实体经济的蓬勃发展，物流外包在我国已然成为普遍现象，供应链管理等相关行业也在不断拓展并完善，并逐渐被视作未来发展的新形势。

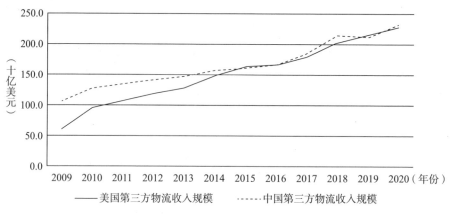

图 3-26　2009—2020 年中国与美国第三方物流收入规模

数据来源：Wind 数据库。

四、　供应链发展成效

供应链在我国起步相对较晚，近几年才不断涌现供应链管理企业，早期由于未被列入国民经济行业，常面临着政策法规和行业标准的双重压力。2014 年供应链服务业正式被纳入了国民经济行业，自此供应链步入政策利好

图 3-27　2009—2016 年我国物流外包比例

数据来源：Wind 数据库。

阶段。如图 3-28 所示，2012—2020 年我国供应链的营收增长率超过全部 A 股的平均水平，高出航空与物流的总体水平，这一显著成效推动着我国物流业的发展。同时，供应链的发展也十分契合"一带一路"倡议"走出去"的要求，在全球价值链中扮演着重要角色。

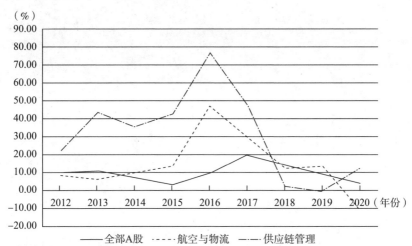

图 3-28　2012—2020 年供应链管理、航空与物流及全部 A 股营收增长率对比

数据来源：Wind 数据库。

第四章

中国与"一带一路"沿线国家
经贸往来现状

第一节 中国与"一带一路"沿线国家贸易往来

一、 进出口

（一）总额

如图4-1所示，2013年中国与"一带一路"沿线国家之间贸易总额达到了10404.57亿美元，占贸易总额的25.01%，2014年贸易总额为11204.44亿美元，所占比重为26.04%，2015年贸易总额出现下降，下降幅度为10.54%，主要是受金融危机和欧洲债务危机的影响，随后又恢复增长趋势。2018年贸易总额到达了12673.53亿美元，所占比重为27.42%，2019年贸易总额达到了13446.96亿美元，所占比重为29.37%。整体来看，中国与"一带一路"沿线国家贸易总额逐年提升，占我国贸易总额的比重也在不断上升，"一带一路"沿线国家对于我国开展国际贸易活动具有着重要作用。

图4-1 2013—2019年中国对"一带一路"沿线国家贸易总额变化

数据来源：根据中国"一带一路"官网、国家统计局数据计算整理。

从图4-2的"一带一路"沿线国家贸易增长速度可以看出，除2020年受新冠肺炎疫情影响外，自2016年以来，"一带一路"沿线国家贸易增速都高于中国对外贸易整体增速。

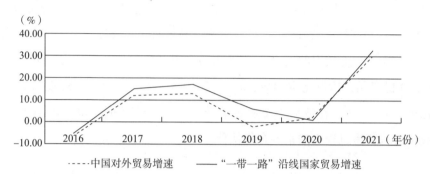

图4-2 2016—2021年"一带一路"沿线国家贸易与中国对外贸易增幅对比

数据来源：根据中国"一带一路"官网、国家统计局数据计算整理。

如图4-3所示，总体来看，自2013年"一带一路"倡议提出以后，中国与"一带一路"沿线国家的贸易规模不断扩大，其在中国对外贸易中所占的比重也逐渐提升。从2021年对外贸易情况来看，"一带一路"沿线国家贸易在中国对外贸易增速中所占的比重在缓慢升高，达到了29.7%，高于2019年的29.3%和2020年的29.1%。

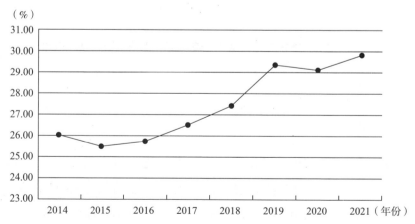

图4-3 2014—2021年"一带一路"沿线国家贸易在中国对外贸易中的比重

数据来源：根据中国"一带一路"官网、国家统计局数据计算整理。

（二）进口

如图 4-4 所示，2013 年中国对"一带一路"沿线国家的进口额达到了 4714.28 亿美元，占进口总额的 24.17%，2014 年进口额为 4834.42 亿美元，所占比重为 24.66%，2015 年进口额出现明显下滑，主要原因是全球大宗商品的价格发生了幅度较大的变化，但到 2016 年开始恢复增长；2018 年进口额为 5630.40 亿美元，所占比重为 26.36%；2019 年进口额为 5109.86 亿美元，所占比重为 24.59%，在波动中呈稳步上升趋势，"一带一路"沿线国家已然成为我国进口贸易过程中的重要合作伙伴。

图 4-4 2013—2019 年中国从"一带一路"沿线国家进口总额变化

数据来源：根据中国"一带一路"官网、国家统计局数据计算整理。

（三）出口

如图 4-5 所示，2013 年我国对"一带一路"沿线国家出口额达到了 5690.29 亿美元，占出口总额的 25.75%；2014 年出口额为 6370.03 亿美元，所占比重为 27.19%；2015 年出现明显下滑，由于外需规模发生了显著改变，国际经济尚未完全复苏，导致我国出口贸易遭遇严重阻碍，但在随后几年又逐渐恢复稳定。2018 年出口额达 7043.14 亿美元，占比为 28.32%；2019 年的出口额达 7624.10 亿美元，占比为 30.50%，"一带一路"沿线国家已然成为我国出口贸易的重要目标市场。

图 4-5　2013—2019 年中国对"一带一路"沿线国家出口总额变化

数据来源：根据中国"一带一路"官网、国家统计局数据计算整理。

（四）区域构成

（1）进口区域。如图 4-6 所示，中国从"一带一路"沿线国家的进口总额中，东亚和东南亚地区国家的进口比重最大，年均达到了 40% 以上。2013 年进口额为 2030.68 亿美元，所占比重达 43.08%，2019 年进口额为 2172.41 亿美元，所占比重达 42.51%，东亚和东南亚地区已成为我国重要的进口贸易伙伴。中国从西亚地区进口额也占有较大比重，2013 年进口额为 1622.07 亿美元，所占比重达 34.41%，2019 年进口额为 1613.73 亿美元，所占比重达 31.58%。中国从南欧地区的进口额最小，2013 年进口额为 31.31 亿美元，所占比重仅为 0.66%，2019 年进口额为 48.82 亿美元，所占比重仅为 0.96%。

（2）出口区域。如图 4-7 所示，中国对"一带一路"沿线国家的出口总额中，东亚和东南亚地区国家的出口比重最大，年均达到了 44% 以上。2013 年出口额为 2465.37 亿美元，所占比重达 43.33%，2019 年出口额为 3614.81

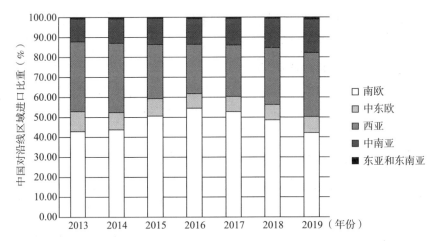

图 4-6　2013—2019 年中国从"一带一路"沿线国家进口区域结构变化

数据来源：根据中国"一带一路"官网、国家统计局数据计算整理。

亿美元，所占比重达 47.41%。中国对西亚地区出口额也占有较大比重。2013
年出口额为 1250.59 亿美元，所占比重达 21.98%，2019 年出口额为 1380.45
亿美元，所占比重达 18.11%。中国从南欧地区的出口额最小，2013 年出口额
为 81.60 亿美元，所占比重仅为 1.43%；2019 年出口额为 129.34 亿美元，所
占比重仅为 1.70%。

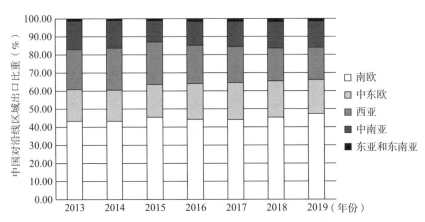

图 4-7　2013—2019 年中国对"一带一路"沿线国家出口区域结构变化

数据来源：根据中国"一带一路"官网、国家统计局数据计算整理。

（五）贸易结构

为了更直观地描述"一带一路"的贸易结构特征，选取了有代表性的 18 个国家①作为样本，来分析中国与"一带一路"沿线国家的贸易结构。

从图 4-8 可以看出，2021 年中国和这 18 个"一带一路"沿线国家的贸易中，出口最多的商品是机电/音像设备及其零附件，占出口额的比重为 39.3%；其次是贱金属及其制品，占出口额的比重是 10.5%；第三大出口品类是纺织原料及纺织制品，占出口额的比重是 9.6%。从具体出口产品看，机电类产品出口以电机、电气设备为主，其次是锅炉、机械设备等零部件；纺织原料及制品出口以服装和衣着附件为主。

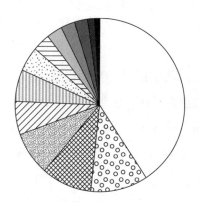

机电/音像设备及其零附件
贱金属及其制品
纺织原料及纺织制品
化学工业产品
塑料/橡胶及其制品
杂项制品
车辆/航空器/船舶及运输设备
光学/医疗等仪器/钟表/乐器
陶瓷/玻璃/矿物材料制品

图 4-8　2021 年中国对"一带一路"沿线样本国家出口商品结构

数据来源：根据中国"一带一路"官网、海关总署、国家统计局数据计算整理。

2021 年中国从这 18 个"一带一路"沿线国家进口最多的产品是矿产品，全年进口总额达 2357.8 亿美元，占进口产品的比重为 36.3%；第二大类进口产品是机电/音像设备及其零附件等，这一类商品约占进口额的 27.3%；第三大进口产品品类是贱金属及其制品，进口金额 520.9 亿美元，约占 8.02%。

----

① 越南、马来西亚、泰国、菲律宾、新加坡、印度尼西亚、缅甸、印度、巴基斯坦、沙特阿拉伯、伊朗、阿曼、土耳其、阿联酋、哈萨克斯坦、罗马尼亚、俄罗斯和乌克兰等 18 个国家。2021 年中国与这 18 个国家的贸易总额高达 14533.0 亿美元，中国出口总额达 8044.2 亿美元，中国进口总额达 6488.8 亿美元，分别占中国"一带一路"进出口、出口和进口的比例为 80.0%、78.8%和 83.7%。

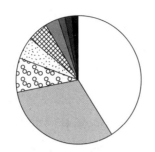

- □ 矿产品
- ▨ 机电/音像设备及其零附件
- ▣ 贱金属及其制品
- ▨ 塑料/橡胶及其制品
- ⊠ 化学工业产品

图 4-9　2021 年中国从"一带一路"沿线样本国家进口商品结构

数据来源：根据中国"一带一路"官网、海关总署、国家统计局数据计算整理。

（六）对外投资

由图 4-10 可知"一带一路"沿线国家在中国对外投资格局中的地位进一步上升。2013—2020 年，中国对"一带一路"沿线国家累计直接投资额为 1398.5 亿美元，年均增长 8.6%，比同期中国对外直接投资年均增长率高出 3.4 个百分点。2020 年末，中国境内投资者在"一带一路"沿线的 63 个国家设立境外企业超过 1.1 万家，涉及国民经济 18 个行业大类，当年实现直接投资 225.4 亿美元，同比增长 20.6%，占同期中国对外直接投资额的 14.7%，较上年提升一个百分点。从行业构成看，流向制造业的投资同比增长 13.1%，占 34.1%；建筑业 37.6 亿美元，占 16.7%；电力生产和供应业 24.8 亿美元占 11%。从国别构成看，主要流向新加坡、印度尼西亚、泰国、越南、阿联

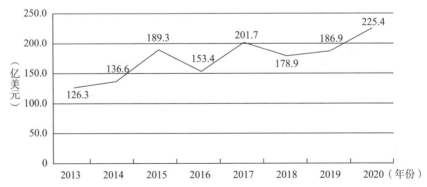

图 4-10　2013—2020 年中国对"一带一路"沿线国家累计直接投资额

数据来源：根据中国"一带一路"官网、商务部、国家统计局数据计算整理。

酋、老挝、马来西亚、柬埔寨、巴基斯坦、俄罗斯等国家。

2015—2020 年，中国企业在"一带一路"沿线对 58 个国家非金融类直接投资累计 921.8 亿美元，如图 4-11 所示。其中 2020 年为 177.9 亿美元，同比增长 18.3%，占同期总额的 16.2%，较上年同期提升 2.6 个百分点。主要投向新加坡、印尼、越南、老挝、马来西亚、柬埔寨、泰国、阿联酋、哈萨克斯坦和以色列等国家。

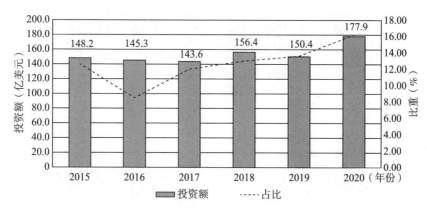

图 4-11 2015—2020 年中国对"一带一路"沿线国家非金融类投资额及
占对外投资总额的比重

数据来源：根据中国"一带一路"官网、商务部、国家统计局数据计算整理。

从图 4-12、图 4-13、图 4-14 来看对外承包工程方面，受新冠肺炎疫情的影响，中国企业在"一带一路"沿线的 61 个国家新签对外承包工程项目合同 5611 份/年，新签合同额 1414.6 亿美元/年，同比下降 8.7%，占同期我国对外承包工程新签合同额的 55.4%；完成营业额 911.2 亿美元，虽然同比下降 7.5%，但也占同期总额的 58.4%。

二、 运输方式

在中国与"一带一路"沿线国家贸易往来的过程中，所使用到的运输方式较为多样化，有道路运输、水上运输、航空运输、快递运输及其他运输等，其中道路运输包括公路运输、铁路运输，其他运输包括部分邮件运输、管道运输、自提货物以及多式联运等如图 4-15 所示。

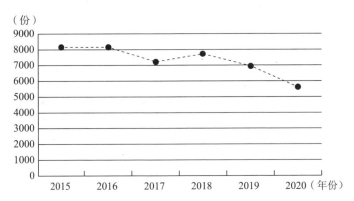

图 4-12   2015—2020 年中国对"一带一路"沿线国家新签订

对外承包工程项目合同数量

数据来源：根据中国"一带一路"官网、商务部、国家统计局数据计算整理。

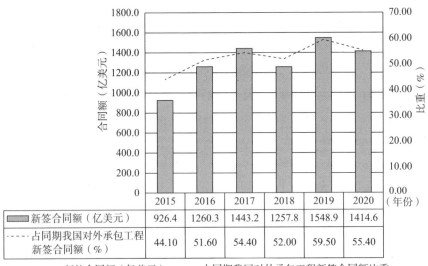

	2015	2016	2017	2018	2019	2020
新签合同额（亿美元）	926.4	1260.3	1443.2	1257.8	1548.9	1414.6
占同期我国对外承包工程新签合同额（%）	44.10	51.60	54.40	52.00	59.50	55.40

■■■ 新签合同额（亿美元）   ------ 占同期我国对外承包工程新签合同额比重

图 4-13   2015—2020 年中国对"一带一路"沿线国家新签订对外承包工程合同额及占比

数据来源：根据中国"一带一路"官网、商务部、国家统计局数据计算整理。

（一）总体

如图 4-15 所示，中国与"一带一路"沿线国家贸易往来的过程中，每年通过道路运输完成的贸易额占总额的 64%以上，2020 年占比最多达到了 68.97%，"一带一路"国际陆上通道的不断增设，促进了我国物流产业的不断

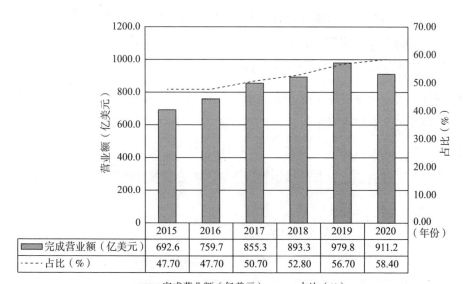

	2015	2016	2017	2018	2019	2020
完成营业额（亿美元）	692.6	759.7	855.3	893.3	979.8	911.2
占比（%）	47.70	47.70	50.70	52.80	56.70	58.40

图 4-14　2015—2020 年中国对"一带一路"沿线国家新签订对

外承包工程完成营业额及占同期总额比例

数据来源：根据中国"一带一路"官网、商务部、国家统计局数据计算整理。

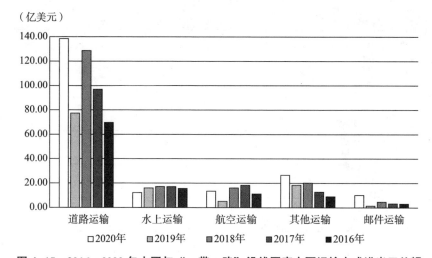

图 4-15　2016—2020 年中国与"一带一路"沿线国家主要运输方式进出口总额

数据来源：根据联合国商品贸易统计数据库（UN Comtrade）中所包含的部分"一带一路"沿线国家数据计算整理。

发展;其次,是包含在道路运输中的铁路运输,随着中欧班列的大量开通与运营,铁路资源和使用率得到有效利用,开辟了一条新的贸易途径,未来铁路运输关注度将不断提高。水上运输和航空运输这两种运输方式的进出口总额相近,所占比重均在10%左右,航空运输凭借其时效性高的特点发展趋势不断提升,水上运输对于大多数沿海国家在进出口贸易方面同样具有不可替代的位置;其他运输方式(部分邮件运输、管道运输、自提货物以及多式联运等)发展较为稳定,邮件运输有所下降,主要是被其他运输方式替代。

(二)进口

图4-16为不同运输方式下中国从"一带一路"沿线国家的进口额。各类运输方式的排序与进出口总额排序一致,道路运输在中国与沿线国家进口贸易过程中占据首要地位,每年通过道路运输方式下的进口额占进口总额的比重达67%以上,并且2020年道路运输占比达73.49%,其次是水上运输(7.38%)、航空运输(8.75%)、其他运输(3.79%),而邮件运输占比最低为3.79%。

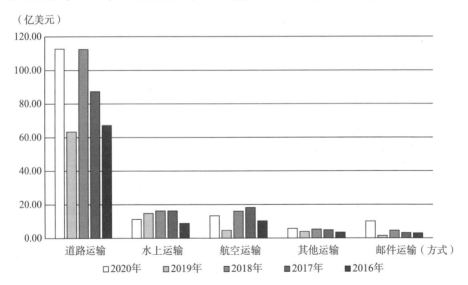

图4-16 2016—2020年中国从"一带一路"沿线国家不同运输方式下的进口额

数据来源:根据联合国商品贸易统计数据库(UN Comtrade)中所包含的部分"一带一路"沿线国家数据计算整理。

（三）出口

由图4-17可知，在中国对"一带一路"沿线国家出口贸易中，通过道路运输的出口占比最多，但出口占比小于进口占比，2020年通过道路运输方式运送的出口货物额占总出口额的比重达54.33%。近五年，中国通过不同运输方式对沿线国家的出口占比趋于稳定，仅在2020年出现小幅下滑，水上运输同比下降1.97%、航空运输下降1.30%、其他运输方式下降4.52%，主要由于新冠肺炎疫情的影响对我国与沿线国家之间的贸易往来造成了一定的冲击，邮件运输由于数据库统计分类的原因被其他运输方式替代。

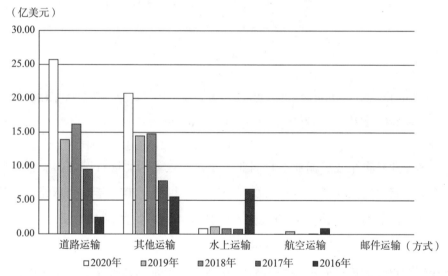

图4-17 2016—2020年中国对"一带一路"沿线国家不同运输方式下的出口额

数据来源：根据联合国商品贸易统计数据库（UN Comtrade）中所包含的部分"一带一路"沿线国家数据计算整理。

三、跨境电商

在"一带一路"倡议的背景下，电子商务对于中国物流业的发展变得尤为重要，"一带一路"政策针对跨境电子商务的海关、国税、外汇等监管政策，为物流业提供了诸多便利，目前全国共计建设了12个跨境电子商务试验园区，推动着跨境电商的迅速发展。如图4-18所示，自2013年"一带一路"

倡议提出以来，跨境电子商务交易规模不扩大，整体增长率达 50%。2011—2020 年跨境电子商务交易规模始终处于 20% 以上的高水平发展，所占贸易总额比重逐年提升，为我国商品贸易做出了突出贡献。

图 4-18 2011—2020 年中国跨界电商交易规模、增长率、占进出口总值比重

数据来源：根据 Wind 数据库，国家统计局数据整理。

物流业是将交通运输业、仓储业、通信业等多产业进行融合的复合型服务产业，目的是保证社会生产以及社会生活的供给。2020 年，全球经济增长的趋势逐渐放缓，经济下行的压力不断加大。面对纷繁复杂的国内外形势，我国物流业依然保持着稳中有进的发展态势，需求规模的扩大，经济结构的优化，使得物流运行效率得到明显的改善。作为兼具基础性、战略性的国民经济社会发展所需的重要产业，物流业的发展势必受到高度的关注。本章节对我国物流业现状进行分析，为后续的实证分析打下基础。

第二节 "一带一路"沿线国家工业整体及细分行业发展情况

工业是三大产业中的重要组成部分，是国家发展的基础，是一国生产力水平与综合国力的体现，对于一国经济的发展发挥着重要作用。特别是自

2008 年世界金融危机以来，全球各国开始加大对工业发展的重视力度。美国于 2009 年底正式启动再工业化战略，通过促进出口以达到振兴本土工业、实现经济可持续发展的目的。德国同样以实施本土再工业化，提高工业竞争力为主要目的，于 2013 年 4 月在汉诺威工业博览会上发布《保障德国制造业的未来：关于实施工业 4.0 战略的建议》一文，简称"工业 4.0"战略，以此保持德国在世界范围内工业（特别是制造业）具有的传统优势。受德国"工业 4.0"战略的影响，为了更好地迎接发达国家和发展中国家新一轮工业发展的挑战与机遇，中国于 2015 年正式提出了《中国制造 2025》发展战略，旨在通过坚持新型工业化道路、强化工业基础、坚持创新发展、提高综合集成水平，来推动中国工业经济高质量发展，最终实现由工业大国向工业强国的转变。

工业转型升级不仅是中国工业经济发展道路当中的重要环节，同时也是中国经济由高速增长阶段转向高质量发展阶段的重要支撑。随着我国经济发展步入新常态，整体经济开始进入提质增效时期，工业当中现代化工业占比较低，老牌重化工业占比较高等一系列问题也随之出现，以往传统的工业发展模式由于无法契合"创新、协调、绿色、开放、共享"五大发展理念，导致加大工业转型升级力度，实现工业经济高质量发展已成为中国工业经济发展的首要任务。

因此，如何抓住"一带一路"倡议的发展机遇，根据中国工业国际分工地位水平的实际情况，结合"一带一路"沿线国家工业发展的市场需求，寻找中国工业发展的发力点，即中国工业发展的潜在行业，进而选择出中国各地区、各省份亟待转型和升级的工业行业，是中国工业经济实现高质量发展的重要环节，同时也是解决中国工业长期存在"低端锁定"与"发达国家俘获"等问题，提升中国工业国际分工地位的重要手段。

一、"一带一路" 沿线国家工业贸易情况

（一）对世界总贸易额

随着经济全球化的不断发展，各国间的贸易往来日趋频繁，"一带一路"

沿线国家通过扩大贸易规模推动经济的发展。2017年"一带一路"沿线国家工业对世界进口额达40709亿美元，出口额达42982亿美元，相对于2008年进口额35264亿美元和出口额36976亿美元而言，均增长15%以上。此外，2008—2017年"一带一路"沿线国家工业对世界进口额和出口额的年平均增长量分别为605亿美元和667亿美元，两者相差不大。

如图4-19所示，从"一带一路"沿线国家工业对世界贸易额的同比增长率来看，由于受到2008年世界金融危机的影响，2009年"一带一路"沿线国家工业对世界进口额和出口额的同比增长率同时出现了巨幅下滑的现象，分别下降了25.58%和23.95%。但值得注意的是，2010年"一带一路"沿线国家工业对世界进口额和出口额的同比增长率实现了回暖，分别上升了26.02%和28.99%，这表明尽管受到世界金融危机的影响，"一带一路"沿线国家工业的贸易规模不仅并未受到严重的影响，反而在短时间之内便实现了迅速的反弹（反弹速度小于中国）。2017年，"一带一路"沿线国家对世界工业进口额和出口额的同比增长率分别达到14.63%和15.59%。

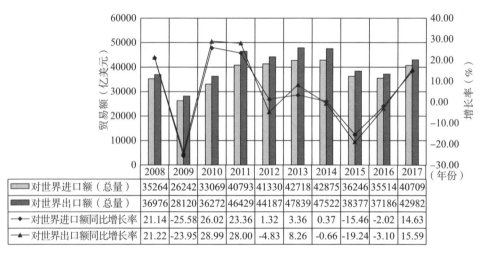

	2008	2009	2010	2011	2012	2013	2014	2015	2016	2017
对世界进口额（总量）	35264	26242	33069	40793	41330	42718	42875	36246	35514	40709
对世界出口额（总量）	36976	28120	36272	46429	44187	47839	47522	38377	37186	42982
对世界进口额同比增长率	21.14	-25.58	26.02	23.36	1.32	3.36	0.37	-15.46	-2.02	14.63
对世界出口额同比增长率	21.22	-23.95	28.99	28.00	-4.83	8.26	-0.66	-19.24	-3.10	15.59

图4-19　2008—2017年"一带一路"沿线国家工业对世界贸易额总量及同比增长率情况

数据来源：根据联合国商品贸易统计数据库（UN Comtrade）当中"一带一路"50个沿线国家所有类型工业产品（共计249种）贸易额逐一进行收集统计之后，计算求和所得。

（二）对中国总贸易额

自"一带一路"倡议提出以来，中国与"一带一路"沿线国家迎来了经济发展的重大机遇，贸易往来不断深入开展和推进。2017 年沿线国家工业对中国进口额达 6899 亿美元，出口额达 4300 亿美元，相对于 2008 年进口额 3789 亿美元和出口额 2376 亿美元而言，分别增长 82.1% 和 80.98%。此外，2008—2017 年"一带一路"沿线国家工业对中国进口额和出口额的年平均增长量分别为 346 亿美元和 214 亿美元。

如图 4-20 所示，从"一带一路"沿线国家工业对中国贸易额占总贸易额比重来看，2008—2017 年贸易额占比总体呈双增长趋势，且进口额占比大于出口额占比。自 2013 年以来，沿线国家对中国无论是进口额占总进口额比重，还是出口额占总出口额比重，均实现了逐年稳定上升。此外，相比 2008年而言，2017 年两项占比分别增长了 6.21% 和 3.57%。

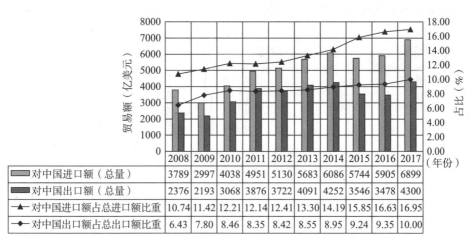

	2008	2009	2010	2011	2012	2013	2014	2015	2016	2017
对中国进口额（总量）	3789	2997	4038	4951	5130	5683	6086	5744	5905	6899
对中国出口额（总量）	2376	2193	3068	3876	3722	4091	4252	3546	3478	4300
对中国进口额占总进口额比重	10.74	11.42	12.21	12.14	12.41	13.30	14.19	15.85	16.63	16.95
对中国出口额占总出口额比重	6.43	7.80	8.46	8.35	8.42	8.55	8.95	9.24	9.35	10.00

图 4-20　2008—2017 年"一带一路"沿线国家工业对中国贸易额总量及占比情况

数据来源：根据联合国商品贸易统计数据库（UN Comtrade）当中"一带一路"50 个沿线国家所有类型工业产品（共计 249 种）对中国的贸易额逐一进行收集统计之后，计算求和所得。

二、 工业细分行业对世界和中国贸易额

（一） 资源密集型行业

自 2008 年以来，"一带一路"沿线国家对世界资源密集型行业的贸易规模在逐渐减小，且进口规模小于出口规模，2017 年对世界进口额和出口额分别为 4675 亿美元和 5374 亿美元，相比 2008 年分别下降了 16.22% 和 42.55%。同时，对中国资源密集型行业的进口规模有所下降，出口规模有所上升，2008—2017 年对中国进口额年平均增长量为-2.44 亿美元，出口额年平均增长量为 24.89 亿美元。

如图 4-21 所示，通过计算发现，2008—2017 年"一带一路"沿线国家资源密集型行业对中国进口额占对世界进口额比重的平均值为 0.88%，对中国出口额占对世界出口额比重的平均值为 7.51%，沿线国家对中国资源密集型行业进口规模明显小于出口规模。

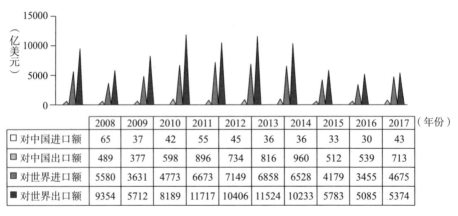

	2008	2009	2010	2011	2012	2013	2014	2015	2016	2017	（年份）
□ 对中国进口额	65	37	42	55	45	36	36	33	30	43	
▨ 对中国出口额	489	377	598	896	734	816	960	512	539	713	
▤ 对世界进口额	5580	3631	4773	6673	7149	6858	6528	4179	3455	4675	
■ 对世界出口额	9354	5712	8189	11717	10406	11524	10233	5783	5085	5374	

图 4-21　2008—2017 年"一带一路"沿线国家资源密集型行业对世界和对中国贸易额情况

（二） 劳动密集型行业

自 2008 年以来，"一带一路"沿线国家对世界劳动密集型行业的贸易规模逐渐扩大，且进口规模小于出口规模，2017 年对世界进口额和出口额分别为

5735 亿美元和 6519 亿美元，相比 2008 年分别上升了 41.26% 和 51.57%。与此同时，对中国劳动密集型行业的贸易规模不断扩大，2008—2017 年对中国进口额年平均增长量为 31.22 亿美元，出口额年平均增长量为 30.78 亿美元。

如图 4-22 所示，通过计算发现，2008—2017 年"一带一路"沿线国家劳动密集型行业对中国进口额占对世界进口额比重的平均值为 13.28%，对中国出口额占对世界出口额比重的平均值为 7.24%，沿线国家对中国劳动密集型行业进口规模要大于出口规模。

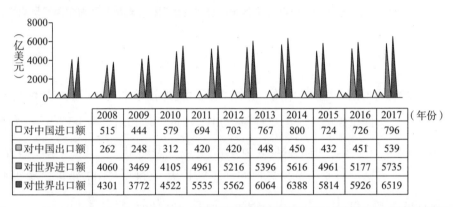

	2008	2009	2010	2011	2012	2013	2014	2015	2016	2017	(年份)
□对中国进口额	515	444	579	694	703	767	800	724	726	796	
▨对中国出口额	262	248	312	420	420	448	450	432	451	539	
▤对世界进口额	4060	3469	4105	4961	5216	5396	5616	4961	5177	5735	
■对世界出口额	4301	3772	4522	5535	5562	6064	6388	5814	5926	6519	

图 4-22　2008—2017 年"一带一路"沿线国家劳动密集型行业对世界和对中国贸易额情况

（三）资本密集型行业

自 2008 年以来，"一带一路"沿线国家对世界资本密集型行业的贸易规模逐渐扩大，且进口规模与出口规模相对持平，2017 年对世界进口额和出口额分别为 21237 亿美元和 23173 亿美元，相比 2008 年分别上升了 10.61% 和 31.2%。与此同时，对中国资本密集型行业的贸易规模同样不断扩大，2008—2017 年进口额年平均增长量为 150.11 亿美元，出口额年平均增长量为 102.56 亿美元。

如图 4-23 所示，通过计算发现，2008—2017 年"一带一路"沿线国家资本密集型行业对中国进口额占对世界进口额比重的平均值为 13.67%，对中国出口额占对世界出口额比重的平均值为 7.32%，沿线国家对中国资本密集型行业进口规模要大于出口规模。

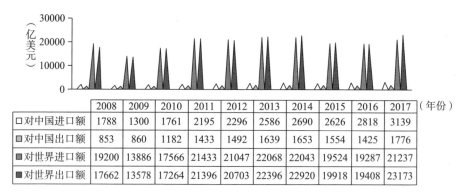

	2008	2009	2010	2011	2012	2013	2014	2015	2016	2017	（年份）
□对中国进口额	1788	1300	1761	2195	2296	2586	2690	2626	2818	3139	
▨对中国出口额	853	860	1182	1433	1492	1639	1653	1554	1425	1776	
▩对世界进口额	19200	13886	17566	21433	21047	22068	22043	19524	19287	21237	
■对世界出口额	17662	13578	17264	21396	20703	22396	22920	19918	19408	23173	

图 4-23　2008—2017 年"一带一路"沿线国家资本密集型行业对世界和对中国贸易额情况

（四）技术密集型行业

自 2008 年以来，"一带一路"沿线国家对世界技术密集型行业的贸易规模逐渐扩大，且进口规模大于出口规模，2017 年进口额和出口额分别为 9062 亿美元和 7916 亿美元，相比 2008 年分别上升了 41.09% 和 39.91%。与此同时，对中国技术密集型行业的贸易规模同样不断扩大，2008—2017 年进口额年平均增长量为 148.56 亿美元，出口额年平均增长量为 54.89 亿美元。

如图 4-24 所示，通过计算发现，2008—2017 年"一带一路"沿线国家技术密集型行业对中国进口额占对世界进口额比重的平均值为 23.15%，对中国出口额占对世界出口额比重的平均值为 13.55%，即沿线国家对中国技术密集型行业进口规模要大于出口规模。

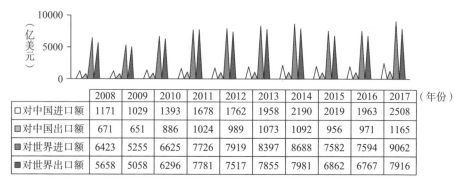

	2008	2009	2010	2011	2012	2013	2014	2015	2016	2017	（年份）
□对中国进口额	1171	1029	1393	1678	1762	1958	2190	2019	1963	2508	
▨对中国出口额	671	651	886	1024	989	1073	1092	956	971	1165	
▩对世界进口额	6423	5255	6625	7726	7919	8397	8688	7582	7594	9062	
■对世界出口额	5658	5058	6296	7781	7517	7855	7981	6862	6767	7916	

图 4-24　2008—2017 年"一带一路"沿线国家技术密集型行业对世界和对中国贸易额情况

第三节 中国与"一带一路"沿线国家物流基础设施的互联互通

随着中国与"一带一路"沿线各国的紧密合作与对接，物流基础设施的互联互通取得了实质性突破。据 2020 年交通运输部发布的数据，我国的铁路营业里程达到了 14.63 万千米，高速铁路营业里程达到了 3.8 万千米，并同沿线国家建设了中老、中缅、中蒙等国际铁路。我国公路里程数达 519.81 万千米，高速公路里程达到 16.1 万千米，同沿线国家建设了中老、中蒙、中缅孟印等陆上通道。此外，在全球排名前十的港口中，我国占据了七个，其中上海港口的货物吞吐量和宁波港口的货运量常年位居世界第一。同时，目前我国民用航班飞机场数达 240 个，民航货运量达 4082 万吨，与 45 个沿线国家实现了互联互通。随着中国与"一带一路"沿线国家参与全球化水平上升，国际物流运输要求也将不断提高，不仅需要传统运输方式，更需要各类运输方式的综合联运。

一、 铁路互联互通

（一） 中亚地区

2015 年 12 月，中国第一条跨境货运铁路路线"新丝绸之路"建设完成并通车，该条铁路线路始发于中国，途经哈萨克斯坦及阿塞拜疆，经由俄罗斯到达格鲁吉亚，是中国跨境铁路最为重要的线路。2016 年 2 月，"中亚第一隧道"卡姆奇克隧道成功建设完成。2016 年 8 月，塔吉克斯坦的"瓦赫达特—亚洲"铁路正式通车运营，成为"丝绸之路经济带"建设中的重要铁路项目之一，中国与中亚地区实现了铁路互联互通。此外，中国—吉尔吉斯斯坦—乌兹别克斯坦铁路项目也已顺利完成，货物中转运输量也由 1500 万吨提升至 2000 万吨，提升了中国与吉尔吉斯斯坦整体的经济发展水平（见表 4-1）。

表4-1　主要中亚班列开行情况

线路名称	主要路线	运输货物
"兰州号"中亚国际货运班	从甘肃省兰州新区出发驶往哈萨克斯坦阿拉木图	机电设备
徐州—塔什干中亚班列	从徐州出发经霍尔果斯口岸进入哈萨克斯坦阿拉木图、吉尔吉斯斯坦比什凯克等中亚五国	电子产品、玻璃制品、医药用品、塑料制品
"中阿号"国际货运班列	从银川出发经阿里山口岸进入哈萨克斯坦阿拉木图、曼格什拉克、奇姆肯特、乌兹别克斯坦塔什干、丘库尔赛、撒马尔罕等地区	钢材、电器、机械设备、日用百货
新疆奎屯—塔吉克斯坦首发国际铁路货运班列	从新疆奎屯始发经阿拉山口铁路口岸换装后出境，最终抵达塔吉克斯坦首都杜尚别	钢结构、钢板
"新丝路号"中欧中亚国际班列	从乌西站出发最终抵达哈萨克斯坦阿拉木图市	服装、机电设备、汽车配件、瓷砖、建材百货
南通—阿富汗中亚货运班列	从南通出发经新疆阿拉山口出境奔赴阿富汗海拉顿	纺织品、日用品
"好望角号"中亚货运班列	从邢台出发最终抵达乌兹别克斯坦首都塔什干	零配件、复合地板、压花玻璃、釉面砖、自行车配件、电焊条、童车
"青岛号"货运班列	从青岛胶州出发开往哈萨克斯坦和乌兹别克斯坦等中亚国家	汽车配件、电子产品、轮胎、润滑油、食品
包头—阿斯塔纳中亚班列	从包头市始发，经包（头）兰（州）、临（河）哈（密）、兰（州）新（疆）铁路，由中哈口岸阿拉山口出境，途经哈萨克斯坦阿拉木图，终到阿斯塔纳	石油钻杆、电子产品、机械设备等工业制品及部分日用品
义乌—阿富汗中亚班列	从浙江义乌始发，驶往阿富汗马扎里沙里夫	义乌特色商品

（二）中欧地区

自"一带一路"倡议提出以来，2020年"中欧班列"的开行数量增加至12406列，2014年"中欧班列"的开行增长率达到了最高，正式步入高速增长阶段。2017 年"中欧班列"的开行数量达到近 2900 多列，完成了近 200 多亿美元的贸易总额。2020 年国家发展改革委员会颁布的《中欧班列建设规划》提出，要加强"一带一路"沿线国家铁路项目的建设能力。其中，新亚欧大陆桥、孟中印缅经济走廊、中巴经济走廊等重要通道的建设，帮助了中国与沿线国家之间实现了铁路互联互通，图 4-25 为 2011—2020 年中欧班列开行统计情况。

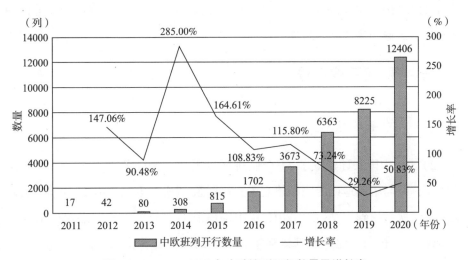

图 4-25　2011—2020 年中欧班列开行数量及增长率

数据来源：根据中国"一带一路"官网统计数据整理。

二、 公路互联互通

（一） 中亚地区

2006 年 11 月，中国和哈萨克斯坦共同提出了"欧洲西部—中国西部"公路项目，全长共计 8445 千米。据世界银行（The World Bank）统计，随着"欧洲西部—中国西部"的公路全线通车，大批货物已由原来的海上运输改成了公路运输，公路货运量相较以往提高近 2.5 倍，同时每年的车辆维修费也将为"一带一路"沿线国家带来约 3 亿美元收入，极大地促进了欧亚大陆之间的陆运往来。

（二）南亚地区

中国主导的亚洲基础设施投资银行（简称"亚投行"）筹划项目主要包括：巴基斯坦境内的高速公路、塔吉克斯坦首都杜尚别境内的高速公路、哈萨克斯塔阿拉木图环路。2016 年 7 月，中国正式签署了《国际公路运输公约》，成为了第 70 个缔约国公约。同时，中国与南亚地区的集装箱货物也可以由公路直接运输，极大地缩短了货物运输时间，促进了中国与南亚地区国家的公路运输和多式联运发展。

三、 航空互联互通

（一）中亚地区

2015 年中国共计建设了 51 个民航项目用于直接服务于"一带一路"沿线国家，并与中亚地区的国家建立了直接联系，"中亚五国"有 11 家航空公司的周运营次数达到了 75 次。2016 年中国民航为"丝绸之路"各沿线省份共计新建 15 个机场，此外成都兴建第二机场的计划已获得批准，成为继北京、上海之后的第三个拥有第二机场的城市，成都兴建第二机场将推动我国与"一带一路"沿线国家之间的合作。

（二）西亚地区

"十三五"规划将乌鲁木齐国际航空枢纽列为我国交通建设重点项目，加快实现我国与西亚地区间的航空互联互通。目前，乌鲁木齐国际机场是中国飞往西亚地区行距最短的机场，航线数多达 180 条，通达 15 个国家的 56 个城市。西安为巩固枢纽地位不断地升级航空运输，目前咸阳国际机场开通国际航线 271 条连接国内外 140 多个城市。甘肃也将致力于推进机场设施建设，目前兰州机场总运营航线数已达 146 条，构建了以"丝绸之路经济带"为基础的航空网络布局。

四、 管道互联互通

(一) 中亚地区

作为"一带一路"基础设施建设的重要内容之一，管道运输自"丝绸之路经济带"建设以来，帮助中国与中亚国家在天然气管道运输方面发挥了重要推动作用，中国—中亚天然气管道是中国首条从陆路引进的跨国能源通道，西起阿姆河右岸的土库曼斯坦和乌兹别克斯坦边境，经中国新疆霍尔果斯口岸入境，管道全长约 10000 千米，其中中国境内约 8000 千米，哈萨克斯坦境内约 1300 千米，乌兹别克斯坦境内约 530 千米，土库曼斯坦境内约 188 千米，是世界上最长的天然气管道之一。

截至 2021 年 3 月 31 日，中亚天然气管道累计输送进口天然气达到 3460 亿立方米，成为"西气东输二线"。管道主要有四条线，AB 为双线敷设单线长 1833 千米，C 线也已铺设完毕并投产，截至 2020 年 12 月 31 日 24 点，中亚天然气 ABC 线路全年转供输气量达 389 亿余立方米，累计输气量达 3359 亿立方米，安全运行 4034 天。作为世界管道建设难度最大的线路之一，D 线塔吉克斯坦境内部分路段已经开始建设并投产，其中境内全长达 400 千米，是 D 线建设的关键环节，D 线为"一带一路"沿线国家（地区）带来巨大的社会和商业方面的经济效益。2019 年 12 月 2 日中国与俄罗斯东线天然气管道正式投产通气。中俄东线天然气管道由黑龙江省黑河市入境，途径黑龙江、吉林、辽宁、内蒙古、天津、河北、山东、江苏、上海等 9 个省（市、自治区），输气管道全长约 8000 千米，其中我国境内全长约 3371 千米，俄罗斯境内全长约 3000 千米，是当今世界最长的天然气输气管道之一。中俄东线天然气管道投产后，俄罗斯将与我国东北地区、京津冀和长三角等天然气需求旺盛的市场进行对接，完成中俄两国管道运输互联互通，于 2020 年完成 50 亿立方米天然气输送，并计划未来将每年输气量增至 380 亿立方米，供气年限长达 30 年。中国和俄罗斯在东线天然气工程上的合作，对于两国加强合作关系以及深化合作战略等方面起着重要作用。

（二）南亚地区

2018年，链接土库曼斯坦、阿富汗、巴基斯坦、印度的天然气管道 TPAI 土库曼斯坦正式启动并于2019年底正式投入使用。中国与巴基斯坦油气输送管道建设也已初现端倪，巴基斯坦计划在境内铺设一条全长700千米的液化天然气管道，以西部的瓜达尔港口为起点至南部的信德省瓦布沙阿市，该工程项目中中国主要负责巴基斯坦境内由伊朗到巴基斯坦天然气管道部分的建设；2015年10月，中巴经济走廊的建设项目瓜达尔港至纳瓦卜夏石油管道线动工。该条管道线路将推动伊朗与巴基斯坦之间的油气管道方面的建设，并致力于帮助提升巴基斯坦俾路支省的经济。

第五章

中国产业结构发展中存在的问题

自 2008 年以来，虽然中国工业在贸易额、出口企业构成、利润以及增加值等方面取得了一系列的成就，工业经济也已实现高速发展，但并不能代表高的发展质量。从具体情况来看，通过将中国与发达国家占多数的 OECD 组织和"一带一路"沿线国家进行对比，发现中国工业发展仍存在工业进出口贸易结构不平衡；人均工业增加值较低，工业就业人员不足；工业生产指数过高，产能利用率过低；工业转型升级方向难以确定等问题，工业转型升级刻不容缓。通过简要梳理中国产业结构发展的现状，发现近年来中国三大产业发展速度较快，产业结构得到优化升级，中国各省（市、区）产业结构朝着高级化、合理化、服务化方向发展的趋势明显，但现阶段产业结构仍然存在诸多问题亟须解决，具体表现在：第三产业产值占比偏低；技术密集型产业产值比重较小；西北和东北地区产业升级进展缓慢。

第一节　产业结构发展总体问题

一、 技术密集型产业产值比重较小

整体来看，除华东地区的技术密集型产业产值较高之外，其他地区技术密集型产业产值较低，多数省（市、区）技术密集型产业发展缓慢。2019年，中国各地区技术密集型产业产值依然较低，但与美国和俄罗斯的差异逐渐缩小。中国服务业总产值较小且发展层次较低，在技术密集型服务业的产出仅占全球产出的 10%，服务内容科技含量和知识水平不高，所提供的产品和信息服务处于产业链低端。而且由于市场化程度低、产品创新能力差，科技服务业、现代金融业、卫生服务业等新兴服务业发展缓慢，部分行业的核心技术和关键环节缺失，产业链短小且覆盖面窄，不能够充分展现其经济价值，生产性服务业难以得到有效延伸和拓展。

从技术密集型产业占地区生产总值比重来看，2000 年到 2019 年多数地区技术密集型产业占地区生产总值比重增长率比较低。到 2019 年，中国的技术密集型产业占比与美国、俄罗斯的差异性变小，但还有待进一步发展。中国制造业产能过剩严重且长期存在高能耗、高污染及高排放等问题，而高新技术产业规模相对较小，缺乏良好的发展条件。同时，中国制造业技术研发与创新力不足，在国际市场上缺乏具有核心竞争力和影响力的品牌和产品，技术密集型产业严重依赖于低附加值活动。

二、 西北和东北地区产业升级进展缓慢

中国整体第一产业占地区生产总值的比重从 2000 年的 14.68% 下降到 2019 年的 7.11%，中南和华东地区第一产业占地区生产总值的比重下降幅度较大，而东北和西北地区下降幅度较小。总体上，东北、西北地区第一产业所占比重较高。近些年，黑龙江第一产业所占比重不降反升，2019 年其第一

产业所占比重为 23.39%，而且新疆、吉林和青海第一产业产值占比分别为 13.10%、10.98% 和 10.18%，均高于全国其他地区。

东北、西北地区的地区生产总值与华东、中南地区的差距较大，而且东北、西北地区的技术密集型产业产值远低于其他地区，广东的技术密集型产业产值是青海、宁夏、西藏的 50 倍左右。就东北地区而言，技术密集型产业产值低，增速不高，技术密集型产业产值也不高。

三、 第三产业产值占比偏低

总体来说，中国产业结构发展符合产业结构演变规律，也存在一定的优化空间。首先，第一产业比重持续减少，但仍远高于俄罗斯和美国；其次，第二产业比重先增后减；最后，第三产业的比重持续增加，其占比超越了第二产业，但仍低于俄罗斯和美国。

2019 年，中国各省（区、市）第一产业产值占比为 10% 左右，而美国多数州处于 0% 左右，俄罗斯多个联邦处于 5% 以下；多数省（市、区）第二产业产值占比为 40% 左右，而美国多数州处于 20% 左右；第三产业产值占比为 50% 左右，已经高于一二产业占比，但是相对于美国的 80% 和俄罗斯的 55%，仍需加大力度发展第三产业。从第二产业发展状况来看，工业的整体竞争力较弱，制造业技术水平普遍较低。当前中国重化工业正处于高速发展的阶段，在重化工业经济发展总量加速发展的同时，总污染量也在上升，对环境产生了重大影响。第三产业发展速度较为缓慢，服务业发展受阻，地区综合服务功能较弱。因此，要解决经济过于依赖第二产业发展的问题，改善第三产业发展环境。

第二节　工业发展问题

一、 工业进出口贸易结构不平衡

（一） 资源与技术密集型行业进口额占比较大

通过将 2008—2017 年 OECD 成员国、中国以及 "一带一路" 沿线国家工业全行业、资源密集型行业、劳动密集型行业、资本密集型行业、技术密集型行业进口额的平均值进行对比分析，发现中国虽身为世界第一大贸易国，2008—2017 年工业进口额的平均值已达 1525368 百万美元，稳居世界第一位，但从各细分行业看，中国对于资源密集型行业和技术密集型行业的产品进口额占比较大。

如表 5-1 所示，相比 OECD 成员国和"一带一路"沿线国家，中国资源密集型行业和技术密集型行业的进口额占比较大，分别高出 9.26%、1.13% 和 8.73%、3.51%。说明中国工业存在资源匮乏和产品自主创新能力低等问题，进口贸易结构更加倾向于资源和技术方面。

针对工业进口贸易结构不平衡的问题，可采取积极引导中国工业向内需主导、资源节约、创新驱动三个方向进行转型的方式，以此提高中国工业资源利用率和产品自主创新能力，实现进口贸易结构摆脱以资源和技术汲取为主的单一模式。

表 5-1　2008—2017 年 OECD 成员国、中国及沿线国家工业进口额平均值情况①

（单位：百万美元）

行业分类	OECD	占比/%	中国	占比/%	沿线国家	占比/%
全行业	273378	100	1525368	100	73482	100
资源密集型行业	37589	13.75	350978	23.01	10490	14.28
劳动密集型行业	45180	16.53	102181	6.70	9548	12.99
资本密集型行业	129172	47.25	712265	46.69	38686	52.65
技术密集型行业	61436	22.47	359944	23.60	14759	20.09

（二）劳动与资本密集型行业出口额占比较高

通过将 2008—2017 年 OECD 成员国、中国以及"一带一路"沿线国家工

---

① 表 5-1 中，2008—2017 年 OECD 成员国、中国、"一带一路"沿线国家工业进口额的平均值计算过程：首先，对 2008—2017 年各国工业全行业和各类要素密集型行业的所有产品（249 种）的进口额进行逐一统计，然后取平均值；其次，针对 OECD 成员国和"一带一路"沿线国家，取的是 OECD 37 个国家、50 个"一带一路"沿线国家的平均水平；最后，占比指的是每一种要素密集型行业占全行业的百分比。表 4-2 与之相同。

业全行业、资源密集型行业、劳动密集型行业、资本密集型行业、技术密集型行业出口额的平均值进行对比分析，发现中国虽身为世界第一大贸易国，且 2008—2017 年工业全行业出口额的平均值已达到 1906828 百万美元，同样稳居世界第一位，但从各类细分行业来看，中国对于劳动密集型行业和资本密集型行业的工业产品出口额占比仍然较大。

如表 5-2 所示，相对于 OECD 成员国和"一带一路"沿线国家而言，中国劳动密集型行业的出口额占比较高，分别高出 11.60% 和 12.37%。同时，资本密集型行业出口额占比（约占 50%）较高，说明中国工业在发展过程中，出口贸易结构仍主要依赖于附加值较低的劳动密集型和资本密集型行业。

针对工业出口贸易结构不平衡的问题，可采取积极引导中国工业向产品结构和行业结构两个方向进行优化升级的方式，以此来改善传统的、以劳动和资本为主的出口贸易结构。

表 5-2 2008—2017 年 OECD 成员国、中国及"一带一路"沿线国家工业出口额平均值情况

（单位：百万美元）

行业分类	OECD	占比/%	中国	占比/%	沿线国家	占比/%
全行业	268825	100	1906828	100	73482	100
资源密集型行业	17729	6.59	11643	0.06	10490	14.28
劳动密集型行业	36995	13.76	483572	25.36	9548	12.99
资本密集型行业	152573	56.76	813742	42.68	38686	52.65
技术密集型行业	61531	22.89	597870	31.35	14795	20.13

二、 人均工业增加值较低， 工业就业人员不足

（一） 人均工业增加值较低

尽管中国工业增加值在世界排名领先，中国人均工业增加值水平却并不理想，也未能跻身世界发展前列的水平当中，并且与 OECD 成员国相比，中国人均工业增加值的差距相当明显。如表 5-3 所示，2008—2017 年中国人均

工业增加值的平均值（26 百美元/人）位于末端位置，与排名第 1 位的挪威（303 百美元/人）相比差距接近 11 倍，与排名第 2、3 位的瑞士（195 百美元/人）、爱尔兰（145 百美元/人）相比也分别有近 7 倍和 5 倍的差距，说明中国工业增加值之所以总额一直处于遥遥领先状态，其中起决定性因素的是中国人口基数巨大，而单位人口所创造出来的工业增加值仍然较少，导致人均工业增加值水平仍不够高。

表 5-3　2008—2017 年中国及 OECD 成员国人均工业增加值的平均值[①]

（单位：百美元/人）

国家/地区	平均值	国家/地区	平均值	国家/地区	平均值	国家/地区	平均值
挪威	303	德国	118	捷克	68	立陶宛	38
瑞士	195	芬兰	117	西班牙	67	匈牙利	35
爱尔兰	145	冰岛	103	新西兰	66	希腊	34
澳大利亚	135	荷兰	101	斯洛文尼亚	64	土耳其	33
加拿大	138	美国	96	以色列	63	墨西哥	31
日本	130	比利时	92	斯洛伐克	56	拉脱维亚	27
奥地利	124	韩国	81	智利	48	中国	26
瑞典	123	意大利	75	葡萄牙	44		
卢森堡	120	英国	74	爱沙尼亚	43		
丹麦	119	法国	73	波兰	40		

如表 5-4 所示，尽管中国在与 OECD 成员国相比时，人均工业增加值处于末端位置，并且远远小于排名前列的国家，但将中国与"一带一路"沿线国家比对时，2008—2017 年中国人均工业增加值的平均值排名得到了大幅提升，排名上升至第 14 位，由原来的下游位置提升至中上游位置，说明目前仍有将近 2/3 的沿线国家人均工业增加值水平相比中国来说更低。

---

① 工业增加值数据来源于：(1) 世界银行国民经济核算数据，(2) 经济合作与发展组织国民经济核算文件；人口数据来源于：(1) 联合国人口司，(2) 联合国统计司，(3) 国家统计局人口调查报告和其他出版物，(4) 欧盟统计局，(5) 美国人口普查局；人均工业增加值的平均值是通过 2008—2017 年中国及 OECD 成员国各自工业增加值与其人口总数相比，最后取平均值计算所得。

表 5-4　2008—2017 年中国及 "一带一路" 沿线国家人均工业增加值的平均值①

（单位：百美元/人）

国家/地区	平均值	国家/地区	平均值	国家/地区	平均值
科威特	258.3	白俄罗斯	23.0	马尔代夫	7.7
文莱	227.0	南非	19.7	摩洛哥	7.6
阿联酋	195.8	保加利亚	17.8	乌克兰	7.0
新加坡	126.6	塞尔维亚	15.8	格鲁吉亚	6.8
沙特阿拉伯	120.5	印度尼西亚	14.6	越南	5.1
阿曼	109.6	黑山	11.9	摩尔多瓦	4.6
马来西亚	39.7	马其顿	11.3	印度	4.6
哈萨克斯坦	37.5	蒙古	11.2	缅甸	3.2
俄罗斯	33.5	约旦	10.1	吉尔吉斯斯坦	2.6
阿塞拜疆	32.1	阿尔巴尼亚	10.0	巴基斯坦	2.0
罗马尼亚	31.1	黎巴嫩	9.5	马达加斯加	1.0
克罗地亚	31.0	埃及	9.1	尼泊尔	0.9
伊朗	26.3	斯里兰卡	8.6		
中国	25.8	菲律宾	7.8		

因此，针对人均工业增加值低的问题，一是可以通过抓住绝大多数 "一带一路" 沿线国家工业发展的速度与质量仍落后于中国的发展契机，积极与沿线国家开展工业合作，互帮互助，以此来共同摆脱人均工业增加值长期处于较低水平的困境。二是就中国自身而言，可采取加大传统工业转型力度和加快工业结构优化升级的方式来提高人均工业增加值水平。

（二）工业就业人员不足

工业就业人员占总数百分比是衡量一国工业发展质量的重要指标。如表 5-5 所示，2008—2017 年中国工业就业人员占总数百分比的平均值仅为 26.00%，不足全部就业人数的 1/3。同时，与 OECD 成员国相比时，也未能

---

①　为了保证对比的精确性，剔除掉数据缺失严重的亚美尼亚，以及既属于 OECD 成员国，又属于 "一带一路" 沿线国家的数据。

跻身排名前列当中，与捷克（40.01%）、斯洛伐克（38.19%）、斯洛文尼亚（36.71%）相比，分别相差 0.54 倍、0.47 倍和 0.41 倍说明中国工业的发展速度虽快，实际为国内待业人员带来的就业机会并不多，导致在与一些 OECD 成员国相比时，工业就业人员占就业总数百分比情况的逊色程度十分明显。

表 5-5　2008—2017 年中国及 OECD 成员国工业就业人员占就业总数百分比的平均值[①]

国家/地区	平均值	国家/地区	平均值	国家/地区	平均值	国家/地区	平均值
捷克	40.01	奥地利	28.09	智利	24.23	加拿大	21.74
斯洛伐克	38.19	韩国	27.87	法国	24.04	冰岛	21.46
斯洛文尼亚	36.71	立陶宛	27.27	爱尔兰	23.94	澳大利亚	21.36
爱沙尼亚	32.46	西班牙	26.70	瑞士	23.59	挪威	21.27
匈牙利	32.32	中国	26.00	丹麦	22.95	希腊	20.55
波兰	31.17	拉脱维亚	25.78	英国	22.94	荷兰	19.95
德国	31.11	芬兰	25.25	以色列	22.50	卢森堡	17.96
意大利	30.29	比利时	24.87	新西兰	22.33		
葡萄牙	29.59	土耳其	24.81	美国	22.26		
日本	29.15	墨西哥	24.70	瑞典	22.09		

如表 5-6 所示，尽管中国在与 OECD 成员国相比时，工业就业人员占就业总数百分比情况并不乐观，并且存在很大的差距，但在与"一带一路"沿线国家对比时，2008—2017 年中国工业就业人员占就业总数百分比的平均值排名得到了提升，并且有超过 70% 的"一带一路"沿线国家工业就业人员相比中国来说更低。

表 5-6　2008—2017 年中国及"一带一路"沿线国家工业就业人员
占就业总数百分比的平均值

国家/地区	平均值	国家/地区	平均值	国家/地区	平均值
保加利亚	33.87	新加坡	24.65	吉尔吉斯斯坦	18.54
马其顿	32.16	约旦	23.66	阿尔巴尼亚	18.28

---

① 数据来源：国际劳工组织（International Labour Organization，简称 ILO）。

国家/地区	平均值	国家/地区	平均值	国家/地区	平均值
伊朗	31.64	科威特	23.53	哈萨克斯坦	18.06
白俄罗斯	31.30	黎巴嫩	23.31	越南	17.92
罗马尼亚	30.37	埃及	22.94	摩尔多瓦	17.57
俄罗斯	30.16	沙特阿拉伯	22.46	亚美尼亚	16.98
马来西亚	30.05	马尔代夫	22.27	蒙古	16.81
克罗地亚	28.79	阿曼	21.74	菲律宾	16.11
阿联酋	28.37	巴基斯坦	21.60	缅甸	13.67
塞尔维亚	26.99	黑山	20.70	阿塞拜疆	12.45
南非	26.37	摩洛哥	20.61	格鲁吉亚	10.52
中国	26.00	文莱	20.57	尼泊尔	9.67
乌克兰	25.99	印度	19.66	马达加斯加	6.47
斯里兰卡	25.01	印度尼西亚	18.90		

因此，针对工业就业人员占比较少的问题，一是通过抓住多数"一带一路"沿线国家工业发展提供就业的能力仍落后中国的发展契机，积极与沿线国家开展工业就业人员的相互交流、相互合作，共同解决中国与沿线国家工业就业人员不足的问题。二是就中国自身而言，采取加大工业向服务化转型的力度和加快工业组织结构优化升级的方式，提高中国工业的就业水平。

三、 工业生产指数过高， 产能利用率过低

（一） 工业生产指数过高

工业生产指数（IPI）是发达国家用来反映工业发展速度的重要指标，也是衡量工业景气程度的首选指标。2008—2017 年中国工业生产指数（IPI）的平均值为 110.02，位居第 1 位，说明自 2008 年以来，中国工业经济发展形势整体处于高速增长状态，工业发展速度与 OECD 成员国相比属于领跑水平（见表 5-7）。

表 5-7　2008—2017 年中国及 OECD 成员国工业生产指数的平均值排名情况①

（上年＝100）

国家/地区	平均值	国家/地区	平均值	国家/地区	平均值	国家/地区	平均值
中国	110.02	澳大利亚	102.12	墨西哥	100.75	卢森堡	99.08
冰岛	106.70	以色列	101.94	智利	100.58	芬兰	98.98
爱尔兰	105.51	匈牙利	101.81	新西兰	100.21	葡萄牙	98.75
土耳其	105.34	捷克	101.73	美国	100.11	挪威	98.72
斯洛伐克	104.29	奥地利	101.55	荷兰	99.68	意大利	98.24
波兰	103.80	斯洛文尼亚	101.42	英国	99.56	西班牙	97.74
韩国	103.22	比利时	101.21	丹麦	99.31	希腊	97.46
爱沙尼亚	103.11	德国	101.03	瑞典	99.27		
拉脱维亚	102.40	瑞士	100.92	法国	99.19		
立陶宛	102.36	加拿大	100.82	日本	99.11		

如表 5-8 所示，2008—2017 年中国工业生产指数（IPI）的平均值同样位于第 1 位，说明无论是 OECD 成员国还是"一带一路"沿线国家，工业生产指数（IPI）均小于中国，即工业经济的发展速度与中国相比均处于落后水平。

表 5-8　2008—2017 年中国及"一带一路"沿线国家工业生产指数的平均值排名情况②

（上年＝100）

国家/地区	平均值	国家/地区	平均值	国家/地区	平均值
中国	110.02	罗马尼亚	104.18	俄罗斯	101.38
菲律宾	108.68	波兰	103.80	阿塞拜疆	100.95
新加坡	108.13	韩国	103.22	斯里兰卡	100.84
越南	107.88	爱沙尼亚	103.11	马来西亚	100.39
吉尔吉斯斯坦	107.58	立陶宛	102.36	新西兰	100.21
土耳其	105.34	以色列	101.94	保加利亚	100.16

① 数据来源：OECD-TIVA 数据库、2008—2018 年《金砖国家联合统计手册》。
② 剔除数据缺失严重的"一带一路"沿线国家。

国家/地区	平均值	国家/地区	平均值	国家/地区	平均值
格鲁吉亚	104.82	匈牙利	101.81	蒙古	99.78
斯洛伐克	104.29	捷克	101.73	南非	99.72
印度	104.22	斯洛文尼亚	101.42		

数据来源：根据 OECD—TIVA 数据库、2008—2018 年《金砖国家联合统计手册》以及 Wind 数据库整理所得。

然而，工业生产指数（IPI）只能够衡量工业经济的发展速度，并不能代表工业经济的发展质量。同时，工业生产指数（IPI）过高、工业发展速度过快，甚至有可能还会带来产能过剩的现象，阻碍了工业经济的高质量发展。因此，中国在工业发展过程中仍需要对传统工业进行改造和转型，对新兴工业进行培育和升级，以此平衡工业发展速度过快带来的负面影响。

（二）工业产能利用率过低

随着中国经济由高速增长阶段转向高质量发展，对工业经济高质量发展的重视程度也开始不断加强。相对于工业生产指数（IPI）而言，产能利用率更能衡量工业发展质量。工业产能利用率过低，则会导致人员、生产设备的闲置以及生产成本的浪费。若工业产能利用率过高则表示产能有待进一步扩充，以免受固定产能影响而阻碍工业经济发展。

如表 5-9 所示，中国工业整体及细分行业虽尚未出现产能不足的情况，但产能过剩现象却十分严重。截至 2018 年底，中国工业整体产能利用率累计值为 76.5%，仅有石油和天然气开采业、纺织业、交通运输设备制造业、专用设备制造业、化学纤维制造业以及电子通信设备制造业六个行业的产能利用率达到正常水平。产能过剩的行业包括：食品加工及制造业、黑色金属冶炼及压延加工业、有色金属冶炼及压延加工业、通用设备制造业、电气机械及器材制造业和医药制造业等；严重产能过剩的行业包括：煤炭采选业、电热力及燃气生产供应业、非金属矿物制品业和化学原料及化学制品制造业等。

表 5-9　2018 年中国工业整体及细分行业产能利用率累计值情况①

行业类型	行业名称	产能利用率/%	产能情况
全行业	——	76.5	产能过剩
资源密集型行业	煤炭采选业	70.6	严重产能过剩
	石油和天然气开采业	88.3	正常水平
	电热力及燃气生产供应业	73.4	严重产能过剩
劳动密集型行业	食品加工及制造业	75.3	产能过剩
	纺织业	79.8	正常水平
资本密集型行业	非金属矿物制品业	69.9	严重产能过剩
	黑色金属冶炼及压延加工业	78.0	产能过剩
	有色金属冶炼及压延加工业	78.8	产能过剩
	交通运输设备制造业	79.8	正常水平
	通用设备制造业	77.3	产能过剩
	专用设备制造业	79.1	正常水平
	电气机械及器材制造业	78.0	产能过剩
技术密集型行业	化学原料及化学制品制造业	74.2	严重产能过剩
	化学纤维制造业	81.8	正常水平
	医药制造业	77.6	产能过剩
	电子及通信设备制造业	79.4	正常水平

数据来源：国家统计局。

　　针对工业产能利用率过低的问题，中国工业可采取加大工业向资源节约、绿色低碳、消费驱动三个方向的转型力度和加快工业技术结构优化升级的方式，来提高工业的产能利用率水平。

四、 工业转型升级的方向难以确定

　　从中国工业转型升级的方向来看，由于中国各地区独特的区位优势、地理优势，产业基础条件差别较大，导致不同地区实际情况也各不相同，确定工业

---

　　① 根据国际通行标准规定，产能利用率在 0~75% 之间属于严重产能过剩，在 75%~79% 之间属于产能过剩，在 79%~90% 之间属于正常水平，在 90% 以上则属于产能不足。由于国家统计局仅对工业整体以及其中的 16 个行业进行了产能利用率统计，故表 5-9 中仅这 16 个工业行业的产能利用率情况进行了分析。

转型升级方向的时候存在着很大的困难。此外，在制定关于工业转型升级政策时，常依赖于一个地区上下游行业关联拉动和推动工业发展来提出，这样确定的工业转型升级方向往往不能够脱离该地区的资源禀赋条件，存在一定的局限性。

综上所述，针对中国工业发展过程中存在的工业进出口贸易结构不平衡、人均工业增加值较低、工业就业人员不足、工业生产指数过高、产能利用率过低等一系列问题，解决方法可分为两种：一是通过积极主动抓住"一带一路"倡议的重大发展机遇，加大与沿线国家相互之间各个行业的经济合作力度与交流；二是就中国工业自身发展而言，应当采取向内需主导、创新驱动、资源节约、绿色低碳、消费驱动等方向进行转型，同时对传统的产品结构、出口贸易结构、行业结构、工业结构等进行优化升级的方式，以此来解决中国工业发展存在的问题，进而推动中国工业经济高质量发展。

由此可见，如何明确中国工业转型升级的具体方向，对中国工业转型升级的行业做出具体选择，才是解决中国工业发展中的一系列问题的重要手段。

第三节　物流业发展问题

一、　沿线国家物流基础设施建设落后导致中国物流业关联程度较弱

当前"一带一路"倡议正顺利推进并已取得显著成效，但多数沿线国家为发展中国家或转轨国家，经济实力相对薄弱，导致物流基础设施落后，无法实现有效衔接。根据表 5-10 部分"一带一路"沿线国家物流业交通基础设施的质量评分，其中 7 分代表质量最高，1 分代表质量最落后。根据质量评分可以看出，中国得分 4.5 高于世界平均水平，部分东南亚、南亚、中亚等国家物流设施评分排名靠后，质量得分均低于世界平均水平，说明这些国家的物流业基础设施较为落后，建设资金需求较大。即使中国与"一带一路"沿线国家部分物流业基础设施关联良好，但也无法与沿线国家贯穿形成一个有效的互联互通、区域性的物流网络。

表 5-10 部分"一带一路"沿线国家物流基础设施质量评分

区域	国家/地区	排名	总体质量评分	公路质量评分	铁路质量评分	水路质量评分	航空质量评分
东南亚	越南	89	3.6	3.4	3.0	3.7	3.8
	老挝	83	3.8	3.3	—	2.3	3.8
	柬埔寨	99	3.4	3.2	1.6	3.7	3.7
	泰国	67	4.1	4.3	2.6	4.3	5.2
	马来西亚	21	5.3	5.3	5.0	5.4	5.7
	新加坡	2	6.4	6.3	5.9	6.7	6.9
	印度尼西亚	68	4.1	4.1	4.2	4.0	4.8
	文莱	51	4.4	4.8	—	3.9	4.5
	菲律宾	113	3.0	3.1	1.6	2.9	2.9
南亚	印度	46	4.6	4.3	4.4	4.6	4.6
	巴基斯坦	82	3.8	3.9	3.3	4.0	4.0
	孟加拉国	116	2.9	3.1	2.9	3.6	3.3
	尼泊尔	117	2.9	2.8	—	1.6	2.5
	斯里兰卡	79	3.9	4.2	3.2	4.5	4.2
西亚北非	土耳其	28	5.0	5.0	3.0	4.5	5.4
	伊朗	75	4.0	4.0	3.7	4.0	3.7
	阿联酋	4	6.2	6.4		6.2	6.6
	沙特阿拉伯	30	4.9	4.8	3.3	4.7	4.9
	卡塔尔	22	5.2	5.5	—	5.6	6.3
	巴林	25	5.2	5.1		5.1	4.9
	科威特	69	4.1	4.1		3.8	3.2
	黎巴嫩	130	2.3	2.7		3.5	3.8
	阿曼	32	4.9	5.5	—	4.6	4.7
	也门	133	2.2	2.3		2.6	2.1
	约旦	63	4.2	4.1	2.2	4.5	5.4
	以色列	31	4.9	5.1	3.8	4.7	5.4
	亚美尼亚	57	4.3	3.7	2.9	2.5	4.8
	阿塞拜疆	26	5.0	4.8	4.7	4.7	5.6
	埃及	73	4.0	3.9	3.3	4.7	5.1

区域	国家/地区	排名	总体质量评分	公路质量评分	铁路质量评分	水路质量评分	航空质量评分
中亚	哈萨克斯坦	77	3.9	2.9	4.1	3.2	4.0
	吉尔吉斯斯坦	112	3.0	2.7	2.4	1.4	3.1
	塔吉克斯坦	64	4.2	41.0	3.7	2.0	4.3
中东欧	捷克	43	4.6	4.0	4.4	3.5	5.3
	波兰	61	4.2	4.1	3.6	4.2	4.5
	斯洛伐克	62	4.2	4.0	4.4	3.2	3.5
	匈牙利	48	4.5	4.1	3.6	3.2	4.1
	斯洛文尼亚	44	4.6	4.4	2.9	5.0	4.3
	阿尔巴尼亚	60	4.3	4.3	1.2	4.1	4.3
	波黑	98	3.4	3.0	2.0	2.1	2.7
	保加利亚	78	3.9	3.4	3.0	4.1	4.3
	克罗地亚	37	4.7	5.5	2.8	4.6	4.2
	爱沙尼亚	20	5.4	4.7	4.1	5.6	5.1
	黑山	87	3.6	3.5	2.9	4.1	4.3
	罗马尼亚	103	3.3	2.7	2.6	3.5	4.0
	立陶宛	29	4.9	4.7	4.4	4.8	4.4
	塞尔维亚	96	3.5	3.2	2.2	3.0	4.2
	拉脱维亚	59	4.3	3.0	4.2	5.1	5.2
	乌克兰	88	3.6	2.4	3.9	3.5	4.0
	摩尔多瓦	102	3.3	2.5	2.7	2.4	4.1
东北亚	蒙古	105	3.3	3.1	2.8	14.0	3.2
	俄罗斯	74	4.0	2.9	4.5	4.2	4.6
中国		47	4.5	4.6	4.8	4.6	4.9

数据来源：世界经济论坛《全球竞争力报告》（2017—2018 年、2019 年）。

目前，我国铁路口岸承载着中欧班列 75% 的货运量，货物运输常出现"通而不畅"的问题，导致整体通行运力下降。此外，囿于建设资金紧张、机制协调不畅等因素的影响，使得通往巴基斯坦、吉尔吉斯斯坦等沿线国家的跨境铁路建设进程缓慢，阻碍了我国物流业的货物运输整体效率。与我国接壤的部分"一带一路"沿线国家其公路质量较为落后，许多地方时常出现交通中断等现象，进而影响到以我国口岸物流为主的陆港货物运输。

二、 沿线国家运输标准与规则差异性较大使中国物流业运输效率下降

中国与许多"一带一路"沿线国家物流运输标准和规则差异性较大，限制最大的是铁路轨距差异，当前铁路标准主要分为：1520 毫米宽轨距、1453毫米标准轨距、1000 毫米窄轨距。由于不同国家的轨距差异性，中国在与这些沿线国家进行货物运输时必须进行换轨程序，不仅延长了运输时间，而且也容易造成货物损耗和运输路线拥堵，降低整体物流运输效率。公路运输方面，由于各沿线国家之间的技术等级不匹配，导致不同沿线国家的公路对运输车辆的载重标准不一，造成中国物流业在跨境制度上出现障碍，掣肘我国进出口贸易空间的拓展。同时，考虑货物运输总量大、运输距离较长，为了降低成本，我国更加倾向于采用铁路进行物流运输，而其他沿线国家如中亚地区由于其幅员辽阔、物流运输量较为分散、制造业相对薄弱，更加倾向于采用公路运输和航空运输。因此，在安排不同类型的物流运输方式时就会出现分歧，势必增加大量的运输成本和时间成本，甚至带来严重的技术障碍。

三、 中国与沿线国家物流网络关联建设缺乏政治互信

目前，中国已与148 个沿线国家签署"一带一路"合作文件，但各沿线国家在政治、经济、社会等方面存在明显差异，这给"一带一路"物流网络建设带来现实障碍。"一带一路"倡议的提出使得部分国家担心亚太地区的主导优势，因此多个国家纷纷提出了各自的战略计划，见表5-11；受中美贸易摩擦和大国间博弈的影响，许多沿线国家对"一带一路"倡议的实施效果担忧，进而阻碍了建设物流网络的进程。由于对方存在信任障碍，导致建设物流网络项目常出现停滞状态。

表 5-11　实施"丝绸之路"计划的部分国家

国家/地区	名称	提出时间
美国	新丝绸之路战略	2011 年 7 月
	亚太再平衡战略	2012 年 6 月
俄罗斯	新丝绸之路	2009 年
	亚欧联盟	2011 年
日本	新丝绸之路外交	1998 年 1 月
伊朗	钢铁丝绸之路	2011 年
印度	北南走廊计划	2011 年
哈萨克斯坦	新丝绸之路项目	2012 年
韩国	欧亚倡议	2013 年
中国	丝绸之路经济带	2013 年 9 月
	海上丝绸之路	2013 年 10 月

数据来源：根据《中外丝绸之路战略比较研究》《东北亚海上丝绸之路经济带建设研究》统计整理。

四、　国际突发事件所带来的冲击致使中国物流业与沿线国家之间关联受阻

2020 年新冠肺炎疫情对全球经济和跨境贸易造成了巨大影响，中国物流业也难以避免地受到波及。疫情限制了多国之间的贸易往来，全球供应链也受到一定的影响，导致世界各国贸易增速放缓甚至负增长，2020 年我国贸易总额达32.16 万亿元，同比增长 1.9%，是全球唯一实现正增长的主要贸易体。如图 5-1 所示，2020 年 2 月中国采购经理指数 PMI 下降约 14.3 个百分点，意味着我国出口量出现大幅下降，货物交易量明显减少，中国物流业遭受着严重的冲击。

2020 年 2 月，新冠肺炎疫情的暴发导致中国对外贸易金额大幅下降，贸易总额为 2227.51 亿美元，相比 2019 年 2 月下降 16.79%。其中，出口额803.79 亿美元，下降 40.61%；进口额 1423.72 亿美元，上升 7.56%。贸易逆差 619.93 亿美元，外贸出口大幅下降，主要原因是新冠肺炎疫情冲击导致外贸企业进度缓慢，为防控疫情政府出台延长假期和减少人员流动等政策，即

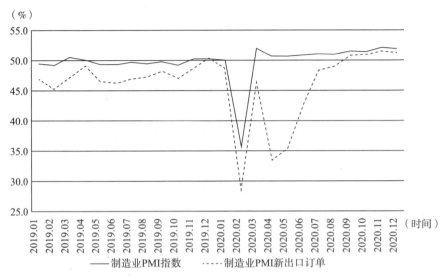

图 5-1　2019—2020 年中国采购经理指数

数据来源：根据国家统计局数据整理。

使 2 月 10 日部分外贸企业复工复产，但进度仍然十分缓慢。其次是国际因素的影响，为了防控新冠肺炎疫情的扩散，世界各国政府纷纷出台了相应的贸易保护措施，保障自身利益和医疗物资的供应，控制货物贸易自由流通，加强对海关货物检验，跨境订单无法顺利完成，货物运输严重受阻导致中国物流业受到了严重的影响。

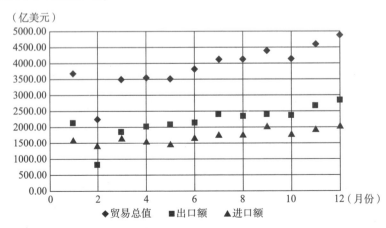

图 5-2　2020 年中国进出口贸易月度数据

数据来源：根据国家统计局数据整理。

　　2021 年，部分沿线国家和地区的新冠肺炎疫情得到逐步的控制，世界经济也开始复苏步入正轨，中国与"一带一路"沿线国家之间的贸易往来逐步恢复，但是目前世界疫情的不确定性和其他类似国际突发事件的冲击，对于中国物流业和共建高质量"一带一路"倡议依然存在诸多风险。中国物流业分行业中，水上运输和航空运输近 50% 的增加值是来自于其他国家的最终需求，加大了我国物流业运行风险，削弱了国家抵御外部冲击能力。同时，类似中美贸易摩擦和新冠肺炎疫情等国际突发事件，导致中国乃至全球经济遭受到极大冲击，势必影响到中国物流业未来的发展。

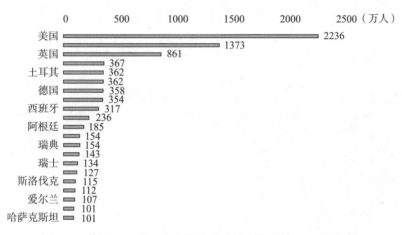

图 5-3　截至 2022 年 1 月新冠肺炎确诊人数超过 100 万的国家

数据来源：根据世界卫生组织（WHO）统计数据整理。

第六章

"一带一路"倡议对产业结构转型
升级的作用机制

第一节　理论分析与假说

"一带一路"倡议是以国家政策为支撑提出的,是在中国经济进入平稳发展阶段后对经济可持续发展路径的选取,对于传统产业和新兴产业的发展具有指导意义。以产业结构高级化、合理化以及服务化 3 个指标来展现"一带一路"倡议对产业结构转型升级的影响。

一、产业结构高级化假说

经过一段时间的发展,"一带一路"倡议从最初的发展阶段开始向深层次发展转变,对中国经济发展的推动作用也更加深入。中国作为"一带一路"倡议的发起国与组织国成功地打开了国外的市场并带动了国内外大量的市场需求,国内的产能过剩和市场供需不平衡的问题也得到了缓解,帮助国内从以第一产业为主导的阶段向以第二、第三产业为主导的阶段迈进,促进产业结构实现进阶式发展。据此可以得出假说 1:"一带一路"倡议推动产业结构从第一产业向第二、第三产业迈进,以此促进产业结构高级化的质。

在"一带一路"倡议实施的过程当中,中国能够从中汲取更多的新的技术并实现从价值链低端向高端转移的目标,达到经济发展的"高精尖",自主创新能力持续提高,加速了新兴技术产业的发展,推动产业实现由依靠劳动、依靠资本到最终依靠技术的动态升级过程。而且"一带一路"实现产能、资金、技术以及经验优势转变成市场优势,形成全方位的合作创新,有效推进技术密集型产业的进步。可以得出假说 2:"一带一路"倡议能加快向技术密集型产业转变的步伐,有利于提升产业结构高级化的量。

二、产业结构合理化假说

在国家推进"一带一路"倡议的过程中,国家通过政策对相关要发展的产业做出明确界定，为以后的发展道路指明了方向，避免了市场中可能出现的盲目投资和过度生产等现象，使得有限的资源投入到最需要发展的领域当中，避免了资源的不当配置。与此同时，在建设"一带一路"倡议过程中，政府通过政策的及时发布和解读来为市场的发展指明方向，消除原本的信息不对称带来的资源重复配置等问题，促进产业结构合理化。中国在与"一带一路"倡议参与国家合作的过程中可以凭借不同国家发展速度与阶段的不同，形成不同国家之间产业互补预期，使得中国的产业结构布局向更加合理的方向迈进。由此得出假说3："一带一路"倡议能够通过提升产业间的关联程度和互补性，以此实现产业结构合理化。

三、 产业结构服务化假说

"一带一路"倡议的目标是构建"贸易合作之路"，降低参与国之间贸易、投资的壁垒，实现参与国之间经济的快速循环和高质量发展，最终取得多赢的局面。随着"一带一路"倡议的不断深化，各国之间的开放程度都会进一步提升，中国与参与国之间的信息、资源流通更加通畅，可以有效带动第三产业的发展，这样的形势将使得第三产业的发展速度相对于第一、第二产业来说更加具有优势，而且在产值比例上提升得也更加快速，最终会形成以第三产业为主导的产业结构形态。因此得出假说4："一带一路"倡议促进了第三产业的发展，增加了其在第一、二、三产业当中的份额比例进而实现了狭义的产业结构服务化。

随着"一带一路"倡议的实施，科学研究得到进一步发展，加大了与国际的信息传输量，多种服务业实现进一步发展。在中国对外投资和对外贸易不断扩张的背景下，中国开始注重合理配置资源并使需求总量和结构发生改变，同时加快技术创新和更迭的步伐，从而推动服务业向经济社会各个领域延伸，以深化生产性服务业。基于此，推出假说5："一带一路"倡议能够促进生产性服务业的发展，从而实现广义的产业结构服务化。

第二节　传导机制

在"一带一路"倡议下，中国经济实现了走出去，包括资本、生产要素的走出去，即促进中国与"一带一路"沿线各国实现跨境投资，并带动中国的货物、资金、人才、劳务以及技术的走出去，成为推动中国产业结构转型升级的重要动力来源，并且为中国经济走向世界开拓了新的道路。"一带一路"倡议推行后，中国为使国际合作更加便利提出了多种激励措施，为对外贸易发展与产业结构调整提供了有利环境和契机。"一带一路"建设不仅推动对外发展，还为产业结构转型升级提供机会。因此，"一带一路"倡议对产业结构转型升级具有重要作用。

"一带一路"倡议为中国对外投资和贸易提供发展机会具体表现为两个方面，一方面，随着"一带一路"倡议的推进，中国在合作平台、资金支持和投资机会等方面给予支持，政府发挥了为投资创造机会和规避市场风险的作用；另一方面，"一带一路"沿线国家众多，首先，各个国家拥有的资源不同且能够互相补充，为对外投资和贸易提供了市场；其次，通过建设基础设施实现国家间贸易的便利和自由并在此过程中降低了交易成本，最终还为对外投资和贸易平稳化发展建立相应的机制。

"一带一路"建设使中国现代化产业体系更加蓬勃，具体体现为：①实现跨境投资，增加对外直接投资额；②实现货物联通，加强国家间的能源合作，拓宽中国能源的需求方，推动高端装备制造业"走出去"；③加强财政扶持力度，提高政府财政支出水平；④实现优秀人才"走出去"，进一步促进人才培养，提高人力资本水平；⑤加大了基础设施建设投入量，为产业结构发展提供保障；⑥提高科学技术创新能力，推动依靠技术发展的产业进步。在此影响机制的框架下，以中国31个省（市、区）为样本，分析"一带一路"倡议的提出和实施是否有利于产业结构转型升级（"一带一路"倡议对产业结构转型升级的作用机制如图6-1所示）。

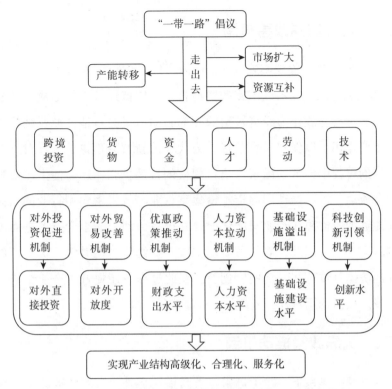

图6-1 "一带一路"倡议对产业结构转型升级的作用机制

一、 对外投资促进机制

随着经济的融合发展，对外直接投资是参与全球经济的重要手段，其能够推动产业结构发展。而致力于提升投资贸易便利化、改善投资环境的"一带一路"倡议，则是对外投资的催化剂，所以对产业结构调整具有重要的作用。"一带一路"倡议通过获得缺乏的资源、转移多余的产能、提高技术和发展新兴产业等方面展现对外直接投资促进机制。对外投资对产业结构的作用表现为三点：一是资源寻求型资本，是指用低成本获得稀有资源以缓解国内资源压力并为产业发展提供相应的支持；二是市场寻求型资本，主要表现为将发展前景不太好和有多余产能的产业转移，使部分生产要素得以释放来发展新兴产业；三是技术获取型资本，即与拥有先进技术的国家合作或聘请先进技术人员来推动产业结构转型升级。所以选用对外直接投资作为控制变量。

二、 对外贸易改善机制

自"一带一路"倡议实施以来，国内沿线各省市区积极主动参与"一带一路"建设和布局，与沿线国家的贸易合作领域持续扩大并形成了贸易开放的新格局。贸易开放作为经济转型的外部驱动力量会对地区产业结构优化升级产生重要作用。以保罗·克鲁格曼为代表的新贸易理论认为，对外贸易在不断发展的过程中会带动国家进出口规模的快速扩张，还会使生产要素在国家间相互流动，进而推动国内资本密集型行业与技术密集型行业的繁荣。对外贸易能够加速资源在产业间优化配置并提高劳动力的生产效率进而推动产业结构转型升级。因此，对外贸易能推进产业结构转型升级，贸易开放机制会推动经济体制改革和经济制度创新，在此过程中还提升了产业结构转型升级的步伐。故而选用对外开放度作为控制变量。

三、 优惠政策推动机制

在开放经济体系下，除了进出口贸易活动之外，政府政策的支持也会参与到全球经济发展之中，优惠政策作为经济政策的一个重要组成部分不仅会对经济发展产生影响还有利于国家战略目标的达成，从而引导中国经济结构调整和产业结构转型升级。"一带一路"倡议提供了合作平台、资金支持和众多投资机会，政府发挥了为对外投资创造机会和规避市场投资风险的作用，推动国内资本的对外投资。所以选用财政支出水平作为控制变量。

四、 人力资本拉动机制

人力资本对产业结构转型升级的影响是多方面的，主要是通过人力资本的外部性来影响产业结构的发展，具体存在 4 个方面：①人力资本能够使理论知识应用到实际并促使其进步，增加生产要素的使用效率和收益率，促进生产规模递增，进而推动产业由劳动密集型向技术密集型迈进。②人力资本可以提升优秀人才的专业知识水平，无论是投资者还是生产者，都能提高配置效率以促进产业结构的发展。③人力资本的提升能够提高科学技术的发展速度，促进信息传播速度和传播范围的提升，提升市场各环节运行效率。④人力资本水平的提升能够直接促进劳动者的文化水平的提升，保障劳动者身体和心理的健康发展，有效减少犯罪率，保障社会的发展秩序，从而保持社会经济的持续增长。"一带一路"倡议的实施推动着高技术人才"走出去"，充分发挥了人力资本拉动机制，推动产业结构转型升级。所以选用人力资本水平作为控制变量。

五、 基础设施溢出机制

新结构经济学认为，基础设施建设作为引导产业结构变迁的一种手段会对地区产业结构转型升级产生正向溢出效应，而"一带一路"带动沿线地区基础设施发展从而推动产业结构发展。随着"一带一路"倡议的深入发展，一方面，经济基础设施建设有利于改善产业发展的外在环境、降低产品成本、推动地区性和全球性需求和供给网络的发展，以增加市场份额进而促进产业结构转型升级。同时，具有生产性的经济基础设施能够降低其他生产要素的成本使社会生产能力提升进而从内生性方面促进产业发展。另一方面，社会基础设施不断完善能够推动先进加工制造业和现代生产性服务业的发展，并且在不断建设的过程中形成人力资本进而能推动产业结构转型升级。作为具有典型的非竞争性和非排他性特征的教育科技基础设施，其可以通过知识外溢效应来推动技术创新活动以为产业结构高级化、合理化和服务化提供技术支持。因此使用基础设施建设水平作为控制变量。

六、 科技创新引领机制

科学技术只有从虚拟形态的学科知识转化为实体技术产物才能成为真正推动经济发展的第一生产力，而这种转化需要依靠科技创新，由于技术创新处于持续发展中，所以需要明确科技创新是一个从科学实验研究产出知识技术到利用技术进行产品研发、测试、销售等系列流程组成的持续过程，科技创新是行业发展的不竭动力。技术进步是提高生产率的重要途径之一，将经济增长转到技术进步等效率驱动轨道上来，牢牢把握国家经济新常态与地区经济发展布局，充分激发科技的引领机制，有效提高科技创新水平与科技成果转化效率，进而推动产业结构转型升级。因此选用创新水平作为控制变量。

除以上提到的几个影响因素外，资金规模、国际投资、产业政策、历史条件以及外在环境都会影响一国的产业结构，并且这些影响因素是相辅相成的，全面地影响现有的产业结构的变化。

第三节　选择机制

当今国际分工格局是"以发达国家为主导，发展中国家主动或被动嵌入"的模式，随着经济全球化的不断推进，越来越多的发展中国家开始融入全球价值链分工体系当中。自中国加入 WTO 以来，虽融入全球价值链分工体系中，但一直受欧美、日本等"发达国家俘获"问题的影响，长期处在"微笑曲线"低端位置无法突破。目前，中国已逐渐累积大量资本和技术，并已具备自主从事全球价值链分工中高附加值环节的生产能力，为重塑新型国际分工模式提供了经济技术支撑，并有机会成为新型国际分工体系中的枢纽国。

"一带一路"倡议为中国提升全球价值链分工地位提供了重大机遇，是中国摆脱"发达国家俘获""低端锁定"等一系列阻碍，促进国际分工地位跃升的关键。同时，中国也为推进"一带一路"倡议，构建新型全球价值链分工体系提供了最为有力的保障。

如图 6-2 所示，"一带一路"倡议实施以前，欧美、日本等发达国家在全球价值链分工体系中，一方面，通过从事研发、设计、投入、市场等高附加值环节；另一方面，通过将资本、非核心技术输出到包含中国在内的广大发展中国家以获取巨额利润，对于发达国家而言，由于多数发展中国家被动嵌入到全球价值链中，只能通过从事加工组装（如中国）、资源输出（如西亚等国家和地区）、劳力输出（如东南亚等国家和地区）等低附加值环节来获取少额利润。"一带一路"倡议实施以后，提升了中国在全球价值链分工的地位，作为世界上最大的发展中国家，中国在整个全球价值链分工体系中扮演着发达国家和发展中国家之间枢纽国的角色，中国通过与"一带一路"沿线国家之间进行大量的资源、劳力、资本、技术等相互交流输出，进一步提升在全球价值链中的分工地位，最终使中国可初步达到与欧洲、美国、日本等发达国家之间直接进行资本相互输出、技术相互输出、市场共享、互利互惠的全球价值链分工地位水平。

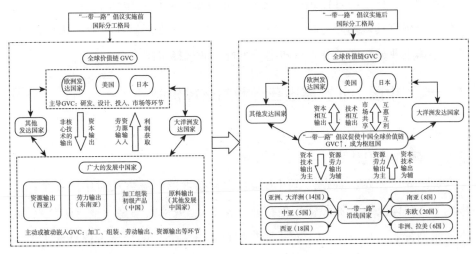

图 6-2 "一带一路"倡议实施前后的国际分工格局情况

值得注意的是，在全球价值链分工体系中包括资源、劳力、资本、技术之间的相互交流、输入输出，而工业按投入的生产要素相对集中度可划分为资源密集型行业、劳动密集型行业、资本密集型行业、技术密集型行业四大类。由此可见，一国工业经济发展质量的优劣情况将直接决定着全球价值链分工地位水平的高低程度。

从中国工业发展的实际状况来看，2018 年底，中国工业和信息化部官方宣布，中国已成为全世界唯一拥有联合国认证的产业分类中所列全部工业门类（41 大类、191 中类、525 小类）的国家，即已经具备了完整的工业体系①。由此可见，中国在世界当中工业大国的地位水平与认可度已经相对较

---

① 2018 年底，工业和信息化部：中国已成为联合国唯一认证的拥有全部工业门类（41 大类、191 中类、525 小类），即具备完整工业体系的国家。接下来是美国（拥有 94% 左右），后续为俄罗斯、欧盟等国家。

高。然而，中国工业经济发展依然存在短板现象，工业整体及多数细分行业全球价值链分工地位处在低端位置，工业转型升级方向的探讨依旧是中国工业经济高质量发展的重点话题。

综上所述，基于"一带一路"和国际分工视角，以中国各地区、各省份工业转型升级行业的具体选择方向为研究对象，尝试将中国工业转型升级行业的选择机制具体划分为两个阶段：一是中国工业发展潜在行业的选择机制；二是中国工业分地区、分省份转型升级行业的选择机制。

一、 中国工业发展潜在行业的选择机制

第一阶段，基于"一带一路"和国际分工视角，将中国工业发展潜在行业的选择机制，具体划分以下 3 个步骤。

如图 6-3 所示，首先，运用出口技术复杂度的测算方法对中国在全球范围内工业整体及细分资源密集型行业（8 个）、劳动密集型行业（9 个）、资本密集型行业（12 个）以及技术密集型行业（7 个）的全球价值链分工地位进行测算，根据测算结果找出中国工业在全球价值链分工体系当中分别处在上游、中游、下游位置的行业。

其次，将中国放入到"一带一路"范围内，通过观察中国工业整体及细分资源密集型行业、劳动密集型行业、资本密集型行业、技术密集型行业全球价值链分工地位的变化情况，来确定中国可以作为全球价值链分工体系当中的枢纽国。之后，通过将联合国商品贸易统计数据库（UN Comtrade）统计的"一带一路"沿线国家工业 36 个细分行业的进口额情况，来确定"一带一路"沿线国家工业市场需求的实际情况。

最后，根据"一带一路"范围内中国工业全球价值链分工地位得到提升的行业和"一带一路"沿线国家工业市场需求的实际情况，确定中国工业发展的一个参考方向，即选择出中国工业发展的潜在行业。

"一带一路"倡议对产业结构转型升级的作用机制

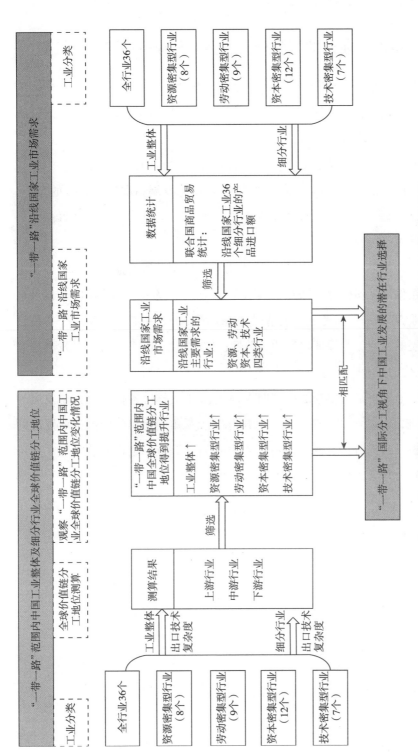

图6-3 基于"一带一路"和国际分工视角的中国工业发展潜在行业的选择机制

二、 中国工业分地区及分省份转型升级行业的选择机制

第二阶段，根据上述基于"一带一路"和国际分工视角选择出的中国工业发展的潜在行业，进一步将中国各地区、各省份工业转型升级行业的选择机制划分为以下 3 个步骤。

如图 6-4 所示，首先，运用偏离—份额分析法对中国东部地区、中部地区、西部地区以及东北地区工业 36 个细分行业的发展情况进行系统的分析，并从中筛选出每一个地区目前主要发展的行业，本文取的是各地区目前发展排名位于前 10 位的行业。

其次，为了进一步探讨中国 31 个省份工业转型升级行业选择的一种参考方向，利用偏离—份额分析法对中国东部 10 省、中部 6 省、西部 12 省以及东北 3 省工业 36 个细分行业的发展情况进行分析，并从中筛选出每一个省份目前主要发展的行业，为保证口径的一致性，同样选取 31 个省份目前发展排名位于前 10 位的行业。

最后，通过将筛选出来的中国四大地区、31 个省份各自目前主要发展的 10 个行业与之前基于"一带一路"和国际分工视角确定出的中国工业发展的潜在行业进行对比分析，观察这些行业是否属于该范围之内。若属于，则可尝试将其作为升级的行业；若不属于，则可尝试将其作为转型的行业。

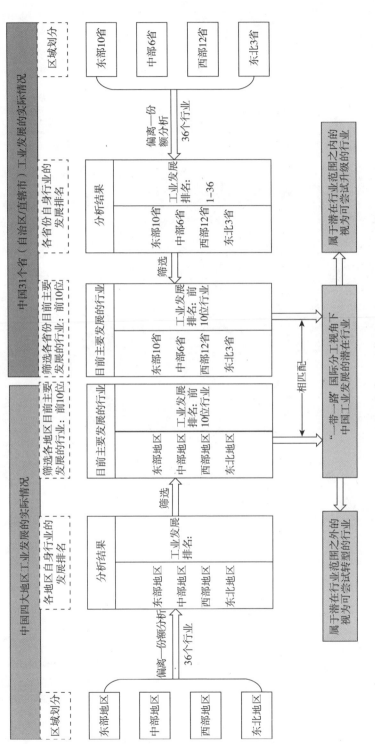

图 6-4 基于"一带一路"和国际分工视角的中国各地区、省份工业转型升级行业的选择机制

第七章

"一带一路" 倡议对中国产业结构转型升级的政策效果

第一节 "一带一路"倡议对中国省域产业结构转型 升级的整体影响分析

利用 2000—2019 年中国各省（市、区）的数据检验和分析"一带一路"倡议对中国产业结构转型升级的整体影响。把"一带一路"倡议圈定的省（区、市）与"一带一路"倡议未圈定的省（区、市）作对比，分析两者是否存在显著差异，即这些产业结构的变动是否受到"一带一路"倡议的影响。首先，通过倾向得分匹配进行实验组和控制组的筛选，使得筛选出的实验组和控制组的数据具有相似性。其次，分析"一带一路"倡议圈定的省（区、市）与"一带一路"倡议未圈定的省（区、市）产业结构转型升级的差异。最后，进行反事实检验和稳健性检验来验证估计结果的稳定性和可靠性。研究发现：①在倾向得分匹配中，有两个实验组的观测数据不在共同取值范围内，通过进一步的研究发现，新疆和西藏两个自治区的数据存在异常值，因此剔除新疆和西藏两个实验组。那么得到有效匹配的 16 个实验组和 13 个控制组能够符合共同趋势假设。②"一带一路"推动了产业结构高级化的质和量、产业结构合理化以及狭义的产业结构服务化，但未能推动广义的产业结构服务化。

一、 数据来源及变量选取

（一） 数据来源

通过查阅《中国统计年鉴》《中国工业统计年鉴》以及各省（区、市）的统计年鉴，收集了 2000—2019 年中国 31 个省（区、市）的各细分行业的数据。数据从 2000 年开始能有效避免其他政策的干扰，改革开放以来中国的金融和人力资本流动加快，但在 2000 年后各项资本的流动趋于稳定，取得的计量结果会更加稳定。对部分缺失数据查阅细分行业的统计年鉴或用插值法进行了填补。

（二）被解释变量

对于产业结构转型升级的衡量尚未统一，以产业结构高级化、合理化以及服务化来代表产业结构的转型升级，且通过可实现的量化指标来衡量。

（1）产业结构高级化。已有文献主要以克拉克定律衡量产业结构高级化中非农产业的比重增多，对于产业结构层次系数的使用也较多。考虑到"一带一路"沿线国家和地区差异较大，发展阶段和拥有的资源都不同，不是所有地区都适宜发展第三产业。因此，借鉴袁航和朱承亮的研究方法用产业结构高级化的质和量来代表产业结构高级化。

①产业结构高级化的质。采用产业结构层次系数来衡量由第一产业向第二产业及第三产业的过渡，具体计算公式如下：

$$advance_{xy} = \frac{gdp_{xy1}}{gdp_{xy}} + \frac{gdp_{xy2}}{gdp_{xy}} * 2 + \frac{gdp_{xy3}}{gdp_{xy}} * 3 \qquad (7-1)$$

式（7-1）中，gdp_{xy} 代表 x 地区在 y 年的总产值，而 gdp_{xy1}、gdp_{xy2}、gdp_{xy3} 分别代表 x 地区在 y 年一二三产业的产值，分别将一二三产业占地区生产总值的比值赋值为1、2、3，以凸显二三产业在经济高质量发展中相对重要的角色。

②产业结构高级化的量。采用技术密集型产业产值占地区生产总值的比重来量化劳动和资本密集型产业向技术密集型产业升级的传导过程。

（2）产业结构合理化。对于产业结构合理化的定量研究的衡量指标尚未统一，有些学者借鉴钱纳里构建的标准产业结构模型来量化产业结构合理化的发展程度，但该指标设定的三大产业结构标准模式并不适合所有省域的实际状况，导致计算结果出现偏差；另一些学者用产业结构偏离度，而该方法无法凸显三大产业的经济地位，不能有效反映出各省（区、市）产业结构合理化状态。而通过泰尔指数来量化各省（区、市）产业结构合理化，能够全面测算三大产业产值和就业人员的状况，兼顾经济发展的地位与性质，所以采用泰尔指数来量化产业结构合理化，具体计算公式如下：

$$rational_{xy} = \sum_{i=1}^{3} \frac{gdp_{xyi}}{gdp_{xy}} \ln\left(\frac{\dfrac{gdp_{xyi}}{gdp_{xy}}}{\dfrac{L_{xyi}}{L_{xy}}}\right) \qquad (7-2)$$

式（7-2）中，gdp_{xy} 表示 x 地区在 y 年各产业的总产值，gdp_{xyi}，$i = 1$、2、3分别代表 x 地区在 y 年一二三产业的产值；L_{xy} 表示 x 地区在 y 年各产业的总就业人数；L_{xyi}，$i = 1$、2、3分别代表 x 地区在 y 年一二三产业的从业人员。

（3）产业结构服务化。狭义的产业结构服务化是指与第一、第二产业相比，第三产业产值占比提升更快且扩展领域更大，即"三、二、一"的产业结构。广义的产业结构服务化是服务业向其他行业拓展的动态过程，而生产性服务业正是致力于稳定产品的生产，保证技术进步和产业升级，所以生产性服务业的占比能有效衡量广义的产业结构服务化。为全面反应产业结构服务化，狭义和广义两个层面都要考虑。

①狭义的产业结构服务化，用第三产业产值占地区生产总值的比例来代表狭义的产业结构服务化，体现第三产业相对于第一、第二产业发展得更快。

②广义的产业结构服务化，以生产性服务业占第三产业的比例来衡量广义的产业结构服务化，兼顾服务业向经济社会发展主导转变的全部过程。

（三）核心解释变量

模型的核心解释变量是关于"一带一路"倡议的虚拟变量 treated。根据"一带一路"倡议圈定的省（区、市）的名单，结合"一带一路"倡议设立的时间节点统一赋值，并加入交互项 treated * period。

（四）控制变量

一定程度上，经济体制、自然资源环境、民族与历史条件、劳动力、知识与技术以及国际形势等作用于产业结构的变化。基于已有文献，选择出六个控制变量，主要包括：①对外直接投资（ofdi），采用对外直接投资总额与地区生产总值的比值来衡量；②对外开放度（open），采用地区出口总额与地区生产总值的比值测度；③财政支出水平（*gov*），采用政府财政支出与地区生产总值的比值测度；④人力资本水平（*human*），以每万人中普通高等学校在校生数来量化；⑤基础设施建设水平（*infrastr*），采用城市道路面积与行政面积的比值来衡量；⑥创新水平（*innov*），以专利授权数与地区总人口的比值表示。

（五）主要变量及具体计算方法

通过对被解释变量、核心解释变量以及控制变量的分析，具体的变量选择及计算方法见表7-1。

表7-1 主要变量及具体计算方法

变量类别	变量名称	计算方法
被解释变量	产业结构高级化的质（*advance1*）	产业结构层次系数
	产业结构高级化的量（*advance2*）	技术密集型产业与地区生产总值的比值
	产业结构合理化（*rational*）	泰尔指数
	狭义的产业结构服务化（*service1*）	第三产业产值与地区生产总值的比值
	广义的产业结构服务化（*service2*）	生产性服务业地区生产总值的比值
核心解释变量	一带一路（*treated*）	虚拟变量（0，1）
控制变量	对外直接投资（*ofdi*）	对外直接投资额与地区生产总值的比值
	对外开放度（*open*）	地区出口总额与地区生产总值的比值
	财政支出水平（*gov*）	政府财政支出与生产总值的比值
	人力资本水平（*human*）	每万人中普通高等学校在校生数
	基础设施建设水平（*infrastr*）	城市道路面积与行政面积的比值
	创新水平（*innov*）	专利授权数与地区总人口的比值

二、 实验组和控制组的筛选

为了得到更好的样本匹配结果，需要先对实验组和控制组进行筛选才能进行双重差分模型的测算。若没有进行倾向得分匹配，就可能让结论产生偏误,因为控制组和实验组之间会因不可推测、不因时间变化的因素产生差距,因此首先要缩小二者之间的差别,再进行效果分析。

(一) 倾向得分匹配

通过倾向得分匹配对实验组和控制组的数据进行匹配,使剩余的实验组和控制组在匹配变量上具有相似性,以确保模型运行结果的可信度,主要利用邻近匹配把数据进行倾向得分匹配。18个实验组和13个控制组的倾向得分匹配结果见表7-2。

表7-2 倾向得分匹配结果

样本分类	匹配数量	未匹配数量	样本总量
控制组	13	0	13
实验组	16	2	18
样本总量	31	2	31

由表7-2可以看出,有两个实验组的观测数据不在共同取值范围内,通过进一步的研究发现,新疆和西藏两个自治区的数据存在异常值,因此剔除新疆和西藏两个实验组。那么得到有效匹配的16个实验组和13个控制组能够符合共同趋势假设。

(二) 匹配结果的平衡性检验

实证结果的可靠性必须是建立在选择合适的匹配方法的基础上的,而倾向得分匹配法的采用首先需要满足其前提假设:一是条件独立分布假设,要求按照倾向得分进行匹配后的样本不存在系统性的差异;二是共同支撑条件假设,即要确保样本在匹配后具有更好的可比性,这需要实验组和控制组的倾向得分能够有足够的重叠部分,进而增加后面进行双重差分估计的有效性。对匹配后的样本进行平衡性检验,结果见表7-3。

表 7-3 匹配结果平衡性检验

| 变量名称 | 处理 | 均值 | | 标准偏差（%） | 标准偏差减少幅度（%） | t-test | | V(T)/V(C) |
		处理组	对照组			t	p>|t|	
gov	U	0.23319	0.15111	65.2	85	6.09	0	8.30*
	M	0.19272	0.20504	-9.8		-1.52	0.128	0.60*
human	U	167.8	209.18	-35.6	98.1	-3.68	0	0.33*
	M	171.24	170.45	0.7		0.08	0.932	0.64*
infrastr	U	0.13408	0.19513	-18.4	78.2	-1.76	0.08	0.88
	M	0.13408	0.14727	-4		-0.47	0.636	1.62*
open	U	0.18235	0.14047	22.4	69	2.15	0.032	2.19*
	M	0.14922	0.1622	-6.9		-0.71	0.479	0.79
innov	U	0.12124	0.15525	-20	96	-1.85	0.066	2.18*
	M	0.12124	0.12263	-0.8		-0.08	0.935	1.73*
ofdi	U	0.00157	0.00116	22.2	25	2.14	0.033	2.06*
	M	0.00148	0.00117	16.7		1.65	0.1	1.40*

* if variance ratio outside [0.76; 1.31] for U and [0.76; 1.31] for M。

通过 t 值可以发现，匹配前所有解释变量在实验组和控制组间均存在着显著的均值差异，而匹配后组间均值差异都有所减小，而且在匹配后各个变量的标准化差异降幅明显。而在匹配后 t 检验的结果都符合无系统差异的原假设，这意味着匹配变量对于一个地区是否实施"一带一路"倡议的效果不显著，可以认为"一带一路"倡议所涉及的国家相对于匹配后的样本而言是条件随机的。

根据 Smith 等人的研究，倾向得分匹配后的标准差越小越好，越小代表匹配效果越好，并且认为一般匹配后的标准偏差应该小于 10% 这样匹配效果才好。从表 7-3 中可知，匹配前，数据的标准偏差结果都较大；匹配后，多数变量数据的标准偏差绝对值均不到 10%，而 ofdi 的标准偏差的绝对值为 16.7%。Rosenbaum 认为如果匹配变量的标准化偏差在 20% 以下，匹配效果就视为理想，所以变量 ofdi 的匹配结果符合要求。因此，所选取的匹配控制变量也是恰当的，符合平衡性假设。

三、 模型构建及结果分析

（一）模型构建

根据《推动共建丝绸之路经济带和 21 世纪海上丝绸之路的愿景与行动》，"一带一路"建设主要涉及"丝绸之路经济带"圈定的 13 省（区、市），"21 世纪海上丝绸之路"圈定的 5 省（市）。选取的样本总量是中国的 31 个省（区、市），而经过倾向得分匹配剔除了新疆和西藏，有效匹配了 16 个实验组和 13 个控制组。那么，"一带一路"倡议涉及的 16 个省（区、市）就构成"实验组"，其余 13 个省（区、市）自然就构成"控制组"。

双重差分法需要构建两个虚拟变量，一是按照是否受政策影响加入实验分组的虚拟变量 $treated$，受政策影响的一组作为实验组并赋值为 1，其他赋值为 0。二是依据政策实施的时间加入实验分期虚拟变量 $period$，政策实施当年及以后的 $period$ 赋值为 1，政策实施之前的赋值为 0。而且需要将数据分为四个组：政策实施前后的控制组（$treated = 0$，$period = 0$）、（$treated = 0$，$period = 1$），政策实施前后的实验组（$treated = 1$，$period = 0$）、（$treated = 1$，$period = 1$）。其中，实验分组与实验分期的交互项 $treated * period$ 代表政策所带来的净效应。具体模型设定如下：

$$upindustry_{it} = \alpha_0 + \alpha_1 \, treated * period_{it} + \gamma \, x_{it} + \eta_t + \mu_i + \varepsilon_{it} \qquad (7-3)$$

式中，$upindustry_{it}$ 为被解释变量，表示 i 地区处在 t 年的产业结构转型升级水平，分别选取产业结构高级化的质 $advance1$、产业结构高级化的量 $advance2$，产业结构合理化水平 $rational$、狭义的产业结构服务化 $service1$ 和广义的产业结构服务化 $service1$ 共计 5 个方面进行测度。$treated * period_{it}$ 代表"一带一路"对产业结构转型升级的净效应，x_{it} 为一组控制变量包括对外直接投资、对外开放度、财政支出水平、人力资本水平、基础设施建设水平以及创新水平，α_1 是核心估计参数，η_t 为时间固定效应，μ_i 为各地区个体固定效应。

（二）结果分析

本章主要从整体角度探究"一带一路"倡议对中国省域产业结构转型升

级的影响,采用双重差分法检验"一带一路"倡议带来的净效应。双重差分模型运行结果见表7-4。

表7-4 "一带一路"倡议对产业结构转型升级的影响分析

Variable	M1	M2	M3	M4	M5
treated * *period*	0.109 * * *	0.254 * * *	−0.073 * * *	0.189 * * *	−0.089 *
treated	−0.031	−0.067 * *	0.001	−0.082 * *	−0.055
gov	0.079 * *	−0.046	−0.011	0.134 * * *	0.381 * * *
human	−0.042	−0.275 * *	−0.113	−0.097	−0.401 *
infrastr	−0.023	0.003	−0.021	−0.035	0.062
open	−0.036	−0.029	0.002	−0.064 *	−0.205 * *
innov	−0.012	−0.033	−0.035	0.044	0.260 * *
ofdi	0.008	0.002	−0.006	0.013	0.003
时间效应	Y	Y	Y	Y	Y
地区效应	Y	Y	Y	Y	Y
_ *cons*	0.042	0.131 * * *	0.012	0.071	0.111
r2	0.101	0.306	0.019	0.17	0.094
r2_ a	0.084	0.293	0.001	0.155	0.077
N	580	580	580	580	580

注: * $p<0.1$; * * $p<0.05$; * * * $p<0.01$。

M1、M2、M3、M4以及M5分别表示"一带一路"倡议对产业结构高级化的质和量、产业结构合理化以及狭义和广义的产业结构服务化的分析结果。"一带一路"倡议对产业结构高级化的质的系数为0.109 * * *且在1%的水平下显著,说明"一带一路"倡议能够有效促进产业结构高级化的质。"一带一路"倡议对产业结构高级化的量的系数为0.254 * * *,依然在1%的水平下显著,说明"一带一路"倡议能够有效促进产业结构高级化的量。考虑到泰尔指数属于逆向指标,所以产业结构合理化的系数显著为负值,才能具有推动作用。根据M3"一带一路"倡议对产业结构合理化的系数为−0.073 * * *且在1%的水平下显著为负,说明"一带一路"倡议能有效促进产业结构合理化。"一带一路"倡议对狭义的产业结构服务化的系数为0.189 * * *且在1%的水平下显著,说明"一带一路"倡议能有效促进狭义的产业结构服务化。"一带一路"倡议对广义的产业结构服务化的系数为 -0.089^*，说明"一带一路"倡议未能促进广义的产业结构服务化。

综上所述，尽管"一带一路"倡议推动了产业结构高级化的质和量、合理化以及狭义的服务化，但未能推动产业结构广义的服务化。

四、模型检验

（一）反事实检验

为验证模型回归结果，对模型测算结果进行反事实检验，即测算"一带一路"实施前，虚拟变量 $treated * period$ 对产业结构转型升级的影响。若 $treated * period$ 未对五个被解释变量产生显著影响，则在实施"一带一路"倡议前，不存在"一带一路"倡议影响产业结构转型升级的结论，且控制组和实验组不存在其他系统性误差，模型测算结果是可信的；反之则代表该政策效果可能得益于其他政策，模型测算结果是不可信的。

1. 假设"一带一路"倡议的实施时间提前 1 年

将"一带一路"倡议的实施时间提前 1 年（$ahead1$）进行验证，核心解释变量为 $did - ahead1$，并对控制变量、时间效应以及空间效应进行控制，从而得到反事实检验结果，具体检验结果见表 7-5。

表 7-5 "一带一路"倡议对产业结构转型升级影响的反事实检验 1

Variable	$advance1$	$advance2$	$rational$	$service1$	$service2$
$did-ahead1$	0.005	0.071	0.089	-0.029	0.006
控制变量	Y	Y	Y	Y	Y
时间效应	Y	Y	Y	Y	Y
地区效应	Y	Y	Y	Y	Y
$\_cons$	0.761^{***}	-1.525^{***}	-1.010^*	-0.845^{***}	0.672^{**}
$r2$	0.726	0.507	0.669	0.392	0.244
$r2\_a$	0.722	0.498	0.662	0.381	0.23
N	580	580	580	580	580

注：* $p<0.1$；** $p<0.05$；*** $p<0.01$。

在表 7-5 中，假设"一带一路"倡议实施的时间提前 1 年，产业结构高级化的质和量、产业结构合理化以及狭义和广义的产业结构服务化的系数值均不显著，说明"一带一路"倡议实施前，虚拟变量 $treated * period$ 确实未给产业结构转型升级带来显著影响，即认为模型检验结果不存在系统性误差。

2. 假设"一带一路"倡议的实施时间提前 2 年

将"一带一路"倡议的实施时间提前 2 年（$ahead2$）进行验证，核心解释变量为 $did - ahead2$，并对控制变量、时间效应以及空间效应进行控制，从而得到反事实检验结果，具体检验结果见表 7-6。

表 7-6 "一带一路"倡议对产业结构转型升级影响的反事实检验 2

Variable	$advance1$	$advance2$	$rational$	$service1$	$service2$
$did-ahead\,2$	0.031	0.005	0.105	−0.008	−0.094
控制变量	Y	Y	Y	Y	Y
时间效应	Y	Y	Y	Y	Y
地区效应	Y	Y	Y	Y	Y
$\_cons$	0.746***	−1.466***	−1.015*	0.639***	0.613**
r2	0.73	0.5	0.669	0.577	0.252
r2_a	0.725	0.491	0.663	0.569	0.238
N	580	580	580	580	580

注：* $p<0.1$；** $p<0.05$；*** $p<0.01$。

在表 7-6 中，假设"一带一路"倡议实施的时间提前 2 年，产业结构高级化的质和量、产业结构合理化以及狭义和广义的产业结构服务化的系数都不显著为正，说明"一带一路"倡议实施前，虚拟变量 $treated * period$ 确实未给产业结构转型升级带来促进的影响，模型检验结果不存在系统性误差。

3. 假设"一带一路"倡议的实施时间提前 3 年

将"一带一路"倡议的实施时间提前 3 年（$ahead3$）进行验证，核心解释变量为 $did - ahead3$，并对控制变量、时间效应以及空间效应进行控制，从而得到反事实检验结果，具体检验结果见表 7-7。

表7-7 "一带一路"倡议对产业结构转型升级影响的反事实检验 3

Variable	advance1	advance2	rational	service1	service2
did-ahead 3	0.021	−0.061	−0.04	0.035	0.031
控制变量	Y	Y	Y	Y	Y
时间效应	Y	Y	Y	Y	Y
地区效应	Y	Y	Y	Y	Y
_cons	0.727***	0.531***	−1.004*	0.621***	0.595*
r2	0.734	0.664	0.67	0.579	0.271
r2_a	0.729	0.658	0.664	0.572	0.258
N	580	580	580	580	580

注：* $p<0.1$；** $p<0.05$；*** $p<0.01$。

在表7-7中，假设"一带一路"倡议实施的时间提前3年，产业结构高级化的质和量、产业结构合理化以及狭义和广义的产业结构服务化前的系数都不显著，说明"一带一路"倡议实施前，虚拟变量 $treated * period$ 未给产业结构转型升级带来推动作用，模型检验结果不存在系统性误差。因此，模型运行结果是可信的。

(二) 稳健性检验

稳健性检验可以评价方法和指标解释能力的稳定性，改变某些参数时，评价方法和指标是否仍然对评价结果保持稳定的解释。即改变某些参数后进行重复性测算，观察参数变化前后的实证结果是否发生改变。为保证估计结果的稳定性，采用 PSM-DID 法对模型测算结果进行稳健性检验。在运用 PSM -DID 法之前，结合倾向得分匹配结果，匹配后大多数变量处于共同取值范围之内，其标准化偏差结果明显缩小，实现了控制组与处理组的数据较为一致的分布，达到了平衡数据。稳健性检验结果见表7-8。

表7-8 稳健性检验结果

Outcome var.	Before			After			Diff-in-Diff
	Control	Treated	Diff (T−C)	Control	Treated	Diff (T−C)	
advance1	−1.623	−1.689	−0.066	−1.492	−1.495	−0.003	0.064

续表

Outcome var.	Before			After			Diff-in-Diff
	Control	Treated	Diff (T−C)	Control	Treated	Diff (T−C)	
S. Err.			0.025			0.031	0.036
T 值			−2.64			0.08	1.76
P > |t|			0.009***			0.933	0.080*
N	169	208		117	114		
advance2	0.062	0.055	−0.007	0.224	0.315	0.091	0.099
S. Err.			0.018			0.019	0.027
T 值			−0.4			4.76	3.72
P > |t|			0.687			0.000***	0.000***
N	169	208		117	114		
ration	−0.017	−0.244	−0.227	0.507	0.187	−0.32	−0.093
S. Err.			0.098			0.144	0.175
T 值			−2.32			2.22	0.53
P > |t|			0.021**			0.027**	0.594**
N	169	208		117	114		
service1	0.058	0.045	−0.013	0.214	0.301	0.088	0.101
S. Err.			0.026			0.023	0.035
T 值			−0.52			3.78	2.91
P > |t|			0.605			0.000***	0.004***
N	169	208		117	114		
service2	−0.128	−0.025	0.104	−0.065	−0.111	−0.045	−0.149
S. Err.			0.066			0.032	0.072
T 值			1.57			1.4	2.06
P > |t|			0.117			0.163	0.039**
N	169	208		117	114		

注：***$p<0.01$；**$p<0.05$；*$p<0.1$。

由表 7-8 稳健性检验结果可知：①"一带一路"倡议对产业结构高级化的质和量、产业结构合理化以及狭义的产业结构服务化的双重差分检验结果均显著，说明"一带一路"倡议能够促进产业结构高级化的质和量、产业结构合理化以及狭义的产业结构服务化的模型分析结果具有稳健性。②"一带一路"倡议对广义的产业结构服务化显著为负,说明"一带一路"未能促进广义的产业结构服务化的分析结果也具有稳健性。

第二节 "一带一路"倡议对中国各区域产业结构转型升级的异质性影响分析

一、 六大行政区异质性分析

区位条件影响着产业结构转型升级,而"一带一路"倡议包含了中国六大行政区域,各地区的行政区划、城市等级、资源禀赋以及发展现状等方面存在着巨大的差异。因此,探究"一带一路"倡议对产业结构转型升级的区域差异性能够更具体地分析"一带一路"倡议的影响效果。

根据第一节模型结果分析,"一带一路"倡议推动了产业结构高级化的质和量、产业结构合理化以及狭义的产业结构服务化,但未能推动广义的产业结构服务化。而中国疆域辽阔,地区之间面临发展不平衡不充分的问题,这个结果是否会因为区域的不同而有所差异?换言之,是否所有实施"一带一路"的省(区、市)广义的产业结构服务化都未得到提升,各省(市、区)之间是否存在差异性?在进行下文的分析之前,需对"一带一路"倡议圈定的省(区、市)的划分作详细说明,六大行政区的划分是以地理位置为基础,考虑历史的长久延续性以及行政区划的相对完整性,还综合了经济发展水平和资源禀赋,具体见表7-9。

表7-9 "一带一路"沿线省(区、市)按六大行政区的划分

地区	省(自治区、市)
华北地区	内蒙古自治区
东北地区	辽宁省、吉林省、黑龙江省
华东地区	上海市、浙江省、福建省

续表

地区	省（自治区、市）
中南地区	广东省、广西壮族自治区、海南省
西南地区	云南省、西藏自治区、重庆市
西北地区	陕西省、甘肃省、青海省、宁夏回族自治区、新疆维吾尔自治区

将"一带一路"倡议圈定的 18 个省（市、区）按行政区域进行划分，分别研究"一带一路"倡议对六大行政区产业结构转型升级的影响，"一带一路"沿线省（区、市）包含华北一个自治区（$did-north$）、东北 3 个省份（$did-northeast$）、华东 3 个省（市）（$did-East$）、中南 3 个省和自治区（$did-mid$）、西南 3 个省（市、区）（$did-southwest$）以及西北 5 个省和自治区（$did-northwest$），通过引入区位等级分类指标对基准模型进行扩展，具体模型设定如下：

$$upindustry_{it} = \alpha_0 + \alpha_1\, did_{it} * position + \gamma\, x_{it} + \eta_t + \mu_i + \varepsilon_{it} \qquad (7\text{-}4)$$

式（7-4）中，$position$ 表示区域变量，α_1 表示"一带一路"倡议对处于不同区位产业结构转型升级的影响。将全国分为六大区域，并设立区域虚拟变量 $did_{it} * position$，分别探究"一带一路"倡议对六大区域产业结构转型升级的影响。

（一）"一带一路"倡议对华北地区的影响

在考察"一带一路"倡议对华北地区的影响时，将"一带一路"倡议所涉及的华北的省（区、市）赋值为 1，"一带一路"倡议未圈定的 13 个省（市）仍为控制组，统一赋值为 0，并利用倾向得分匹配对"实验组"和"控制组"进行筛选，剔除不在共同取值范围内的北京、天津、江苏。然后对其他省（区、市）进行研究，"一带一路"倡议对华北地区产业结构转型升级的影响结果见表 7-10。

表 7-10 对华北地区产业结构转型升级的影响

Variable	M1	M2	M3	M4	M5
Treated * period	−0.014	0.066***	−0.061	−0.024	0.07

续表

Variable	M1	M2	M3	M4	M5
treated	−0.038	−0.054***	0.031	0.005	−0.009
gov	0.299***	0.162***	0.771***	0.086	0.618***
human	0.001***	0.000***	−0.000***	0.001***	−0.728**
infrastr	−0.000***	−0.000***	0	−0.000***	0.048
open	0.088**	−0.022	0.115	0.008	−0.164
innov	0.005***	0.004***	−0.002*	0.005***	0.201
ofdi	3.453***	1.577*	0.041	3.086***	0.002
时间效应	Y	Y	Y	Y	Y
地区效应	Y	Y	Y	Y	Y
_ cons	2.137***	0.163***	0.145***	0.339***	0.564***
r2	0.863	0.772	0.589	0.791	0.065
r2_ a	0.859	0.765	0.576	0.784	0.034
N	580	580	580	580	580

注: $* \ p<0.1$；$* * \ p<0.05$；$* * * \ p<0.01$。

在表 7-10 中，M1、M2、M3、M4 以及 M5 分别表示"一带一路"倡议对华北地区产业结构高级化的质和量、产业结构合理化以及狭义和广义的产业结构服务化的分析结果。表 7-10 中仅有产业结构高级化的质的系数显著为正，说明"一带一路"倡议能促进华北地区产业结构高级化的量，而不能促进产业结构高级化的质、产业结构合理化以及狭义和广义的产业结构服务化。

（二）"一带一路"倡议对东北地区的影响

在考察"一带一路"倡议对东北地区的影响时，将"一带一路"倡议所涉及的东北的省（区、市）赋值为 1，"一带一路"倡议未圈定的 13 个省（市）仍为控制组，统一赋值为 0，并利用倾向得分匹配对"实验组"和"控制组"进行筛选，剔除不在共同取值范围内的天津、山东、江苏。然后对其他省（区、市）进行研究，"一带一路"倡议对东北地区产业结构转型升级的影响结果见表 7-11。

表7-11 对东北地区产业结构转型升级的影响

Variable	M1	M2	M3	M4	M5
*Treated * period*	0.073**	0.175***	−0.136**	0.134***	−0.026
treated	0.011	−0.003	0.011	0.001	−0.023
gov	0.464***	0.323***	0.715***	0.401***	−2.122***
human	0	0.000**	0	0	0.001
infrastr	0.000***	0.000***	0	0.000**	0
open	0.515***	−0.009	−0.313	0.459***	−0.924
innov	0.002*	0.002***	−0.005**	0.004***	0.004
ofdi	−0.637	−1.233	3.441	−0.673	5.89
时间效应	Y	Y	Y	Y	Y
地区效应	Y	Y	Y	Y	Y
_ cons	2.324***	0.151***	0.11	0.423***	0.566**
r2	0.921	0.884	0.619	0.875	0.129
r2_ a	0.916	0.876	0.592	0.866	0.069
N	580	580	580	580	580

注: * $p<0.1$; ** $p<0.05$; *** $p<0.01$。

在表7-11中，M1、M2、M3、M4以及M5分别表示"一带一路"倡议对东北地区产业结构高级化的质和量、产业结构合理化以及狭义和广义的产业结构服务化的分析结果。产业结构高级化的质的系数为0.073**且在5%的水平下显著，说明"一带一路"倡议能促进东北地区产业结构高级化的质的提升。产业结构高级化的量的系数为0.175***且在1%的水平下显著，说明"一带一路"倡议能促进东北地区产业结构高级化量的发展。产业结构合理化的系数为−0.136**且在5%的水平下显著，说明"一带一路"倡议能促进东北地区产业结构合理化。狭义的产业结构服务化的系数为0.134***且在1%的水平下显著，说明"一带一路"倡议能促进东北地区狭义的产业结构服务化。广义的产业结构服务化的系数为−0.026，说明"一带一路"倡议不能促进东北地区广义的产业结构服务化。

总之，"一带一路"倡议能促进东北地区产业结构高级化的质和量、产业结构合理化以及狭义的产业结构服务化，而不能促进东北地区广义的产业结构服务化。

(三)"一带一路"倡议对华东地区的影响

在考察"一带一路"倡议对华东地区的影响时，将"一带一路"倡议所涉及的华东的省（市）赋值为 1，"一带一路"倡议未圈定的 13 个省（市）仍为控制组，统一赋值为 0，并利用倾向得分匹配对"实验组"和"控制组"进行筛选，剔除不在共同取值范围内的北京、河北、山西。然后对其他省（区、市）进行研究，"一带一路"倡议对华东地区产业结构转型升级的影响结果见表 7-12。

表 7-12　对华东地区产业结构转型升级的影响

Variable	M1	M2	M3	M4	M5
Treated * period	−0.003	0.004	0.001	−0.014	−0.05
treated	0.021	0.003	−0.003	0.053**	−0.131*
gov	0.094***	0.074	−0.094	0.156***	0.612***
human	−0.093	−0.434***	0.049	−0.204**	−0.832**
infrastr	−0.045	0.029	−0.036	−0.072**	0.079
open	−0.084***	−0.045	−0.089**	−0.121***	−0.303**
innov	−0.061	−0.018	−0.039	−0.045	0.354*
ofdi	0.022*	−0.005	0.012	0.030**	−0.055
时间效应	Y	Y	Y	Y	Y
地区效应	Y	Y	Y	Y	Y
_cons	2.064***	0.082***	0.218***	0.183***	0.742***
r2	0.901	0.836	0.889	0.885	0.56
r2_a	0.891	0.819	0.878	0.874	0.516
N	580	580	580	580	580

注：* $p<0.1$；** $p<0.05$；*** $p<0.01$。

在表 7-12 中，M1、M2、M3、M4 以及 M5 分别表示"一带一路"倡议对东北地区产业结构高级化的质和量、产业结构合理化以及狭义和广义的产业结构服务化的分析结果。表 7-12 中 5 个模型的检验结果均不显著，说明

"一带一路"倡议不能促进华东地区产业结构高级化的质和量、产业结构合理化以及狭义和广义的产业结构服务化。

（四）"一带一路"倡议对中南地区的影响

在考察"一带一路"倡议对中南地区的影响时，将"一带一路"倡议所涉及的中南的省（区、市）赋值为1，"一带一路"倡议未圈定的13个省（市）仍为控制组，统一赋值为0，并利用倾向得分匹配对"实验组"和"控制组"进行筛选，剔除不在共同取值范围内的北京、天津、河北。然后对其他省（市）进行研究，"一带一路"倡议对中南地区产业结构转型升级的影响结果见表7-13。

表7-13　对中南地区产业结构转型升级的影响

Variable	M1	M2	M3	M4	M5
*Treated * period*	0.147 * *	0.238 * * *	−0.090 *	0.318 * * *	0.209 *
treated	0.015	0.013	0.03	0.005	−0.016
gov	0.303 * * *	−0.097	−0.08	0.514 * * *	−1.332
human	−0.317 *	−0.528 * * *	0.119	−0.640 * *	−0.001
infrastr	0.161	−0.292	−0.124	0.347	0
open	0.032	−0.03	0.02	0.025	−0.519
innov	0.007	−0.053	−0.09	0.041	0.01
ofdi	−0.008	−0.002	−0.008	−0.012	5.728
时间效应	Y	Y	Y	Y	Y
地区效应	Y	Y	Y	Y	Y
_ *cons*	0.058	0.203 * *	−0.028	0.118	0.855 * * *
r2	0.15	0.262	0.101	0.196	0.129
r2_ a	0.077	0.198	0.008	0.126	0.057
N	580	580	580	580	580

注：* $p<0.1$；* * $p<0.05$；* * * $p<0.01$。

在表7-13中，M1、M2、M3、M4以及M5分别表示"一带一路"倡议对中南地区产业结构高级化的质和量、产业结构合理化以及狭义和广义的产业结构服务化的分析结果。产业结构高级化的质的系数为0.147* *且在5%的水平下显著，说明"一带一路"倡议能促进中南地区产业结构高级化的质的提升。产业结构高级化的量的系数为 0.238*** 且在 1% 的水平下显著，说明"一带一路"能促进中南地区产业结构高级化量的发展。产业结构合理化的系数为 -0.090* 且在 10% 的水平下显著，说明"一带一路"倡议能促进中南地区产业结构合理化。狭义的产业结构服务化的系数为 0.318*** 且在 1% 的水平下显著，说明"一带一路"倡议能促进中南地区狭义的产业结构服务化。广义的产业结构服务化的系数为 0.209* 且在 10% 的水平下显著，说明"一带一路"倡议能促进中南地区广义的产业结构服务化。

总之，"一带一路"倡议能够促进中南地区产业结构高级化的质和量、产业结构合理化以及狭义和广义的产业结构服务化。

(五)"一带一路"倡议对西南地区的影响

在考察"一带一路"倡议对西南地区的影响时，将"一带一路"倡议所涉及的西南的省（区、市）赋值为 1，"一带一路"倡议未圈定的 13 个省（市）仍为控制组，统一赋值为 0，并利用倾向得分匹配对"实验组"和"控制组"进行筛选，剔除不在共同取值范围内的西藏、天津、河北、江苏、山东。然后对其他省（区、市）进行研究，"一带一路"倡议对西南地区产业结构转型升级的影响结果见表 7-14。

表 7-14　对西南地区产业结构转型升级的影响效应

Variable	M1	M2	M3	M4	M5
Treated * period	-0.065***	0.038**	-0.157***	0.060***	0.215**
treated	-0.001	-0.007	0.186***	0.018	-0.395***
gov	0.135	0.202***	0.967***	0.005	-0.214**
human	0.001***	0.001***	0	0.001***	-0.252
infrastr	-0.000**	-0.000***	-0.000*	-0.000***	-0.351***
open	0.242	-0.246***	0.101	0.288**	-0.013
innov	0.006***	0.004***	-0.002	0.006***	0.258***
ofdi	3.510*	1.127	1.364	3.126*	0.043*

续表

Variable	M1	M2	M3	M4	M5
时间效应	Y	Y	Y	Y	Y
地区效应	Y	Y	Y	Y	Y
_ cons	2.114***	0.142***	0.093	0.308***	3.466***
r2	0.859	0.795	0.64	0.798	0.337
r2_ a	0.852	0.784	0.621	0.788	0.298
N	580	580	580	580	580

注: * $p<0.1$; * * $p<0.05$; * * * $p<0.01$。

在表 7-14 中,M1、M2、M3、M4 以及 M5 分别表示"一带一路"倡议对西南地区产业结构高级化的质和量、产业结构合理化以及狭义和广义的产业结构服务化的分析结果。产业结构高级化的质的系数为-0.065***且在 1%的水平下显著,说明"一带一路"倡议不能促进西南地区产业结构高级化的质的提升,甚至存在显著的抑制作用。产业结构高级化的量的系数为0.038**且在 5%的水平下显著,说明"一带一路"倡议能促进西南地区产业结构高级化量的发展。产业结构合理化的系数为-0.157***且在 1%的水平下显著,说明"一带一路"倡议能促进西南地区产业结构合理化。狭义的产业结构服务化的系数为-0.060***且在 1%的水平下显著,说明"一带一路"倡议能促进西南地区狭义的产业结构服务化。广义的产业结构服务化的系数为 0.215**且在 5%的水平下显著,说明"一带一路"倡议能促进西南地区广义的产业结构服务化。

总之,"一带一路"倡议能够促进西南地区产业结构高级化的量、产业结构合理化以及狭义和广义的产业结构服务化,而不能促进西南地区产业结构高级化的质的提升。

(六)"一带一路"倡议对西北地区的影响

考察"一带一路"倡议对西北地区的影响时,将"一带一路"倡议所涉及的西北的省区市赋值为 1,"一带一路"倡议未圈定的 13 个省市仍为控制组统一赋值为 0,并利用倾向得分匹配对"实验组"和"控制组"进行筛选,剔除不在共同取值范围内的新疆、北京、天津、河北、江苏、山东。然后对其他省（区、市）进行研究，"一带一路"倡议对西北地区产业结构转型升级的影响结果，见表7-15。

表7-15　对西北地区产业结构转型升级的影响效应

Variable	M1	M2	M3	M4	M5
Treated ∗ *period*	−0.014	0.066 ∗∗∗	−0.061	−0.024	0.07
treated	−0.038	−0.054 ∗∗∗	0.031	0.005	−0.009
gov	0.299 ∗∗∗	0.162 ∗∗∗	0.771 ∗∗∗	0.086	−0.032
human	0.001 ∗∗∗	0.000 ∗∗∗	−0.000 ∗∗∗	0.001 ∗∗∗	0
infrastr	−0.000 ∗∗∗	−0.000 ∗∗∗	0	−0.000 ∗∗∗	0
open	0.088 ∗∗	−0.022	0.115	0.008	−0.146
innov	0.005 ∗∗∗	0.004 ∗∗∗	−0.002 ∗	0.005 ∗∗∗	0.003
ofdi	3.453 ∗∗∗	1.577 ∗	0.041	3.086 ∗∗∗	6.191
时间效应	Y	Y	Y	Y	Y
地区效应	Y	Y	Y	Y	Y
_ *cons*	2.137 ∗∗∗	0.163 ∗∗∗	0.145 ∗∗∗	0.339 ∗∗∗	0.564 ∗∗∗
r2	0.863	0.772	0.589	0.791	0.065
r2_ a	0.859	0.765	0.576	0.784	0.034
N	580	580	580	580	580

注：∗ $p<0.1$；∗∗ $p<0.05$；∗∗∗ $p<0.01$。

在表7-15中，M1、M2、M3、M4以及M5分别表示"一带一路"倡议对西北地区产业结构高级化的质和量、产业结构合理化以及狭义和广义的产业结构服务化的分析结果。仅有产业结构高级化的量的系数显著，说明"一带一路"倡议能促进西北地区产业结构高级化的量，而不能促进产业结构高级化的质、产业结构合理化以及狭义和广义的产业结构服务化。

二、"一带"和"一路"异质性分析

2013年，习近平主席先后提出共建"丝绸之路经济带"和"21世纪海上丝绸之路"的重大倡议，受到全球各国的高度关注。"一带"圈定了13个省（区、市）。"一路"圈定了五个省（区、市）。分别对"一带"和"一路"所涵盖的地区进行研究，探讨其区域差异性。本节先对"一带"对产业结构转型升级的影响进行检验，再对"一路"对产业结构转型升级的影响进行检验。将"一带一路"所涵盖的 18 个省（区、市）按"一带"和"一路"进行分组研究，分别研究"一带"圈定的 13 个省（区、市）（$did-belt$）和"一路"圈定的 5 个省（市）（$did-road$），通过加入区位等级分类指标对模型进行扩展，具体模型设定如下：

$$upindustry_{it} = \alpha_0 + \alpha_1 \, did_{it} * circle + \gamma \, x_{it} + \eta_t + \mu_i + \varepsilon_{it} \qquad (7-5)$$

式（7-5）中，$circle$ 表示不同经济圈变量，α_1 表示不同经济圈对产业结构转型升级的影响。文章将"一带一路"倡议分为"一带"和"一路"两个部分，并设立虚拟变量 $did_{it} * circle$，分别探究"一带"和"一路"经济圈对产业结构转型升级的影响。

（一）"丝绸之路经济带"对产业结构转型升级的影响

在考察"一带"经济圈时，位于"一带"经济圈的 13 个省（区、市）赋值为 1，"一带一路"未圈定的 13 个省（区、市）仍为控制组，统一赋值为 0，并利用倾向得分匹配对"实验组"和"控制组"进行筛选，剔除不在共同取值范围内的新疆、西藏、江苏、天津。然后对其他省（区、市）进行研究，得到"一带"经济圈对产业结构转型升级的影响结果（见表 7-16）。

在表 7-16 中，M1、M2、M3、M4 以及 M5 分别表示"丝绸之路经济带"对产业结构高级化的质和量、产业结构合理化以及狭义和广义的产业结构服务化的影响结果。产业结构高级化的质的系数为 0.096***且在 1% 的水平下显著；产业结构高级化的量的系数为 0.248***且在 1% 的水平下显著；产业结构合理化的系数为 -0.107**且在 5% 的水平下显著；狭义的产业结构服务化的系数为 0.171***且在 1% 的水平下显著；广义的产业结构服务化的系数为 0.347*。

总之，"丝绸之路经济带"能同时促进产业结构高级化的质和量、产业结构合理化以及狭义和广义的产业结构服务化。主要是由于"丝绸之路经济带"所圈定的地区拥有大量的能源和矿产，土地资源丰富且自身具有很高的旅游价值，但交通不够便利和自然条件较差，导致经济发展与其他地区存在落差。

"丝绸之路经济带"的实施解决了该区域发展的问题,增强了交通便利程度,充分利用其资源优势,提高了经济竞争力,加强了与周边地区的经济往来,从而促进了产业结构转型升级。

表 7-16 "丝绸之路经济带"对产业结构转型升级的影响

Variable	M1	M2	M3	M4	M5
*Treated * period*	0.096***	0.248***	−0.107**	0.171***	0.347*
treated	0.006	0.004	−0.004	0.002	0.267
gov	−0.024	−0.100**	0.049	0.027	−0.121*
human	−0.02	−0.195	−0.273	−0.027	0.086
infrastr	−0.012	0.068	0.015	−0.037	−0.173
open	−0.029	−0.055	0.01	−0.04	0.066
innov	0.065	0.064	−0.154	0.140*	0.083
ofdi	−0.008	0.009	−0.03	−0.002	0.174**
时间效应	Y	Y	Y	Y	Y
地区效应	Y	Y	Y	Y	Y
_ cons	0.012	0.065	0.06	0.03	0.037
r2	0.073	0.281	0.041	0.124	0.11
r2_ a	0.043	0.258	0.009	0.095	0.081
N	580	580	580	580	580

注:* $p<0.1$;** $p<0.05$;*** $p<0.01$。

(二)"21世纪海上丝绸之路"对产业结构转型升级的影响

在考察"一路"经济圈时,位于"一路"经济圈的5个省(区、市)赋值为1,"一带一路"倡议未圈定的13个省(区、市)仍为控制组,统一赋值为0,并利用倾向得分匹配对"实验组"和"控制组"进行筛选,剔除不在共同取值范围内的北京、山西、河北。然后对其他省(区、市)进行研究,得到"一路"经济圈对产业结构转型升级的影响结果(见表7-17)。

在表7-17中M1、M2、M3、M4以及M5分别表示"21世纪海上丝绸之路"对产业结构高级化的质和量、产业结构合理化以及狭义和广义的产业结构服务化的分析结果。产业结构高级化的质的系数为0.284**且在5%的水平下显著，说明"21 世纪海上丝绸之路"能促进产业结构高级化的质。产业结构高级化的量的系数为 0.417**且在 5% 的水平下显著，说明"21 世纪海上丝绸之路"能促进产业结构高级化的量。产业结构合理化的系数为 0.138***，泰尔指数的系数为正，说明"21 世纪海上丝绸之路"不能促进产业结构合理化。狭义的产业结构服务化的系数为 0.082*且在 10% 的水平下显著，说明"21 世纪海上丝绸之路"能促进狭义的产业结构服务化。广义的产业结构服务化的系数为 −0.035，说明"21 世纪海上丝绸之路"不能促进广义的产业结构服务化。

表 7-17 "21 世纪海上丝绸之路"对产业结构转型升级的影响

Variable	M1	M2	M3	M4	M5
*Treated * period*	0.284**	0.417**	0.138***	0.082*	−0.035
treated	0.586***	0.261	−0.058	−0.008	−0.026*
gov	0.165**	0.456***	−0.091	0.142**	0.732***
human	0.104	0.118	0.215**	−0.405***	−0.768***
infrastr	0.323***	0.071	−0.008	−0.065	0.056
open	0.308***	0.029	−0.052	−0.078*	−0.127
innov	0.316***	0.213*	0.038	0.022	0.265**
ofdi	0.039	0.126	0.004	0.027*	−0.031
时间效应	Y	Y	Y	Y	Y
地区效应	Y	Y	Y	Y	Y
_cons	−0.989***	−0.409	−0.089	0.188***	0.147
r2	0.777	0.557	0.096	0.184	0.219
r2_a	0.766	0.536	0.05	0.147	0.184
N	580	580	580	580	580

注：* $p<0.1$；** $p<0.05$；*** $p<0.01$。

总之，"21 世纪海上丝绸之路"能推动产业结构高级化的质和量以及狭义的产业结构服务化，但不能推动产业结构合理化和广义的产业结构服务化。主要是由于"21 世纪海上丝绸之路"圈定的都是东部沿海地区，自身经济较发达且产业结构转型升级程度较快，而"21 世纪海上丝绸之路"实施时间较短，并未能充分发挥在产业结构转型升级方面的优势。

第八章

中国与"一带一路"沿线国家工业整体和细分行业的全球价值链分工测算

工业转型升级要以工业发展为基础，以创新驱动、转型升级为动力，以改造提升传统工业、大力发展现代工业、培育发展新兴工业为主线，不断完善工业结构、提升工业发展水平。

所谓转型，即是转变工业发展方式，加快工业向创新驱动转型、绿色低碳转型、智能制造转型、服务化转型、内需主导及消费驱动转型。所谓升级，则是全面优化工业的行业结构、技术结构、产品结构、组织结构、布局结构，促进工业结构的整体优化提升，实现由传统工业化道路向新型工业化道路的转变。

工业转型升级涉及转型、升级模式的探讨，转型、升级路径的创新，转型、升级标准的衡量，转型、升级行业的选择等，是战略性、全局性、系统性的变革过程。

第一节　中国工业整体全球价值链分工地位测算

一、测算方法的选择

目前全球价值链分工地位的测算方法有很多种，较为成熟的方法主要包括：一是利用 GVC 地位指数（GVC Position），通过对国内特定行业的出口间接增加值和国外增加值的比较来衡量其在全球价值链分工中的位置；二是运用出口技术复杂度作为衡量产业全球价值链分工地位的指标；三是采用垂直专业化指数（VSS），通过对各国不同行业的竞争力进行比较来衡量；四是以产业上游度、贸易上游度来衡量全球价值链分工地位。

本节选择出口技术复杂度来衡量中国工业及 36 个细分行业全球价值链分工地位，主要原因：一是中国作为世界第一大贸易国，工业贸易长期以来主要以加工组装等技术复杂度比较低的贸易方式被动嵌入全球价值链分工体系当中，所以出口技术复杂度可以基本反映中国在全球价值链分工中的地位情况；二是基于"微笑曲线"下的全球价值链各个环节，在产品价值链中，涉及研发、设计、生产、组装、销售等多个难以量化的环节，想要逐一测度并准确衡量每一环节价值链地位是极为困难的，但产品价值链的地位最终将会反映在产品的技术水平上。

二、数据来源

1. 数据

为了测算 2008—2017 年包含中国在内的世界 90 个国家工业整体及 36 个细分行业的出口技术复杂度，需要收集相关数据，其中：工业各种产品（共计 249 种）的出口数据来源于联合国贸易统计数据库（UN Comtrade），人均国民生产总值以 2010 年不变美元表示，数据来源于世界银行统计的国民经济核算数据、经济合作与发展组织国民经济核算数据文件。

2. 工业分类编码

中国工业是按照 2017 年 10 月 1 日国家统计局、国家质量监督检验检疫总局、国家标准化管理委员会联合发布的《国民经济行业分类》第四次修订版（GB/T 4754—2017）的标准来对行业进行划分的，而联合国贸易统计数据库（UN Comtrade）中的工业产品出口数据则是按照《国际标准行业分类》（第三版）（SITC Rev. 3）进行分类的。因此，文章根据相关文献和资料对应整理出 GB/T 4754—2017 编码与 SITC Rev. 3 三位码编码的对照表（详见附录 3）。为了便于统计和分析，参照附录 2 当中行业分类的编码顺序，以序号 01~36 分别代表工业的 36 个细分行业。

3. 代表性国家

为测算工业整体及 36 个细分行业全球价值链分工地位，选取中国、OECD 35 个成员国、"一带一路"沿线 50 个国家以及世界其他国家 15 个①，共计 90 个国家。其中，捷克、斯洛伐克、斯洛文尼亚、爱沙尼亚、波兰、匈牙利、土耳其、立陶宛、韩国、新西兰、以色列共计 11 个国家既属于 OECD 成员国，又属于"一带一路"沿线国家。在选取的 90 个国家当中，既包含发达国家，又包含发展中国家，而且 2018 年这些国家的贸易总额（34.27 万亿美元）占世界贸易总额（37.30 万亿美元）的 91.88%，GDP（77.23 万亿美元）占世界 GDP（82.46 万亿美元）的 93.66%，人口总数（60.19 亿人）占世界人口总数（75.11 亿人）的 80.14%，因此，以其代表全球范围内的所有国家。

三、 中国工业整体全球价值链分工地位

根据出口技术复杂度测算方法的公式（2-1），首先将 SITC Rev. 3 三位码编码表当中，2008—2017 年 249 种工业产品的出口技术复杂度逐一测算出来（详见附录 4）。其次，根据公式（2-2）计算出 2008—2017 年中国、OECD

---

① 其他国家包括：阿根廷、哥伦比亚、阿联酋、巴西、加纳、突尼斯、危地马拉、多米尼加、巴拉圭、玻利维亚、赞比亚、乌拉圭、乌干达、秘鲁、纳米比亚。

的 35 个成员、"一带一路"沿线 50 个国家以及世界其他 15 个国家，共计 90 个国家的工业整体出口技术复杂度。

从 2008—2017 年世界 90 个国家工业整体出口技术复杂度的平均值情况来看，中国排名位于第 48 位，在全球价值链分工体系当中属于中游位置（见表 8-1）。此外，工业整体全球价值链分工地位排名位于中国前面的国家，有 27 位属于 OECD 成员国（占全部 OECD 成员国的 77.14%），这表明中国相比多数发达国家，工业整体全球价值链分工地位具有一定的差距，即中国工业目前仍未摆脱全球价值链"低端锁定""发达国家俘获"等问题。

表 8-1　2008—2017 年世界 90 个国家工业整体出口技术复杂度的平均值情况

（单位：美元）

国家/地区	平均值	国家/地区	平均值	国家/地区	平均值	国家/地区	平均值
瑞士	28523	墨西哥	23245	乌克兰	21438	乌拉圭	18640
爱尔兰	27479	斯洛伐克	23200	中国	21426	乌干达	18526
日本	25420	西班牙	22930	印度	21339	越南	18464
德国	25214	阿曼	22876	哥伦比亚	21338	黑山	18400
英国	25057	卢森堡	22848	黎巴嫩	21291	玻利维亚	18328
芬兰	24998	文莱	22682	塞尔维亚	21259	纳米比亚	18241
瑞典	24804	俄罗斯	22563	希腊	21214	摩洛哥	18236
美国	24713	挪威	22561	葡萄牙	21068	赞比亚	17713
奥地利	24638	波兰	22476	保加利亚	20710	阿尔巴尼亚	17635
斯洛文尼亚	24484	伊朗	22467	约旦	20675	危地马拉	17527
比利时	24418	阿塞拜疆	22227	土耳其	20337	摩尔多瓦	17460
匈牙利	24334	科威特	22087	多米尼加	20221	智利	17116
阿联酋	24259	马来西亚	22076	阿根廷	20194	亚美尼亚	15998
法国	24208	白俄罗斯	21999	埃及	20151	尼泊尔	15721
以色列	24005	爱沙尼亚	21963	格鲁吉亚	20123	马尔代夫	15441
新加坡	23995	罗马尼亚	21951	印度尼西亚	19826	秘鲁	15330
韩国	23967	巴西	21889	马其顿	19676	马达加斯加	15308
丹麦	23825	菲律宾	21880	加纳	19463	巴拉圭	15216
捷克	23686	克罗地亚	21840	吉尔吉斯斯坦	19385	蒙古	15030

国家/地区	平均值	国家/地区	平均值	国家/地区	平均值	国家/地区	平均值
荷兰	23652	立陶宛	21668	新西兰	19383	巴基斯坦	14489
意大利	23473	澳大利亚	21489	突尼斯	19382	斯里兰卡	13758
沙特阿拉伯	23455	哈萨克斯坦	21470	冰岛	18912		
加拿大	23294	南非	21445	缅甸	18710		

第二节　中国工业细分行业全球价值链分工地位

一、 资源密集型行业

从2008—2017年世界90个国家资源密集型行业出口技术复杂度的平均值情况来看，中国资源密集型行业在全球价值链分工体系中，煤炭采选业、黑色金属矿采选业、木材及竹材采运业、燃气及水生产供应业处于上游位置；石油和天然气开采业、非金属矿采选业、电热力及水生产供应业处于中游位置；有色金属矿采选业处于下游位置（见表8-2）。由此可见，中国资源密集型行业在全球价值链分工体系中仍处于中下游位置的行业占到了50%。

表8-2　2008—2017年中国资源密集型行业出口技术复杂度的平均值排名情况

（单位：美元）

行业	2008	2009	2010	2011	2012	2013	2014	2015	2016	2017	平均值	排名
01	23129	17369	21413	24627	26035	18753	19224	18574	15435	15190	19975	15/90
02	27138	21610	22737	22671	25765	27767	29578	21827	20517	21492	24110	49/90
03	17314	16154	14996	17155	32682	28648	29358	27723	25558	25693	23528	23/90
04	7967	8704	7838	9877	10539	14078	14790	15319	10537	10091	10974	62/90
05	13363	11457	10092	14832	13421	13319	14591	12632	13345	14866	13192	33/90
06	19601	17652	19756	22694	21649	22992	22712	19094	18429	19413	20399	25/90
35	18752	13583	15723	20993	16985	15750	15941	11946	14562	15254	15949	35/90
36	23526	17293	26326	28082	28383	26526	25646	16330	13347	15883	22134	19/90

二、 劳动密集型行业

从2008—2017年世界90个国家劳动密集型行业出口技术复杂度的平均值情况来看，中国劳动密集型行业在全球价值链分工体系中，皮革毛皮羽绒及其制品业、家具制造业处于上游位置；食品加工及制造业、服装及其他纤维制品制造业、木材加工及竹藤棕草制品业、造纸及纸制品业处于中游位置；饮料制造业、纺织业、文教体育用品制造业处于下游位置（见表8-3）。由此可见，中国劳动密集型行业在全球价值链分工体系中仍处在中下游位置的行业占到了77.78%。

表8-3　2008—2017年中国劳动密集型行业出口技术复杂度的平均值情况

（单位：美元）

行业	2008	2009	2010	2011	2012	2013	2014	2015	2016	2017	平均值	排名
07	18153	13684	24789	15674	15398	16249	16743	15605	15953	18149	17040	54/90
08	10509	9229	9147	11688	10956	10413	11165	11532	11804	14124	11057	81/90
10	13731	11306	11520	12436	11778	12140	12464	11037	11346	12675	12043	62/90
11	7918	7243	7690	8446	8015	8493	8998	8060	8084	10038	8299	42/90
12	13354	12600	13041	14784	13769	14412	14856	12860	13152	17786	14061	13/90
13	20997	19108	20167	22422	19968	21284	22001	18483	17985	20055	20247	42/90
14	18751	16701	16848	18491	17291	17594	17781	15684	15975	18089	17321	20/90
15	27209	23890	24018	26176	24749	26044	25824	21790	23189	24038	24693	52/90
17	27800	23891	23991	26006	24177	24666	25255	21450	21602	20403	23924	77/90

三、 资本密集型行业

从2008—2017年世界90个国家资本密集型行业出口技术复杂度的平均值情况来看，中国资本密集型行业中的橡胶制品业、黑色金属冶炼及压延加工业、金属制品业、电气机械及器材制造业处于上游位置；塑料制品业、非金属矿物制品业、有色金属冶炼及压延加工业、通用设备制造业、专用设备制造业处于中游位置；石油加工及炼焦业、交通运输设备制造业、其他制造业处于下游位置（见表8-4）。由此可见，中国资本密集型行业在全球价值链分工体系中仍处于中下游位置的行业占到了 66.67%。

表8-4　2008—2017 年中国资本密集型行业出口技术复杂度的平均值情况

（单位：美元）

行业	2008	2009	2010	2011	2012	2013	2014	2015	2016	2017	平均值	排名
18	19219	19125	19120	22503	21323	22329	22533	19596	19176	20293	20522	78/90
22	25777	22543	24191	27329	24854	25787	26339	22589	22966	25095	24747	25/90
23	27882	24753	25954	27786	25115	26632	27185	23954	23587	26830	25968	51/90
24	19276	18227	18401	20482	18685	18921	20205	18226	19024	21383	19283	43/90
25	24519	20555	22358	26539	26006	27754	31589	26910	27648	27914	26179	20/90
26	21687	17891	21620	23503	21206	22417	23568	22680	25223	26784	22658	32/90
27	23721	21818	23151	25787	23971	25145	26396	22628	22679	25345	24064	25/90
30	25490	22033	22323	24676	23099	23218	24964	22630	23147	25654	23723	80/90
28	31459	28415	28944	31467	29802	32674	31520	27536	27669	30130	29962	52/90
29	32544	28347	30122	34434	31799	32331	33970	29952	30708	33274	31748	37/90
31	22697	20701	22988	25195	23290	23971	24235	21910	22223	23942	23115	19/90
34	32863	29192	28456	30059	25373	28207	29335	29401	29463	33003	29535	68/90

四、 技术密集型行业

从 2008—2017 年世界 90 个国家技术密集型行业出口技术复杂度的平均值情况来看，中国技术密集型行业在全球价值链分工体系中，印刷业记录媒介的复印、化学原料及化学制品制造业、医药制造业处于上游位置；烟草加工业、化学纤维制造业、电子及通信设备制造业处于中游位置；仪器仪表及文化办公制造业处于下游位置（见表8-5）。由此可见，中国技术密集型行业在全球价值链分工体系中仍处于中下游位置的行业占到了 57.14%。

表 8-5　2008—2017 年世界 90 个国家技术密集型行业出口技术复杂度的平均值情况

（单位：美元）

行业	2008	2009	2010	2011	2012	2013	2014	2015	2016	2017	平均值	排名
09	25321	20766	20227	21568	18849	16805	15079	11637	12526	12923	17570	31/90
16	20257	18124	19594	21446	23192	24151	23694	21519	19739	25320	21704	08/90
19	28431	26712	26203	27875	27174	28201	28780	26456	27411	29840	27708	10/90
21	18011	17643	16087	48723	18738	17845	20227	18490	19508	20920	21619	33/90
20	48142	43598	43460	48723	42895	44198	46741	42517	42314	45046	44764	01/90
32	24565	20385	21075	23296	21992	23016	24179	21199	20935	22784	22343	49/90
33	25610	24905	26853	30503	29045	29344	30574	27939	27963	29357	28209	82/90

第三节　中国在"一带一路"沿线国家中工业整体及细分行业全球价值链分工变化

一、 中国工业整体全球价值链分工地位变化情况

根据 2008—2017 年世界 90 个国家工业整体出口技术复杂度的测算结果，将中国与"一带一路"沿线国家从中单独提取出来并重新进行排名，可以发现中国工业整体全球价值链分工地位发生了变化。

从 2008—2017 年中国及"一带一路"沿线国家工业整体出口技术复杂度的平均值情况来看，中国工业整体全球价值链分工地位的排名由原来的中下游位置，上升到了中上游位置（见表 8-6）。尽管中国在全球范围内工业整体全球价值链分工地位水平并不够高，但在以发展中国家居多的"一带一路"范围内工业整体全球价值链分工地位水平却相对比较突出，中国完全可以充当"领跑者""领头羊"的身份，通过加大与沿线国家工业经济交流与合作的力度，以此来逐渐摆脱"全球价值链低端锁定""发达国家俘获"困境，并为中国工业经济实现高质量发展开辟了道路。

表8-6   2008—2017年中国及"一带一路"沿线国家①工业整体出口技术复杂度平均值

(单位：美元)

国家/地区	平均值	国家/地区	平均值	国家/地区	平均值	国家/地区	平均值
新加坡	23995	罗马尼亚	21951	保加利亚	20710	摩洛哥	18236
沙特阿拉伯	23455	菲律宾	21880	约旦	20675	阿尔巴尼亚	17635
阿曼	22876	克罗地亚	21840	埃及	20151	摩尔多瓦	17460
文莱	22682	哈萨克斯坦	21470	格鲁吉亚	20123	亚美尼亚	15998
俄罗斯	22563	南非	21445	印度尼西亚	19826	尼泊尔	15721
伊朗	22467	乌克兰	21438	马其顿	19676	马尔代夫	15441
阿塞拜疆	2227	中国	21426	吉尔吉斯斯坦	19385	马达加斯加	15308
科威特	22087	印度	21339	缅甸	18710	蒙古	15030
马来西亚	22076	黎巴嫩	21291	越南	18464	巴基斯坦	14489
白俄罗斯	21999	塞尔维亚	21259	黑山	18400	斯里兰卡	13758

二、 中国工业细分行业全球价值链分工地位变化情况

(一) 资源密集型行业

通过将2008—2017年全球和"一带一路"两种范围内中国资源密集型行业出口技术复杂度的平均值排名情况进行对比分析，发现中国的石油和天然气开采业、有色金属矿采选业、木材及竹材采运业、燃气生产供应业的全球价值链分工地位均得到了提升。由此可见，将中国放入"一带一路"范围之内，有半数的资源密集型行业全球价值链分工地位水平得到了提高。

表8-7   "一带一路"范围内中国资源密集型行业全球价值链分工地位排名变化

行业代码	全球范围内排名	"一带一路"范围内排名	变化情况
01	15/90	08/40	↓ 3.33%

---

① 为保证全球和"一带一路"两种范围之内中国工业整体及细分行业全球价值链分工地位变化情况对比分析的精确性，剔除掉既属于OECD成员国，又属于"一带一路"沿线国家的11个欧洲发达国家。

行业代码	全球范围内排名	"一带一路"范围内排名	变化情况
02	49/90	16/40	↑14.44%
03	23/90	14/40	↓9.44%
04	62/90	25/40	↑6.39%
05	33/90	15/40	↓0.83%
06	25/90	10/40	↑2.78%
35	35/90	18/40	↓6.11%
36	19/90	05/40	↑8.61%

（二）劳动密集型行业

通过将 2008—2017 年全球和"一带一路"两种范围内中国劳动密集型行业出口技术复杂度的平均值排名情况进行对比分析，发现中国的食品加工及制造业、饮料制造业、纺织业、服装及其他纤维制品制造业、皮革毛皮羽绒及其制品业、木材加工及竹藤棕草制品业、家具制造业、造纸及纸制品业、文教体育用品制造业的排名相比之前均有所上升（见表 8-8）。由此可见，将中国放入"一带一路"范围之内，全部的劳动密集型行业全球价值链分工地位水平均得到了提升。

表 8-8　"一带一路"范围内中国劳动密集型行业全球价值链分工地位排名变化情况

行业代码	全球范围内排名	"一带一路"范围内排名	变化情况
07	54/90	18/40	↑15.00%
08	81/90	33/40	↑7.50%
10	62/90	20/40	↑18.89%
11	42/90	14/40	↑7.67%
12	13/90	04/40	↑4.44%
13	42/90	18/40	↑1.67%
14	20/90	04/40	↑12.22%
15	52/90	16/40	↑17.78%
17	77/90	28/40	↑15.56%

（三）资本密集型行业

通过将 2008—2017 年全球和"一带一路"两种范围内的中国资本密集型行业出口技术复杂度的平均值排名情况进行对比分析，发现中国除电气机械及器材制造业排名下降了 1.39% 之外，其余所有资本密集型行业的全球价值链分工地位得到了提升。由此可见，将中国放入"一带一路"范围之内，所有的资本密集型行业全球价值链分工地位水平均得到了提高。

表 8-9 "一带一路"范围内中国资本密集型行业全球价值链分工地位排名变化情况

行业代码	全球范围内排名	"一带一路"范围内排名	变化情况
18	78/90	33/40	↑4.17%
22	25/90	09/40	↑5.28%
23	51/90	18/40	↑11.67%
24	43/90	14/40	↑12.78%
25	20/90	04/40	↑12.20%
26	32/90	13/40	↑3.06%
27	25/90	08/40	↑7.78%
28	52/90	32/40	↑8.89%
29	37/90	19/40	↑10.28%
30	80/90	14/40	↑6.11%
31	19/90	09/40	↓1.39%
34	68/90	25/40	↑15.25%

（四）技术密集型行业

通过将 2008—2017 年全球和"一带一路"两种范围之内的中国技术密集型行业出口技术复杂度的平均值排名情况进行对比分析，发现中国烟草加工业、印刷业记录媒介的复印、化学纤维制造业的排名下降，医药制造业的排名保持不变，剩余技术密集型行业的全球价值链分工地位得到了提升，其中化学原料及化学制品制造业、电子及通信设备制造业、仪器仪表及文化办公用机械制造业的排名相比之前上升（见表 8-10）。由此可见，将中国放入"一带一路"倡议范围之内，有 1/2 的技术密集型行业全球价值链分工地位水平得到了提高。

表 8-10　"一带一路"倡议范围内中国技术密集型行业全球价值链分工地位排名变化情况

行业代码	全球范围内排名	"一带一路"范围内排名	变化情况
09	31/90	16/50	↓5.56%
16	08/90	06/50	↓6.11%
19	10/90	04/50	↑1.11%
20	01/90	01/50	—
21	33/90	21/50	↓15.83%
32	49/90	20/50	↑4.44%
33	82/90	34/50	↑6.11%

第九章

基于倾向匹配得分及提升国际分工地位
目标的中国工业行业选择

　　本章首先选出"一带一路"沿线国家中与中国发展趋势相同的国家，然后再将与中国国际分工地位相近的国家的优势产业作为我国未来潜在的发展行业。

第一节　趋势相同国家选择

一、倾向得分匹配

1. 数据来源与变量选择

（1）"一带一路"沿线 105 个国家在 2013—2019 年的 GDP、出口总额、进口总额、第一产业占 GDP 比重、第二产业占 GDP 比重、第三产业占 GDP 比重等数据。

（2）核心解释变量：定义时间虚拟变量和组别虚拟变量。首先，将时间虚拟变量 time 定义为政策实施的年份，假定为 2019 年，即处理的数据年份在 2019 年之前，则 time 取值为 0；当处理的数据年份在 2019 年之后，则 time 取值为 1。其次，将组别虚拟变量 treat 分为实验组（中国）和对照组（除中国外的 104 个国家），当国家为中国时，treat 取值为 1；当国家为除中国外的 104 个国家时，treat 取值为 0。

（3）被解释变量：将中国的 GDP 作为被解释变量。

（4）控制变量：进口额、出口额、第一产业占比、第二产业占比、第三产业占比。

（5）数据处理过程：数据处理。

2. 倾向得分匹配结果

通过倾向得分匹配对实验组和控制组的数据进行匹配，从对照组中为实验组中的每个个体寻找一个或多个背景特征相同或相似的个体作为对照，这样就最大程度降低了其他混杂因素的干扰，避免了选择偏差问题，确保了模型运行结果的可信度。主要运用 Stata 15.1 软件，利用邻近匹配把数据进行倾向得分匹配，1 个实验组和 104 个控制组的倾向得分匹配结果（见表 9-1）。

表9-1 倾向得分匹配结果

样本分类	匹配数量	未匹配数量	样本总量
对照组	528	6	534
实验组	88	1	89
样本总量	616	7	623

从表9-1中可以看出，存在一个实验组和6个对照组的观测数据不在共同取值范围内，通过进一步的研究发现，阿联酋、巴基斯坦、马达加斯加、美国、缅甸、尼泊尔和乌干达这7个国家的数据存在异常值，因此，剔除阿联酋、巴基斯坦、马达加斯加、美国、缅甸、尼泊尔和乌干达这7个国家的数据。那么得到有效匹配的88个实验组和528个控制组能够符合共同趋势假设。

二、 匹配结果的平衡性检验

实证结果的可靠性必须是建立在选择合适的匹配方法的基础上的，而倾向得分匹配法的采用首先需要满足其前提假设：一是条件独立分布假设，要求按照倾向得分进行匹配后的样本不存在系统性的差异；二是共同支撑条件假设，即要确保样本在匹配后具有更好的可比性，这需要实验组和对照组的倾向得分能够有足够的重叠部分，进而增加后面进行双重差分估计的有效性。对匹配后的样本进行平衡性检验，结果见表9-2。

表9-2 匹配结果平衡性检验

变量名称	处理	均值		标准偏差/%	标准偏差减少幅度/%	$t-test$		V(T)/V(C)
		实验组	对照组			t	$p>|t|$	
Export	U	12025	11322	3.1	16.6	0.28	0.782	1.15
	M	10973	11560	-2.6		-0.18	0.858	0.96
Import	U	12266	11458	3.4	12.8	0.31	0.760	1.17
	M	10549	11254	-3.0		-0.24	0.814	0.82
ProportionFirst	U	0.0615	0.06676	-8.6	77.7	-0.73	0.468	0.80
	M	0.06209	0.06091	1.9		0.14	0.890	1.10

续表

变量名称	处理	均值		标准偏差/%	标准偏差减少幅度/%	t-test		V(T)/V(C)
		实验组	对照组			t	p>|t|	
ProportionSecond	U	0.40373	0.40943	−4.7	37.8	−0.41	0.685	0.94
	M	0.40501	0.40855	−2.9		−0.20	0.843	1.05
ProportionThird	U	0.543478	0.52381	8.2	78.4	0.71	0.477	0.94
	M	0.5329	0.53053	1.8		0.12	0.904	1.02

首先，通过 t 值可以发现，匹配前所有解释变量在实验组和对照组间均是显著的，这表明在进行倾向得分匹配前实验组和对照组存在着较大的差异；而匹配后组间均值差异都有所减小，而且在匹配后各个变量的标准化差异降幅明显。

其次，根据 Smith 等人的研究，倾向得分匹配后的标准差越小越好，越小代表匹配效果越好，并且认为一般匹配后的标准偏差应该小于 10% 匹配效果好。从表 9-2 中可以看出，在进行倾向得分匹配后，实验组和对照组平均标准偏差的绝对值均小于匹配前，这表明本次匹配结果是理想的。

三、 全球价值链分工地位与中国相近国家选择

以表 8-1 中 2008—2017 年世界 90 个国家工业整体出口技术复杂度的平均值为依据，将最大值和最小值差的 1/10（1476.5）作为相近标准，在 90 个国家工业整体出口技术复杂度的平均值中找到与中国相近的 35 个国家（见表 9-3）。

表 9-3　全球价值链分工地位与中国相近的国家

（单位：美元）

国家/地区	出口技术复杂度均值	国家/地区	出口技术复杂度均值
阿曼	22876	立陶宛	21668
卢森堡	22848	澳大利亚	21489
文莱	22682	哈萨克斯坦	21470
俄罗斯	22563	南非	21445

续表

国家/地区	出口技术复杂度均值	国家/地区	出口技术复杂度均值
挪威	22561	乌克兰	21438
波兰	22476	中国	21426
伊朗	22467	印度	21339
阿塞拜疆	22227	哥伦比亚	21338
科威特	22087	黎巴嫩	21291
马来西亚	22076	塞尔维亚	21259
白俄罗斯	21999	希腊	21214
爱沙尼亚	21963	葡萄牙	21068
罗马尼亚	21951	保加利亚	20710
巴西	21889	约旦	20675
菲律宾	21880	土耳其	20337
克罗地亚	21840	多米尼加	20221
		阿根廷	20194

第二节 潜在行业选择

一、 在各行业中国际分工地位超过中国的国家选择

以"一带一路"沿线国家在 36 个行业中比中国全球价值链分工地位高的国家作为备选国家，也就意味着中国如果向这些行业转型或者升级的话会提高中国的国际分工地位，因此选出 20 个行业（其他 16 个行业，中国在"一带一路"沿线国家中的国际分工地位最高）对应的国家（见表 9-4）。

二、 潜在行业筛选

从表 9-4 中各行业全球价值链分工地位高于中国的国家中找出与中国全球价值链分工地位相近的国家，通过筛选之后得到八个潜在发展的行业（见表 9-5）。

表9-4　36行业中国国际分工地位超过中国的国家

行业代码	国家/地区							
Xcjr1	澳大利亚	俄罗斯联邦	哥伦比亚	加拿大	美国	蒙古	南非	印度尼西亚
Xcjr2	阿拉伯联合酋长国	阿曼	阿塞拜疆	澳大利亚	巴西	比利时	德国	俄罗斯联邦
	哥伦比亚	哈萨克斯坦	加拿大	加纳	科威特	马来西亚	美国	墨西哥
Xcjr3	文莱达鲁萨兰国	伊朗	印度尼西亚	英国	挪威	俄罗斯联邦	法国	哈萨克斯坦
	阿曼	澳大利亚	巴西	比利时	德国	南非	日本	瑞典
	荷兰	加拿大	捷克	马来西亚	美国	巴西	保加利亚	比利时
	乌克兰	伊朗	印度	英国	智利	法国	菲律宾	芬兰
	阿根廷	阿拉伯联合酋长国	爱尔兰	奥地利	澳大利亚	荷兰	土耳其	加拿大
Xcjr4	波兰	玻利维亚	丹麦	德国	俄罗斯联邦	秘鲁	摩洛哥	墨西哥
	亚美尼亚	哥伦比亚	格鲁吉亚	哈萨克斯坦	韩国	日本	瑞典	瑞士
	伊朗	捷克	马来西亚	美国	蒙古	希腊	新加坡	匈牙利
	意大利	纳米比亚	南非	挪威	葡萄牙	波兰	德国	俄罗斯联邦
	印度	沙特阿拉伯	危地马拉	乌克兰	西班牙	美国	瑞典	乌拉圭
Xcjr6	印度尼西亚	英国	越南	智利	比利时			
	爱沙尼亚	奥地利	澳大利亚	巴西	马来西亚			
	法国	芬兰	加拿大	捷克				
	新西兰	印度尼西亚	越南	智利				
Xcjr7	德国	荷兰	美国					

续表

行业代码	国家/地区							
Xcjr8	德国	法国	荷兰	美国	墨西哥	西班牙	意大利	英国
Xcjr9	波兰	德国	多米尼加共和国	韩国	荷兰	捷克	罗马尼亚	美国
	新加坡	意大利	印度尼西亚					
Xcjr15	德国	美国						
Xcjr16	德国	美国	荷兰	新加坡				
Xcjr18	俄罗斯联邦	韩国	荷兰	美国	新加坡	印度		
Xcjr19	德国	美国	德国	法国				
Xcjr20	爱尔兰	比利时	德国	法国	美国	瑞士	意大利	
Xcjr26	德国	德国	日本					
Xcjr28	德国							
Xcjr29	德国	美国	美国					
Xcjr30	德国	法国	韩国	日本	墨西哥	日本		
Xcjr34	阿拉伯联合酋长国	阿拉伯联合酋长国	美国	沙特阿拉伯				
Xcjr35	巴拉圭	德国	法国	加拿大				
Xcjr36	阿根廷	阿曼	阿塞拜疆	奥地利	白俄罗斯	比利时	波兰	
	德国	俄罗斯联邦	菲律宾	克罗斯克	哈萨克斯坦	韩国	美国	荷兰
	加拿大	捷克	立陶宛	克罗地亚	马来西亚	美国	西班牙	南非
	日本	瑞典	塞尔维亚	瑞士	乌克兰	罗马尼亚	乌克兰	新加坡
	印度	印度尼西亚	越南	英国	意大利	葡萄牙	意大利	

表 9-5 从全球价值链分工地位高于中国的行业中找中国发展的潜在行业

行业代码	国家/地区				
煤炭采选业（Xcjr1）	澳大利亚	哥伦比亚	南非		
石油和天然气开采业（Xcjr2）	阿曼	阿塞拜疆	澳大利亚	巴西	挪威
	哥伦比亚	哈萨克斯坦	科威特	马来西亚	伊朗
黑色金属矿采选业（Xcjr3）	阿曼	澳大利亚	巴西	哈萨克斯坦	乌克兰
	马来西亚	南非	伊朗	印度	
有色金属矿采选业（Xcjr4）	阿根廷	澳大利亚	巴西	保加利亚	伊朗
	波兰	菲律宾	哈萨克斯坦	哥伦比亚	希腊
	南非	挪威	葡萄牙	马来西亚	乌克兰
	印度				
木材及竹材采运业（Xcjr6）	爱沙尼亚	波兰	澳大利亚	巴西	马来西亚
烟草加工业（Xcjr9）	波兰	罗马尼亚			
石油加工及炼焦业（Xcjr18）	印度				
燃气及水生产供应业（Xcjr36）	阿根廷	阿曼	阿塞拜疆	白俄罗斯	印度
	菲律宾	哈萨克斯坦	波兰	挪威	葡萄牙
	克罗地亚	立陶宛	罗马尼亚	马来西亚	
	塞尔维亚	乌克兰	伊朗	南非	

可以整合出"一带一路"倡议范围内中国工业全球价值链分工地位得到提升的行业。如表 9-5 所示，具体行业包括：煤炭采选业、石油和天然气开采业、黑色金属矿采选业、有色金属矿采选业、木材及竹材采运业、烟草加工业、石油加工及炼焦业、天燃气及水生产供应业等。

第三节 最终行业选择

一、"一带一路"沿线国家工业各细分行业的市场需求

"一带一路"沿线国家工业各细分行业的进口额情况，直观反映"一带一路"沿线国家工业市场需求的实际情况，一个行业的进口额越高代表该行业的需求量就越大。以 2008—2017 年"一带一路"沿线国家工业 36 个细分行

业进口额的平均值代表沿线国家工业的市场需求，从中筛选出资源密集型行业、劳动密集型行业、资本密集型行业以及技术密集型行业各自进口额排名位于前1/2的行业被视为"一带一路"沿线国家主要需求的工业行业。

如表9-6所示，"一带一路"沿线国家资源密集型行业的市场需求主要包括：石油和天然气开采业、煤炭采选业、黑色金属矿采选业和有色金属矿采选业；劳动密集型行业的市场需求主要包括：食品加工及制造业、纺织业、服装及其他纤维制品制造业、造纸及纸制品业、皮革毛皮羽绒及其制品业；资本密集型行业的市场需求主要包括：电气机械及器材制造业、交通运输设备制造业、通用设备制造业、石油加工及炼焦业、其他制造业、黑色金属冶炼及压延加工业；技术密集型行业的市场需求主要包括：化学原料及化学制品制造业、电子及通信设备制造业、仪器仪表及文化办公用机械制造业、化学纤维制造业。

表9-6　2008—2017年"一带一路"沿线国家36个工业行业进口额平均值

（单位：百万美元）

行业类别	行业代码	平均值	行业类别	行业代码	平均值
资源密集型行业	02	386299	技术密集型行业	19	316117
	01	40403		32	218858
	03	34012		33	116131
	04	33930		21	80671
	05	13652		16	8309
	06	12160		09	6927
	35	8905		20	5713
	36	5640	资本密集型行业	31	345135
劳动密集型行业	07	197092		30	305418
	10	74434		28	281825
	11	52034		18	226805
	15	47461		34	169041
	12	34425		25	152074
	17	28050		29	148195
	14	22992		24	89161
	08	17333		27	87598
	13	13131		26	79253
				23	58531
				22	29874

二、 中国工业发展行业的最终选择

根据表 9-5 的测算结果与表 9-6 的分析发现，对既属于"一带一路"倡议范围内能够使中国工业全球价值链分工地位得到提升的潜在行业，又属于"一带一路"沿线国家市场需求的工业行业进行对比分析，最终选择出基于"一带一路"和国际分工视角的中国工业发展的八个潜在行业，其中煤炭采选业、石油和天然气开采业、黑色金属矿采选业、有色金属矿采选业、木材及竹材采运业、燃气及水生产供应业等六个资源密集型行业，一个技术密集型行业为烟草加工业，一个资本密集型行业为石油加工及炼焦业。

第十章

"一带一路"倡议下中国分地区及省份
工业转型升级的行业选择

在第八章的基础之上，运用偏离—份额分析法，对中国各地区、各省份①工业36个细分行业的发展情况进行分析，筛选出各自目前排名前10的行业，通过观察这10个行业是否属于前文中基于"一带一路"和国际分工视角选出的中国工业发展的14个潜在行业范围之内来对中国各地区、各省份工业转型升级的行业进行选择。

首先，若属于中国工业发展的潜在行业范围之内，表明该地区大力发展该行业有利于提升中国工业全球价值链分工地位水平，进而促进中国工业经济高质量的发展，所以可视为对其加大升级力度的行业。

其次，若不属于中国工业发展的潜在行业范围之内，表明该地区如果依旧大力发展该行业，则对于提升中国工业全球价值链分工地位水平的作用并不大，并有可能阻碍中国工业经济的高质量发展，所以可视为需要对其加大转型力度的行业。

第一节　模型方法选取及数据来源

一、模型方法选取

判断一个地区主要发展行业常见的方法有3种：一是层次分析法（AHP）；二是主成分分析法（PCA）；三是偏离—份额分析法（SSM）。

层次分析法（AHP）主观性较强，可能会使最终结果出现偏差。主成分分析法（PCA）由于指标的选取在很大程度上决定了主成分的得分情况，不

---

① 2018年国家信息中心公开发布的《"一带一路"贸易合作大数据报告》一文中，将中国31个省（自治区、直辖市）划分为东部、中部、西部、东北四个地区。其中东部地区包括：北京、天津、河北、上海、江苏、浙江、福建、山东、广东和海南；中部地区包括：山西、安徽、江西、河南、湖北和湖南；西部地区包括：内蒙古、广西、重庆、四川、贵州、云南、西藏、陕西、甘肃、青海、宁夏和新疆12个省（自治区、直辖市）；东北地区包括：黑龙江、吉林、辽宁。

同指标的选择往往会得出不同的结果,很难确保最终结果的科学性。

偏离—份额分析法(SSM)具有较强的客观性和动态性,既可以避免层次分析法(AHP)主观因素带来的影响,又可以避免主成分分析法(PCA)准确选择合适指标的难处,通过对某一地区各个行业的发展情况进行逐年考察,以此揭示主要发展行业。因此,文章选择运用偏离—份额分析法来确定中国各地区、各省份主要发展的行业。

二、 数据来源

本章基于以往文献在利用偏离—份额分析法时,主要以五年或十年为一个时间周期,选取期初、期末两个时间点(如:"十三五"期间,选取 2016 年为期初,2020 年为期末两个时间点)的某一地区或省份工业 36 个细分行业产值为对象,以相同时间段的全国工业 36 个细分行业产值作为参照的基础上,将时间周期精确划分到相邻年份(如:2007—2008 年便看作为一个时间周期),取所有时间周期结果的平均值作为最终结果,这样可以进一步保证结果的科学性与合理性。

在运用偏离—份额分析法筛选中国各地区、各省份主要发展行业时所需要用到的全国、东部 10 省(市)、中部 6 省、西部 12 省(区、市)、东北 3 省的工业 36 个细分行业的产值数据均来源于《中国统计年鉴》《中国工业统计年鉴》。此外,由于《中国工业统计年鉴》对于中国 31 个省份的各个行业产值只统计到了 2016 年,故本章选取的时间段为 2007—2016 年。此外,木材及竹材采运业、皮革毛皮羽绒及其制品业、木材加工及竹藤棕草制品业、家具制造业、印刷业记录媒介的复印、文教体育用品制造业、橡胶和塑料制品业[①]、其他制造业、燃气生产供应业,这 9 个行业的产值,《中国工业统计年鉴》是从 2012 年开始正式统计,故这 9 个行业所选取的时间段为 2012—2016 年。

最后,为了便于统计和分析,本章同样参照附录 2 中行业分类的编码顺序,以序号 1~36 分别代表工业的 36 个细分行业。

---

① 自 2012 年开始,《中国工业统计年鉴》将橡胶制品业和塑料制品业合并为一个行业。

第二节　中国分地区工业转型升级的行业选择

一、　东部地区

将 2007—2016 年全国、东部地区工业 36 个细分行业的产值代入偏离—份额分析法的公式（2-3）～（2-10），计算出 2007—2016 年东部地区工业 36 个细分行业份额分量（N_{ij}）、结构偏离分量（P_{ij}）、竞争力偏离分量（D_{ij}）、总偏离分量（PD_{ij}）以及实际增长量（G_{ij}）的平均值，进而构造出偏离—份额分析表。

如表 10-1 所示，2007—2016 年东部地区 36 个行业实际增长量 G_{ij} 的平均值排名位于前 10 位的行业包括：非金属矿物制品业、专用设备制造业、黑色金属冶炼及压延加工业、交通运输设备制造业、电气机械及器材制造业、其他制造业、金属制品业、有色金属冶炼及压延加工业、通用设备制造业以及化学原料及化学制品制造业。

通过将中国东部地区发展排名前 10 的行业与基于"一带一路"和国际分工视角的 14 个中国工业发展的潜在行业进行对比（见表 10-2）可以看出：首先，非金属矿物制品业、有色金属冶炼及压延加工业、金属制品业、专用设备制造业、电气机械及器材制造业，不属于中国工业发展的潜在行业范围之内，故东部地区可选择将这五个行业视为转型的重点；其次，黑色金属冶炼及压延加工业、通用设备制造业、交通运输设备制造业、其他制造业、化学原料及化学制品制造业，属于中国工业发展的潜在行业范围之内，故东部地区可选择将这五个行业视为升级的重点。

二、　中部地区

将 2007—2016 年全国、中部地区工业 36 个细分行业的产值代入偏离—份额分析法的公式（2-3）～（2-10），计算出 2007—2016 年中部地区工业 36 个细分行业的份额分量（N_{ij}）、结构偏离分量（P_{ij}）、竞争力偏离分量（D_{ij}）、总偏离分量（PD_{ij}）以及实际增长量（G_{ij}）的平均值，进而可以构造出偏离—份额分析表。

表 10-1 2007—2016 年中国东部地区工业 36 个细分行业偏离—份额分析表①

行业	N_{ij}	P_{ij}	D_{ij}	PD_{ij}	G_{ij}	行业	N_{ij}	P_{ij}	D_{ij}	PD_{ij}	G_{ij}
1	8.80	61.39	-225.58	-164.20	-155.39	19	301.92	3884.09	-198.00	3686.09	3988.01
2	0.45	-105.11	-97.31	-202.43	-201.98	20	24.21	1219.44	-83.40	1136.04	1160.25
3	1.59	168.55	-58.26	110.29	111.88	21	2.58	392.59	15.88	408.47	411.06
4	0.55	94.59	-5.61	88.98	89.53	22&23	38.95	1335.70	-56.91	1278.79	1317.74
5	0.71	113.65	-57.93	55.73	56.44	24	117.86	1892.90	-606.70	1286.19	1404.06
6	0.00	1.15	0.85	2.00	2.00	25	65.55	3800.10	954.23	4754.33	4819.89
7	16.83	858.52	-134.44	724.08	740.91	26	26.23	2165.09	837.69	3002.78	3029.01
8	8.47	409.35	-206.59	202.77	211.24	27	67.74	1955.97	-280.99	1674.98	1742.73
9	1.78	211.17	5.64	216.81	218.59	28	104.60	2020.95	-177.36	1843.59	1948.19
10	74.77	1492.92	-355.76	1137.15	1211.92	29	52.71	1672.83	-54.04	1618.79	1671.50
11	25.48	1158.54	-240.47	918.07	943.55	30	341.51	4070.73	-225.89	3844.84	4186.35
12	9.28	604.27	-131.93	472.34	481.62	31	251.57	3344.95	-652.75	2692.20	2943.77
13	7.18	717.56	123.31	840.87	848.05	32	361.27	3896.08	-1391.14	2504.94	2866.20
14	3.38	492.03	-13.15	478.88	482.26	33	3.94	406.91	-55.42	351.50	355.43
15	9.47	553.55	-97.57	455.98	465.44	34	0.27	94.53	-23.52	71.02	71.29
16	3.17	509.83	-39.24	470.60	473.77	35	109.55	1860.86	122.06	1982.93	2092.47
17	17.24	1180.71	-199.45	981.25	998.49	36	1.69	333.73	-74.02	259.71	261.41
18	39.98	1122.93	236.57	1359.50	1399.48						

① 表 10-1 中显示的 N_{ij}、P_{ij}、D_{ij}、PD_{ij}、G_{ij} 五个量值,取得是 2007—2008 年、2008—2009 年、2009—2010 年、2010—2011 年、2011—2012 年、2012—2013 年、2013—2014 年、2014—2015 年、2015—2016 年 9 个时间同周期计算结果的平均值。其余涉及这 5 个量值的表格与之相同。

表 10-2　基于"一带一路"和国际分工视角的中国东部地区工业转型升级行业选择

行业类别	东部地区可选择转型的行业	行业类别	东部地区可选择升级的行业
资本密集型行业	24 26 27 29 31	资本密集型行业	25 28 30 34
—	—	技术密集型行业	19

如表 10-3 所示，2007—2016 年中部地区 36 个行业实际增长量 G_{ij} 的平均值排名前 10 的行业有非金属矿物制品业、电气机械及器材制造业、交通运输设备制造业、有色金属冶炼及压延加工业、黑色金属冶炼及压延加工业、通用设备制造业、专用设备制造业、金属制品业、电子及通信设备制造业以及化学原料及化学制品制造业。

通过将中国中部地区发展排名位于前 10 位的行业与基于"一带一路"和国际分工视角选择出的 14 个中国工业发展的潜在行业进行对比分析（见表 10-4）可以看出：首先，非金属矿物制品业、有色金属冶炼及压延加工业、金属制品业、专用设备制造业、电气机械及器材制造业，不属于中国工业发展潜在行业的范围之内，中部地区可选择将这五个行业视为转型的重点；其次，黑色金属冶炼及压延加工业、通用设备制造业、交通运输设备制造业、化学原料及化学制品制造业、电子及通信设备制造业，属于中国工业发展潜在行业的范围之内，中部地区可选择将这五个行业视为升级的重点。

三、 西部地区

将 2007—2016 年全国、西部地区工业 36 个细分行业的产值代入到偏离—份额分析法的公式（2-3）～（2-10），计算出 2007—2016 年西部地区工业 36 个细分行业的份额分量（N_{ij}）、结构偏离分量（P_{ij}）、竞争力偏离分量（D_{ij}）、总偏离分量（PD_{ij}）以及实际增长量（G_{ij}）的平均值，进而可以构造出偏离—份额分析表。

表 10-3　2007—2016 年中国中部地区工业 36 个细分行业偏离—份额分析表

行业	N_{ij}	P_{ij}	D_{ij}	PD_{ij}	G_{ij}	行业	N_{ij}	P_{ij}	D_{ij}	PD_{ij}	G_{ij}
1	16.73	280.36	-276.30	4.06	20.79	19	76.98	1372.58	367.28	1739.86	1816.84
2	0.11	-33.58	-38.55	-72.13	-72.02	20	9.69	627.28	115.69	742.97	752.66
3	0.48	104.75	33.33	138.08	138.56	21	0.14	12.51	-8.68	3.83	3.97
4	1.01	188.96	5.78	194.74	195.75	22&23	9.77	634.13	293.78	927.90	937.67
5	0.62	185.43	40.49	225.92	226.54	24	68.12	1970.75	603.50	2574.25	2642.37
6	0.00	0.09	-0.24	-0.15	-0.15	25	23.07	1213.38	123.79	1337.17	1360.25
7	7.93	642.22	184.08	826.30	834.24	26	27.31	1711.31	-363.27	1348.04	1375.36
8	5.17	489.25	123.90	613.14	618.32	27	11.98	700.33	322.68	1023.01	1034.99
9	1.27	150.61	4.21	154.82	156.09	28	19.82	845.02	446.20	1291.22	1311.04
10	13.29	654.66	333.89	988.55	1001.84	29	20.28	921.69	273.79	1195.48	1215.76
11	4.72	526.93	275.60	802.52	807.24	30	100.50	1624.61	402.90	2027.51	2128.01
12	2.37	380.63	196.04	576.67	579.04	31	49.58	1413.58	678.41	2092.00	2141.58
13	3.14	294.98	35.24	330.21	333.35	32	37.00	1305.39	889.66	2195.05	2232.05
14	0.98	269.77	125.06	394.83	395.81	33	0.48	112.01	54.34	166.36	166.84
15	2.49	234.94	63.47	298.41	300.90	34	0.10	81.67	40.04	121.71	121.81
16	1.28	294.15	76.07	370.21	371.49	35	40.80	389.16	-276.73	112.43	153.22
17	2.79	402.33	184.31	586.64	589.44	36	0.45	106.32	-1.85	104.48	104.93
18	11.84	181.00	-91.07	89.92	101.76						

表10-4 基于"一带一路"倡议和国际分工视角的中国中部地区工业转型升级行业选择

行业分类	中部地区可选择转型的行业	行业分类	中部地区可选择升级的行业
资本密集型行业	24 26 27 29 31	资本密集型行业	25 28 30
—	—	技术密集型行业	19 32

如表10-5所示，2007—2016年西部地区工业36个细分行业实际增长量 G_{ij} 的平均值排名前10的行业包括：煤炭开采和洗选业、电热力及水生产供应业、饮料制造业、非金属矿物制品业、交通运输设备制造业、黑色金属冶炼及压延加工业、有色金属冶炼及压延加工业、电气机械及器材制造业、电子及通信设备制造业以及化学原料及化学制品制造业。

通过将西部地区发展排名前10的行业与基于"一带一路"和国际分工视角选择出的14个中国工业发展的潜在行业进行对比（见表10-6）可以看出：首先，煤炭开采和洗选业、电热力及水生产供应业、饮料制造业、非金属矿物制品业、有色金属冶炼及压延加工业、电气机械及器材制造业，不属于中国工业发展潜在行业的范围之内，西部地区可将这6个行业视为转型的重点；其次，黑色金属冶炼及压延加工业、交通运输设备制造业、化学原料及化学制品制造业、电子及通信设备制造业，属于中国工业发展潜在行业的范围之内，西部地区可将这4个行业视为升级的重点。

四、 东北地区

将2007—2016年全国、东北地区工业36个细分行业的产值代入到偏离—份额分析法的公式（2-3）～（2-10），计算出2007—2016年东北地区工业36个细分行业的份额分量（N_{ij}）、结构偏离分量（P_{ij}）、竞争力偏离分量（D_{ij}）、总偏离分量（PD_{ij}）以及实际增长量（G_{ij}）的平均值，进而可以构造出偏离—份额分析表。

表10-5 2007—2016年中国西部地区工业36个细分行业偏离—份额分析表

行业	N_{ij}	P_{ij}	D_{ij}	PD_{ij}	G_{ij}	行业	N_{ij}	P_{ij}	D_{ij}	PD_{ij}	G_{ij}
1	8.42	813.73	592.98	1406.71	1415.13	19	54.83	837.85	108.53	946.38	1001.21
2	-0.84	115.96	243.31	359.28	358.43	20	6.84	366.76	-0.20	366.56	373.40
3	0.43	171.50	107.94	279.45	279.88	21	0.13	28.50	9.14	37.64	37.77
4	0.73	152.55	19.95	172.50	173.23	22&23	4.75	317.82	152.65	470.48	475.23
5	0.44	160.83	59.22	220.05	220.49	24	34.27	1012.99	326.14	1339.13	1373.40
6	0.00	1.02	-0.09	0.93	0.93	25	17.98	1063.52	-51.88	1011.65	1029.62
7	5.17	333.36	31.28	364.64	369.81	26	18.06	1161.41	-211.75	949.65	967.71
8	6.04	564.28	136.12	700.39	706.43	27	6.37	322.61	119.31	441.92	448.30
9	1.61	177.95	-7.56	170.39	172.00	28	11.75	333.28	91.34	424.62	436.37
10	5.55	185.29	49.90	235.19	240.74	29	8.67	289.26	5.36	294.62	303.29
11	0.82	83.60	39.57	123.17	123.99	30	85.92	1279.87	224.11	1503.97	1589.90
12	0.65	43.09	-8.58	34.51	35.16	31	21.48	501.93	175.75	677.68	699.16
13	1.79	259.96	113.21	373.17	374.96	32	33.27	1018.43	624.06	1642.48	1675.75
14	0.52	83.17	5.98	89.15	89.67	33	0.26	45.81	14.40	60.21	60.48
15	1.21	140.52	57.57	198.08	199.29	34	0.06	27.37	-0.91	26.46	26.53
16	0.60	118.00	14.22	132.22	132.83	35	40.75	861.53	223.32	1084.85	1125.60
17	0.66	119.05	68.22	187.27	187.93	36	0.62	258.80	112.54	371.34	371.96
18	12.34	340.62	69.99	410.61	422.95						

表 10-6 基于"一带一路"倡议和国际分工视角的中国西部地区工业转型升级行业选择

行业类别	西部地区可选择转型的行业	行业类别	西部地区可选择升级的行业
资源密集型行业	01 35	资本密集型行业	25 30
劳动密集型行业	08	技术密集型行业	19 32
资本密集型行业	24 26 31		

如表 10-7 所示，2007—2016 年中国东北地区 36 个行业实际增长量 G_{ij} 的平均值排名位于前 10 位的行业包括：有色金属矿采选业、木材及竹材采运业、电热力及水生产供应业、食品加工及制造业、饮料制造业、造纸及纸制品业、交通运输设备制造业、烟草加工业、医药制造业以及仪器仪表及文化办公用机械制造业。

通过将中国东北地区发展排名前 10 的行业与基于"一带一路"和国际分工视角选择出的 14 个中国工业发展的潜在行业进行对比（见表 10-8）可以看出：首先，木材及竹材采运业、电热力及水生产供应业、饮料制造业、烟草加工业、医药制造业，不属于中国工业发展的潜在行业范围，东北地区可选择将这五个行业视为转型的重点；其次，有色金属矿采选业、食品加工及制造业、造纸及纸制品业、交通运输设备制造业以及仪器仪表及文化办公用机械制造业，属于中国工业发展的潜在行业范围，东北地区可选择将这五个行业视为升级的重点。

第三节 中国分省份工业转型升级的行业选择

相对中国东部地区、中部地区、西部地区以及东北地区整体工业而言，中国 31 个省份各自有着自身的工业发展特点以及主要发展的工业行业。因此，可运用偏离—份额分析法，首先将中国 31 个省份各自发展排名位于前 10 的行业筛选出来，之后与基于"一带一路"和国际分工视角选择出的中国工业发展的 14 个潜在行业进行对比，最终为中国东部 10 省（市）、中部 6 省、西部 12 省（区、市）以及东北三省选择出各自亟待转型和升级的工业行业。

表10-7　2007—2016年中国东北地区工业36个细分行业偏离—份额分析表

行业	N_{ij}	P_{ij}	D_{ij}	PD_{ij}	G_{ij}	行业	N_{ij}	P_{ij}	D_{ij}	PD_{ij}	G_{ij}
1	2.93	9.69	-91.23	-81.55	-78.62	19	31.81	171.75	-277.80	-106.05	-74.24
2	-0.18	-142.00	-107.45	-249.45	-249.63	20	4.93	231.27	-32.09	199.18	204.10
3	0.66	11.59	-83.01	-71.42	-70.76	21	0.07	-6.18	-16.35	-22.53	-22.46
4	0.20	16.12	-20.12	-4.00	-3.80	22&23	4.17	-229.13	-389.52	-618.65	-614.48
5	0.23	12.28	-41.77	-29.50	-29.26	24	24.32	196.64	-322.93	-126.29	-101.97
6	0.00	-0.29	-0.52	-0.80	-0.80	25	16.40	274.00	-1026.15	-752.15	-735.76
7	2.90	91.32	-80.91	10.41	13.30	26	3.40	70.42	-262.67	-192.25	-188.85
8	1.83	79.08	-53.43	25.66	27.49	27	6.35	53.17	-161.01	-107.83	-101.49
9	0.18	18.11	-2.30	15.81	15.99	28	17.56	21.94	-360.18	-338.25	-320.69
10	1.60	12.51	-28.02	-15.50	-13.91	29	8.75	67.81	-225.11	-157.30	-148.55
11	1.43	5.20	-74.71	-69.50	-68.08	30	81.77	657.77	-401.12	256.65	338.42
12	0.32	-29.55	-55.54	-85.08	-84.76	31	14.72	42.81	-201.41	-158.60	-143.89
13	2.28	-77.91	-271.76	-349.66	-347.38	32	7.43	-1.18	-122.58	-123.76	-116.33
14	0.41	-55.43	-117.89	-173.31	-172.91	33	0.18	8.48	-13.33	-4.84	-4.66
15	0.53	13.59	-23.47	-9.88	-9.35	34	0.02	-5.54	-15.62	-21.16	-21.13
16	0.20	-15.99	-51.05	-67.04	-66.85	35	15.23	177.73	-68.65	109.07	124.31
17	0.43	-18.02	-53.08	-71.09	-70.67	36	0.16	3.19	-36.68	-33.48	-33.32
18	13.27	92.68	-215.48	-122.80	-109.53						

表 10-8 基于"一带一路"和国际分工视角的中国东北地区工业转型升级行业选择

行业类别	东北地区可选择转型的行业	行业类别	东北地区可选择升级的行业
资源密集型行业	06 35	资源密集型行业	04
劳动密集型行业	08	劳动密集型行业	07 15
资本密集型行业	—	资本密集型行业	30
技术密集型行业	09 20	技术密集型行业	33

一、 东部10省（市）

如表 10-9 所示，将 2007—2016 年全国、东部 10 省（市）工业 36 个细分行业的产值代入到偏离—份额分析法的公式（2-3）~（2-10），计算出 2007—2016 年东部 10 省（市）工业 36 个细分行业份额分量（N_{ij}）、结构偏离分量（P_{ij}）、竞争力偏离分量（D_{ij}）、总偏离分量（PD_{ij}）以及实际增长量（G_{ij}）的平均值，进一步可通过观察 2007—2016 年东部 10 省（市）工业 36 个细分行业实际增长量 G_{ij} 的平均值排名情况，来确定东部 10 省（市）工业发展排名前 10 位的行业。

表 10-9 2007—2016 年中国东部 10 省（市）工业 36 个行业实际增长量 G_{ij}
平均值排名前 10 位情况

省份	行业	G_{ij}	省份	行业	G_{ij}	省份	行业	G_{ij}	省份	行业	G_{ij}
北京	30	539.86	天津	30	305.13	河北	25	575.33	上海	30	324.32
	35	512.71		07	232.18		27	410.32		09	88.40
	20	58.63		27	123.79		30	358.06		36	51.88
	36	48.35		28	106.65		31	222.43		20	15.84
	17	15.48		18	106.32		10	166.73		02	-2.86
	34	4.65		17	102.58		19	166.67		07	-4.80
	03	3.53		19	90.66		29	145.10		14	-5.46
	09	1.89		29	89.33		28	131.95		34	-6.43
	07	-0.01		22&23	77.59		12	125.95		12	-10.39
	13	-0.05		31	67.48		18	115.79		15	-12.61

续表

省份	行业	G_{ij}	省份	行业	G_{ij}	省份	行业	G_{ij}	省份	行业	G_{ij}
江苏	31	1750.30	浙江	26	426.60	福建	10	313.56	山东	19	1721.16
	25	1741.91		25	411.74		24	266.44		18	1052.62
	19	1488.92		30	333.87		12	253.60		26	771.85
	30	1075.69		35	220.74		17	244.31		30	752.61
	26	776.73		19	209.97		26	226.24		28	643.86
	28	696.34		31	198.84		35	207.02		10	641.95
	29	663.39		17	101.55		31	158.04		27	638.02
	32	557.11		14	92.95		25	155.62		29	548.60
	33	461.49		36	52.90		19	153.09		25	547.71
	27	453.77		21	49.02		07	151.17		22&23	491.70
广东	32	1572.52	海南	35	25.20						
	26	514.36		20	13.72						
	22&23	496.01		19	10.00						
	30	436.79		24	7.90						
	31	421.35		18	4.72						
	35	416.29		31	4.51						
	28	386.61		36	4.28						
	25	363.54		15	3.40						
	24	293.56		09	2.87						
	19	290.98		16	1.47						

　　将中国东部10省（市）各自发展排名前10位的行业与基于"一带一路"和国际分工视角选择出的14个中国工业发展的潜在行业进行对比（见表10-10）可以看出：东部10省（市）可选择转型的行业个数排名情况为：海南7个=浙江7个=北京7个>福建6个>广东5个=上海5个=天津5个>河北4个=山东4个=江苏4个；可选择升级的行业个数排名情况为：海南3个=浙江3个=北京3个<福建4个<广东5个=上海5个=天津5个<河北6个=山东6个=江苏6个。

　　进一步分析发现，东部地区10个省（市）可选择转型的行业个数与可选择升级的行业个数基本持平，说明东部10省（市）作为中国经济发展的发达地区，其工业发展的方向应是转型和升级并重。

表 10-10 基于"一带一路"和国际分工视角的中国东部 10 省（市）工业转型升级行业选择

省份	东部 10 省（市）可选择转型升级的行业	省份	东部 10 省（市）可选择转型升级的行业
北京	转型行业：03、09、13、17、20、35、36 升级行业：07、30、34	浙江	转型行业：14、17、21、26、31、35、36 升级行业：19、25、30
天津	转型行业：17、22&23、27、29、31 升级行业：07、18、19、28、30	福建	转型行业：12、17、24、26、31、35 升级行业：07、10、19、25
河北	转型行业：12、27、29、31 升级行业：10、18、19、25、28、30	山东	转型行业：22&23、26、27、29 升级行业：10、18、19、25、28、30
上海	转型行业：09、12、14、20、36 升级行业：02、07、15、30、34	广东	转型行业：22&23、24、26、31、35 升级行业：02、19、25、30、32
江苏	转型行业：26、27、29、31 升级行业：19、25、28、30、32、33	海南	转型行业：09、16、20、24、31、35、36 升级行业：15、18、19

二、 中部 6 省

如表 10-11 所示，将 2007—2016 年中国中部 6 省工业 36 个细分行业的产值代入到偏离—份额分析法的公式（2-3）~（2-10），计算出 2007—2016 年中部 6 省工业 36 个细分行业的份额分量（N_{ij}）、结构偏离分量（P_{ij}）、竞争力偏离分量（D_{ij}）、总偏离分量（PD_{ij}）以及实际增长量（G_{ij}）的平均值，进一步观察 2007—2016 年中部 6 省工业 36 个细分行业实际增长量 G_{ij} 的平均值排名情况，确定中部 6 省工业发展排名位于前 10 位的行业。

表 10-11 2007—2016 年中国中部 6 省工业 36 个行业实际增长量 G_{ij} 平均值排名前 10 位情况

省份	行业	G_{ij}	省份	行业	G_{ij}	省份	行业	G_{ij}
山西	25	216.03	安徽	31	658.06	江西	26	651.74
	01	194.97		32	397.05		31	452.83
	32	121.31		26	383.46		24	386.94
	26	111.74		28	353.75		19	328.48
	35	67.86		30	348.11		32	290.24
	36	30.12		24	324.30		11	222.33
	03	22.53		19	259.53		10	167.07
	31	18.87		22&23	253.21		22&23	151.08
	02	10.69		29	235.25		30	144.15
	30	10.48		25	230.09		28	125.72

续表

省份	行业	G_{ij}	省份	行业	G_{ij}	省份	行业	G_{ij}
河南	24	1091.80	湖北	30	716.87	湖南	32	444.60
	32	697.75		19	543.41		24	371.78
	25	573.16		24	457.66		30	363.84
	30	544.57		10	329.97		29	322.42
	31	512.10		32	281.11		19	309.82
	29	460.48		08	261.29		31	250.99
	28	455.46		31	248.73		28	238.24
	19	439.90		27	213.31		25	187.60
	07	361.73		22&23	205.92		27	175.63
	27	331.01		07	183.08		26	152.64

通过将中国中部 6 省发展排名前 10 的行业与基于"一带一路"和国际分工视角选出的 14 个中国工业发展的潜在行业进行对比分析（见表 10-12）可以看出：中部 6 省可选择转型的行业个数排名情况为：山西 6 个＞安徽 5 个＝湖南 5 个＝湖北 5 个＞河南 4 个＝江西 4 个；可选择升级的行业个数排名情况为：山西 4 个＜安徽 5 个＝湖南 5 个＝湖北 5 个＜河南 6 个＝江西 6 个。

进一步分析发现，中部地区 6 个省份转型的行业个数与升级的行业个数同样基本持平，说明中部 6 省作为中国经济发展的次发达地区，工业的发展方向与东部地区一样，应采取转型和升级并重的发展方式。

表 10-12　基于"一带一路"和国际分工视角的中国中部 6 省工业转型升级行业选择

省份	中部 10 省可选择转型升级的行业	省份	中部 10 省可选择转型升级的行业
山西	转型行业：01、03、26、31、35、36 升级行业：02、25、30、32	河南	转型行业：24、27、29、31 升级行业：07、19、25、28、30、32
安徽	转型行业：22&23、24、26、29、31 升级行业：19、25、28、30、32	湖北	转型行业：08、22&23、24、27、31 升级行业：07、10、19、30、32
江西	转型行业：22&23、24、26、31 升级行业：10、11、19、28、30、32	湖南	转型行业：24、26、27、29、31 升级行业：19、25、28、30、32

三、 西部12省（区、市）

如表10-13所示，将2007—2016年中国西部12省（区、市）工业36个细分行业的产值代入到偏离—份额分析法的公式（2-3）~（2-10），计算出2007—2016年西部12省（区、市）工业36个细分行业的份额分量（N_{ij}）、结构偏离分量（P_{ij}）、竞争力偏离分量（D_{ij}）、总偏离分量（PD_{ij}）以及实际增长量（G_{ij}）的平均值，进一步可通过观察2007—2016年西部12省（区、市）工业36个细分行业实际增长量G_{ij}的平均值排名情况，来确定西部12省（区、市）工业发展排名位于前10位的行业。

表10-13　2007—2016年中国西部12省（区、市）工业36个行业

实际增长量G_{ij}平均值排名前10位情况

省份	行业	G_{ij}	省份	行业	G_{ij}	省份	行业	G_{ij}	省份	行业	G_{ij}
内蒙古	01	475.19	广西	25	499.57	重庆	32	741.06	四川	32	454.37
	35	191.75		30	299.25		30	700.15		30	388.82
	02	185.69		32	274.46		24	157.09		24	330.42
	36	157.45		13	256.31		26	157.06		08	291.11
	19	118.28		24	244.06		31	141.39		19	243.63
	02	83.53		31	143.45		22&23	102.60		28	195.08
	03	79.79		19	125.62		27	101.01		25	170.10
	24	53.76		18	116.30		28	99.06		35	165.06
	04	53.62		26	98.20		25	96.45		27	125.29
	31	42.61		35	80.18		19	82.86		31	125.23
贵州	01	309.66	云南	35	132.73	西藏	24	5.18	陕西	01	385.61
	24	215.41		26	77.74		04	3.91		24	188.77
	08	165.52		09	73.43		35	3.52		26	180.73
	25	121.04		24	58.98		08	3.30		19	173.12
	26	94.42		01	47.73		07	1.08		25	169.79
	32	92.24		08	37.19		17	0.50		30	140.29
	19	74.55		07	31.32		16	0.47		35	110.96
	35	71.98		17	28.43		20	0.29		32	107.52
	05	54.40		30	26.55		19	0.17		22&23	101.32
	22&23	50.96		20	23.29		10	0.14		31	100.34

续表

省份	行业	G_{ij}	省份	行业	G_{ij}	省份	行业	G_{ij}	省份	行业	G_{ij}
甘肃	26	248.29	青海	26	84.19	宁夏	18	93.98	新疆	35	146.20
	02	69.68		35	52.86		01	69.22		03	144.82
	24	45.48		19	39.01		35	62.94		26	138.71
	35	33.48		25	26.79		25	51.22		19	81.04
	25	32.03		24	23.47		19	48.38		31	65.07
	01	31.76		31	21.39		10	37.83		24	45.75
	22&23	19.63		17	8.81		07	23.57		01	27.53
	27	17.52		08	8.08		36	19.15		36	23.97
	09	15.55		02	7.32		31	11.64		07	19.11
	32	11.02		07	6.81		08	5.20		18	18.04

通过将中国西部 12 省（区、市）发展排名前 10 的行业与基于"一带一路"和国际分工视角选择出的 14 个中国工业发展的潜在行业进行对比（如表 10-14 所示）可以看出，西部 12 省（区、市）可选择转型的行业个数排名情况为：云南 8 个＞贵州 7 个＝新疆 7 个＝甘肃 7 个＞陕西 6 个＝青海 6 个＝内蒙古 6 个＝西藏 6 个＞广西 5 个＝宁夏 5 个＝重庆 5 个＝四川 5 个；可选择升级的行业个数排名情况为：云南 2 个＜贵州 3 个＝新疆 3 个＝甘肃 3 个＜陕西 4 个＝青海 4 个＝内蒙古 4 个＝西藏 4 个＜广西 5 个＝宁夏 5 个＝重庆 5 个＝四川 5 个。

进一步分析发现，相对中国东部地区、中部地区的省份来说，西部 12 省（区、市）可选择转型的行业个数明显较多，说明西部地区 12 个省份工业经济的高质量发展在短期之内应当通过加大工业转型的力度来实现，并非急于对既有的主要发展的工业实施盲目的优化升级。

表 10-14　基于"一带一路"和国际分工视角的中国西部 12 省（区、市）工业转型升级行业选择

省份	西部 10 省（区、市）可选择转型升级的行业	省份	西部 10 省（区、市）可选择转型升级的行业
内蒙古	转型行业：01、03、24、31、35、36 升级行业：02、04、18、19	西藏	转型行业：08、16、17、20、24、35 升级行业：04、07、10、19
广西	转型行业：13、24、26、31、35 升级行业：18、19、25、30、32	陕西	转型行业：01、22&23、24、26、31、35 升级行业：19、25、30、32

续表

省份	西部10省(区、市)可选择转型升级的行业	省份	西部10省(区、市)可选择转型升级的行业
重庆	转型行业:22&23、24、26、27、31 升级行业:19、25、28、30、32	甘肃	转型行业:01、09、22&23、24、26、27、35 升级行业:02、25、32
四川	转型行业:08、24、27、31、35 升级行业:19、25、28、30、32	青海	转型行业:08、17、24、26、31、35 升级行业:02、07、19、25
贵州	转型行业:01、05、08、22&23、24、26、35 升级行业:19、25、32	宁夏	转型行业:01、08、31、35、36 升级行业:07、10、18、19、25
云南	转型行业:01、08、09、17、20、24、26、35 升级行业:07、30	新疆	转型行业:01、03、24、26、31、35、36 升级行业:07、18、19

四、 东北三省

如表 10-15 所示,将 2007—2016 年中国东北三省工业 36 个细分行业的产值代入到偏离—份额分析法的公式 (2-3)~(2-10),计算出 2007—2016 年东北三省工业 36 个细分行业的份额分量 (N_{ij})、结构偏离分量 (P_{ij})、竞争力偏离分量 (D_{ij})、总偏离分量 (PD_{ij}) 以及实际增长量 (G_{ij}) 的平均值,通过观察 2007—2016 年东北三省工业 36 个细分行业的实际增长量 G_{ij} 的平均值排名情况,来确定东北三省工业发展排名位于前 10 的行业。

表 10-15　2007—2016 年中国东北三省工业 36 个行业实际增长量 G_{ij} 平均值排名前 10 位情况

省份	行业	G_{ij}	省份	行业	G_{ij}	省份	行业	G_{ij}
黑龙江	24	52.48	吉林	30	324.76	辽宁	30	62.22
	35	37.14		20	247.57		35	9.61
	19	34.97		24	200.58		09	2.24
	12	27.85		29	90.97		06	-0.29
	13	25.79		35	77.56		36	-3.31
	17	16.00		28	67.62		33	-11.25
	27	15.85		27	57.07		21	-15.15
	08	13.55		07	56.97		15	-27.66
	07	12.18		08	54.88		34	-27.80
	10	11.82		31	53.51		04	-33.35

通过将中国东北三省发展排名位于前 10 的行业与基于"一带一路"和国际分工视角选择出的 14 个中国工业发展的潜在行业进行对比（如表 10-16 所示）可以看出，东北三省可选择转型的行业个数排名情况为：黑龙江 7 个=吉林 7 个>辽宁 5 个；可选择升级的行业个数排名情况为：黑龙江 3 个=吉林 3 个<辽宁 5 个。

进一步分析发现，东北三省虽然作为老牌的工业基地，工业是其经济发展的命脉，但随着中国工业经济整体由高速增长阶段转向高质量发展阶段，以往东北三省主要发展的行业已经不再适应新型发展趋势，应当进行转型的行业个数要大于升级的行业个数。这表明东北三省工业经济的高质量发展同样应当通过加大工业转型的力度来实现。

表 10-16　基于"一带一路"和国际分工视角的中国东北三省工业转型升级行业选择

省份	东北三省可选择转型升级的行业	省份	东北三省可选择转型升级的行业
黑龙江	转型行业：08、12、13、17、24、27、35 升级行业：07、10、19	辽宁	转型行业：06、09、21、35、36 升级行业：04、15、30、33、34
吉林	转型行业：08、20、24、27、29、31、35 升级行业：07、28、30		

第十一章
"一带一路"倡议下中国物流业国际空间关联分析

2013 年 9 月，习近平主席先后提出共建"丝绸之路经济带"和"21 世纪海上丝绸之路"（简称"一带一路"）重大倡议，得到了国际社会的广泛关注。"一带一路"倡议是中国面向全球提出的多边贸易合作倡议，旨在加强中国与其沿线国家之间的沟通联系，形成互利共赢的良好局面。目前，"21 世纪海上丝绸之路"共包含两条主要线路，一是由中国至印度洋；二是由中国至南太平洋，作为"一带一路"沿线各国的重要节点，致力于建设国际运输新通道。"丝绸之路经济带"共包含三条主要线路，一是由中国经中亚各国至欧洲波罗的海；二是由中国经西亚各国至波斯湾和地中海；三是由中国经南亚各国至印度洋，同为"一带一路"沿线各国的整合优势，致力于打造国际经济合作走廊。"一带一路"倡议是开放包容、合作发展的全新概念，秉持共商、共建、共享的原则，拓展原有的贸易模式，推进沿线各国的区域合作，加速沿线国家间的互联互通，是实现全球共同发展的愿景与目标。根据"一带一路"沿线国家名单，筛选出世界投入产出表中 23 个"一带一路"沿线国家作为研究对象（见附录 5）。

第一节　世界投入产出表中独立物流业部门的调整

一、　数据来源及产品部门归并

（一）数据来源

数据主要涉及中国物流业政策、规模、需求结构等数据，主要来源于2014—2020 年《中国物流年鉴》、国家统计局官网、Wind 数据库。中国与"一带一路"沿线国家之间贸易量、物流基础设施等数据，主要来源于中国"一带一路"网、联合国商品贸易统计数据库（UN Comtrade）、世界经济论坛《全球竞争力报告》、世界卫生组织（WHO）。2018 年中国投入产出表来源于国家统计局。2014 年世界投入产出表来源于世界投入产出数据库（WIOD），表中包含43个国家 56 个部门，GDP 总和占全球 GDP 的 85% 以上，将全球经济看作一个真正的封闭系统，能够清晰反映全球主要的经济活动，因此具有一定的代表性。

（二）产品部门的归并

2014 年世界投入产出表中涉及物流活动的部门有：陆路运输和管道运输、水上运输、航空运输、仓储和运输辅助活动、邮政和快递活动。参考 2018 年中国投入产出表，2017 年国家发展与改革委员会和中国物流业与采购联合会修订的《社会物流统计核算与报表制度》对物流业界定后，对其进行了重新归类。具体包括：道路货物运输、铁路货物运输、航空货物运输、水上货物运输、仓储和运输辅助活动、快递业等，同时对世界投入产出表其余产品部门进行归并（具体归并结果见附录 6）。

二、　物流业系数的调整

物流业的调整需要注意：一是世界投入产出表中涉及物流活动的部门包

含旅客运输,因此不能统称为物流业需要剥离出货物运输。二是世界投入产出表中的快递活动包含在邮政业内,同样需要进行调整处理。三是旅客运输与货物运输在与其他国家产业关联程度上存在差异,不适宜使用一个增加值调整系数对物流业进行剥离。由于短期内生产技术与产业之间的关系相对稳定,中国投入产出表中将货物运输与旅客运输进行了单独核算,因此可利用2018年中国投入产出表的相关系数对2014年世界投入产出表物流业进行调整。

(一)快递业收入占邮政业收入比例的估算

2018年中国投入产出表中的快递业包含在邮政业中,因此通过《2014年邮政行业发展统计公报》发布的数据计算出快递业收入与邮政业收入之间的比例,并对快递业进行单独剥离。2014年,邮政行业全年业务收入完成3203.3亿元,全年快递业务收入完成2045.4亿元,因此快递业收入对邮政业收入的比例系数为0.6385。

(二)陆路运输与管道运输、水上运输、航空运输中货物运输系数调整

2014年世界投入产出表中仓储与运输辅助活动可以直接归并到物流业中,而陆路运输与管道运输、水上运输、航空运输中包含旅客运输,需要与货物运输进行剥离拆分处理。利用2018年153个部门中国投入产出表中的数据并参照附录6划分的部门分类,计算出管道运输、铁路货物运输、道路货物运输、水上货物运输、航空货物运输的进口比例系数、出口比例系数、中国最终使用比例系数、中国各产业中间投入比例系数和中国各产业中间使用比例系数。具体计算公式及结果见表11-1、表11-2和表11-3。由于世界投入产出表中的陆路与管道运输将管道运输、铁路运输、道路运输包含在一个部门内,所以在计算比例系数的过程中,需要按照管道运输、道路运输、铁路运输顺序依次进行调整,计算比例系数时的分母分别为:管道运输分母=铁路旅客运输+铁路货物运输+道路货物运输+道路旅客运输+管道运输,道路运输分母=铁路旅客运输+铁路货物运输+道路货物运输+道路旅客运输,铁路运输分

母 = 铁路旅客运输 + 铁路货物运输 + 道路旅客运输如式（11-1）~（11-5）所示。

$$进口比例系数 = \frac{货物运输进口量}{货物运输进口量 + 旅客运输进口量} \tag{11-1}$$

$$出口比例系数 = \frac{货物运输出口量}{货物运输出口量 + 旅客运输出口量} \tag{11-2}$$

$$\begin{matrix} 中国各产业中间 \\ 投入比例系数 \end{matrix} = \frac{货物运输中间投入量}{货物运输中间投入量 + 旅客运输中间投入量} \tag{11-3}$$

$$\begin{matrix} 中国各产业中间 \\ 使用比例系数 \end{matrix} = \frac{货物运输中间使用量}{货物运输中间使用量 + 旅客运输中间使用量} \tag{11-4}$$

$$\begin{matrix} 最终使用 \\ 比例系数 \end{matrix} = \frac{货物运输最终使用量 - 货物运输出口量}{\left(\begin{matrix} 货物运输 \\ 最终使用量 \end{matrix} - \begin{matrix} 货物运输 \\ 出口量 \end{matrix}\right) + \left(\begin{matrix} 旅客运输 \\ 最终使用量 \end{matrix} - \begin{matrix} 旅客运输 \\ 出口量 \end{matrix}\right)} \tag{11-5}$$

表 11-1　中国与其他国家（地区）进口、出口、最终使用比例系数调整

产业部门	进口比例系数	出口比例系数	最终使用比例系数
铁路货物运输	0.0395	0.5330	0.0475
道路货物运输	0.0389	0.9006	0.6162
水上货物运输	0.4141	0.9922	0.4981
航空货物运输	0.0059	0.4451	0.1963
管道运输	0.0000	0.0390	0.0147

表 11-2　中国各产业部门中间投入比例系数调整

产业部门序号	铁路货物运输	道路货物运输	水上货物运输	航空货物运输	管道运输
1	0.3659	0.1013	1.0000	0.9889	0.1731
2	0.6262	0.0008	1.0000	0.6961	0.0000
3	0.1112	0.5801	0.5409	0.3850	0.1076
4	0.0944	0.1740	0.8254	0.2194	0.3081

续表

产业部门序号	铁路货物运输	道路货物运输	水上货物运输	航空货物运输	管道运输
5	0.0968	0.2437	0.9878	0.3070	0.0186
6	0.1335	0.2579	0.8721	0.2708	0.6046
7	0.0610	0.4763	0.7370	0.3616	0.4795
8	0.1692	0.8779	0.9523	0.4011	0.0146
9	0.5038	0.0555	0.9414	0.2842	0.4426
10	0.3774	0.0006	0.9950	0.2650	0.6306
11	0.0159	0.5768	0.9878	0.3118	0.0180
12	0.5881	0.4155	0.9993	1.0000	0.0399
13	0.8862	0.0024	0.9854	0.8650	0.3712
14	0.5921	0.0922	0.9670	0.8960	0.6960
15	0.1180	0.5294	0.9933	0.9447	0.0533
16	0.1287	0.1416	0.8891	0.9951	0.0404
17	0.4404	0.3666	0.9968	0.6650	0.4084
18	0.0000	0.8135	0.9683	0.8577	0.0037
19	0.3148	0.0791	0.9843	0.2878	0.0067
20	0.2596	0.3991	0.7787	0.7873	0.3371
21	0.0919	0.4513	0.9731	0.4001	0.9600
22	0.1128	0.0757	0.9437	0.9589	0.1052
23	0.6251	0.5752	0.9872	0.9495	0.0750
24	0.0855	0.6832	0.9608	0.4377	0.0250
25	0.2223	0.7028	0.9234	0.4438	0.0126
26	0.0487	0.7787	0.9462	0.4979	0.0166
27	0.1493	0.0606	0.3374	0.3010	0.0277
28	0.2951	0.4215	0.9541	0.2898	0.1295
29	0.2905	0.7827	0.9791	0.5977	0.0227
30	0.0698	0.6231	0.9273	0.8571	0.2264
31	0.0193	0.5997	0.8068	0.5296	0.1469
32	0.2651	0.2150	0.9906	0.9889	0.0000
33	0.2170	0.1101	0.9255	0.6624	0.0158

产业部门序号	铁路货物运输	道路货物运输	水上货物运输	航空货物运输	管道运输
34	0.1069	0.1146	0.9465	0.4639	0.1942
35	0.1080	0.5383	0.9980	0.2716	0.0333
36	0.2945	0.3089	0.9777	0.6874	0.0260

注：表中序号所代表的产业部门与附录3一致。

表11-3 中国各产业部门中间使用调整系数

产业部门序号	铁路货物运输	道路货物运输	水上货物运输	航空货物运输	管道运输
1	0.3744	0.6719	0.9432	0.3211	0.0178
2	0.7531	0.7378	0.9867	0.5547	0.0889
3	0.4510	0.8820	0.9676	0.4079	0.0029
4	0.2488	0.8640	0.9650	0.6819	0.0044
5	0.3106	0.8622	0.9696	0.3497	0.0126
6	0.6675	0.8994	0.9932	0.4977	0.0069
7	0.4179	0.8108	0.9996	0.3816	0.0048
8	0.9582	0.6900	0.9962	0.7071	0.7765
9	0.7250	0.8181	0.9804	0.4848	0.1878
10	0.0894	0.5824	0.7500	0.2037	0.0042
11	0.5981	0.7982	0.9732	0.4462	0.0266
12	0.6186	0.8129	0.9785	0.4588	0.0582
13	0.9236	0.7533	0.9961	0.7384	0.0240
14	0.4092	0.8278	0.9388	0.3528	0.0212
15	0.2883	0.8011	0.9837	0.6392	0.0057
16	0.4247	0.8189	0.9535	0.4967	0.0055
17	0.4601	0.7744	0.9679	0.4856	0.0119
18	0.5210	0.9022	0.9972	0.5854	0.0069
19	0.4774	0.8451	0.9735	0.5492	0.0149
20	0.3342	0.8268	0.9489	0.3913	0.0110
21	0.3366	0.7682	0.9680	0.4437	0.0389
22	0.7036	0.5699	0.9957	0.1798	0.2094
23	0.3050	0.8859	0.9308	0.1679	0.0307

续表

产业部门序号	铁路货物运输	道路货物运输	水上货物运输	航空货物运输	管道运输
24	0.2573	0.7037	0.9987	0.6703	0.0049
25	0.8386	0.8547	0.9994	0.9632	0.0634
26	0.0413	0.5305	0.9948	0.1675	0.0052
27	0.0238	0.2630	0.7815	0.0274	0.0087
28	0.0150	0.2281	0.7137	0.0470	0.0103
29	0.0060	0.1345	0.4170	0.0191	0.0296
30	0.0085	0.1752	0.9805	0.0183	0.0351
31	0.0082	0.1859	0.9784	0.0167	0.0295
32	0.0192	0.3458	0.8650	0.0590	0.0327
33	0.0127	0.3134	0.3168	0.0051	0.0158
34	0.0876	0.5082	0.9478	0.6445	0.0019
35	0.0329	0.3814	0.9480	0.1463	0.0162
36	0.0078	0.2785	0.5996	0.0107	0.0161

注：表中序号所代表的产业部门与附录3一致。

（三）物流业在世界投入产出表中的剥离方法

以2014年世界投入产出表为基础，利用2018年中国投入产出表中不同运输方式下的旅客运输与货物运输相关数据，计算出前述中的比例系数，并从世界投入产出表中剥离出道路货物运输、铁路货物运输、管道运输、水上货物运输、航空货物运输。具体剥离步骤如图11-1所示。

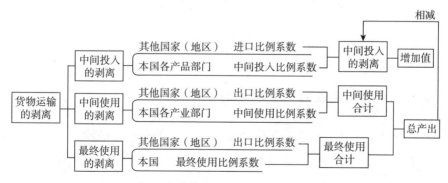

图11-1　投入产出表中货物运输剥离的具体步骤

三、 调整后的独立物流业部门的世界投入产出表

剥离后的道路货物运输、铁路货物运输、管道运输、水上货物运输、航空货物运输与仓储和运输辅助活动、快递业合并成物流业。包含独立物流业的世界投入产出简表（见表11-4），其中，第Ⅰ象限是中间使用象限，反映了各国不同产业部门与物流业产品的供给与使用情况；第Ⅱ象限是最终使用象限，反映了各国不同产业部门与物流业的产品或服务用于最终使用的情况；第Ⅲ象限反映各国不同产业和物流业的增加值的构成。表11-4与WIOD发布的2014年世界投入产出表的主要区别在于，在各个国家56个部门分类基础上增加了物流业，将物流业作为独立的产业部门，直观地展示了物流经济的运行过程及其与各个国家不同产业之间的关联。

第二节 中国物流业与"一带一路"沿线
国家的空间关联分析

衡量中国物流业的空间关联指标包括：后向关联度、前向关联度和对外依存度。从生产的角度，使用后向关联度和前向关联度测算中国物流业的空间关联分布；从增加值的角度，使用对外依存度测度中国物流业的空间关联分布，二者相互结合起到补充作用。基于独立物流业部门的世界投入产出表的数据，分别从中国物流业的后向关联、前向关联和对外依存度，分析中国物流业与"一带一路"沿线国家（见附录5）的空间关联分布。

一、 中国物流业空间分布的前后向关联度分析

（一） 中国物流业后向关联度的空间分析

中国物流业后向关联反映我国物流业对"一带一路"沿线国家的产品及服务消耗，也反映出我国物流业对"一带一路"沿线国家的依赖程度及经济拉动作用，利用直接消耗系数和完全消耗系数进行度量。

表 11-4 独立物流业部门的世界投入产出简表

				中间使用							最终使用				总产出
			A 国 (农林牧渔 / 采矿业 / 制造业 / … / 物流业)	B 国 (农林牧渔 / 采矿业 / 制造业 / … / 物流业)	…	ROW (农林牧渔 / 采矿业 / 制造业 / … / 物流业)					A 国	B 国	…	ROW	
中间投入	A 国	农林牧渔 / 采矿业 / 制造业 / … / 物流业	Z^{AA}	Z^{AB}	…	Z^{AR}					F^{AA}	F^{AB}	…	F^{AR}	X^A
	B 国	农林牧渔 / 采矿业 / 制造业 / … / 物流业	Z^{BA}	Z^{BB}	…	Z^{BR}					F^{BA}	F^{BB}	…	F^{BR}	X^B
	…		…	…	⋱	…					…	…	⋱	…	…
	ROW	农林牧渔 / 采矿业 / 制造业 / … / 物流业	Z^{RA}	Z^{RB}	…	Z^{RR}					F^{RA}	F^{RB}	…	F^{RR}	X^R
增加值			V^A	V^B	…	V^R									
总投入			X^A	X^B	…	X^R									

中国物流业直接后向关联度较高的"一带一路"沿线国家主要分布在东亚、东南亚、南亚等地区（见附录7）。具体到国家层面上，关联程度依次排序为韩国、印度尼西亚、印度、意大利、俄罗斯、奥地利、捷克、希腊、匈牙利、波兰、土耳其、卢森堡、罗马尼亚、斯洛伐克、保加利亚、葡萄牙、斯洛文尼亚、爱沙尼亚、拉脱维亚、立陶宛、克罗地亚、塞浦路斯、马耳他。在中国物流业的细分行业中，仓储和运输辅助活动与快递业的后向关联度相对较强，道路货物运输和管道运输的后向关联度相对较弱。除了韩国、印度尼西亚、俄罗斯、印度、意大利等关联度较强的国家以外，铁路货物运输、道路货物运输、管道运输直接后向关联度较高的"一带一路"沿线国家还有匈牙利、捷克等，水上货物运输、航空货物运输直接后向关联度较高的"一带一路"沿线国家还有奥地利、波兰等，仓储和运输辅助活动、快递业直接后向关联度较高的"一带一路"沿线国家有希腊、土耳其、卢森堡等。

中国物流业完全后向关联度较高的"一带一路"沿线国家主要分布在东亚、南亚、东南亚等国（见附录7）。具体到国家层面上，关联程度依次排序为韩国、俄罗斯、印度尼西亚、印度、意大利、土耳其、奥地利、波兰、捷克、卢森堡、匈牙利、希腊、罗马尼亚、葡萄牙、保加利亚、斯洛伐克、斯洛文尼亚、立陶宛、克罗地亚、拉脱维亚、爱沙尼亚、塞浦路斯、马耳他。在中国物流业的细分行业中，航空货物运输、水上货物运输、仓储和运输辅助活动完全后向关联度相对较强，道路货物运输和管道运输完全后向关联度相对较弱。除了韩国、印度尼西亚、俄罗斯、印度、意大利等完全后向关联度较强的国家以外，铁路货物运输、道路货物运输、管道运输、水上货物运输、航空货物运输、仓储和运输辅助活动、快递完全后向关联度较高的"一带一路"沿线国家还有土耳其、奥地利、波兰、捷克和希腊等。

通过上述分析说明：首先，从区域层面看中国物流业直接后向关联度、完全后向关联度较强的"一带一路"沿线国家分布区域基本一致，说明中国物流业主要消耗亚洲地区的产品和服务，中国物流业拉动着亚洲地区的经济发展；其次，从国家层面看中国物流业直接后向关联度较高的"一带一路"

沿线国家主要有韩国、印度尼西亚等，完全后向关联度较高的"一带一路"沿线国家主要有韩国、俄罗斯等，说明中国物流业与俄罗斯等之间存在着较强的间接后向联系；最后，不同物流行业后向关联度较强的"一带一路"沿线国家基本一致，主要为韩国、俄罗斯、印度尼西亚、印度、意大利、土耳其、奥地利等，且仅存在着较小的差异。综合考虑中国物流业与"一带一路"沿线国家关联程度，对直接消耗系数、完全消耗系数相加并排序（见附录8)，能够更为直观地反映中国物流业后向关联度的空间分布。

（二）中国物流业前向关联度的空间分析

中国物流业前向关联反映我国物流业为"一带一路"沿线国家提供生产支撑，也反映"一带一路"沿线国家对我国物流业的依赖程度及经济拉动作用，利用直接分配系数和完全分配系数进行度量。

中国物流业直接前向关联度较高的"一带一路"沿线国家主要分布在东亚、南欧、中东欧等地区（见附录7)。具体到国家层面上，关联程度依次排序为韩国、意大利、捷克、波兰、俄罗斯、希腊、奥地利、保加利亚、匈牙利、爱沙尼亚、卢森堡、印度尼西亚、罗马尼亚、拉脱维亚、斯洛伐克、土耳其、塞浦路斯、斯洛文尼亚、印度、葡萄牙、克罗地亚、立陶宛、马耳他。在中国物流业的细分行业中，航空货物运输、水上货物运输的直接前向关联度相对较强，仓储和运输辅助活动、快递业的直接后向关联度相对较弱，铁路货物运输、道路货物运输和管道运输前向关联度较高的"一带一路"沿线国家有波兰、俄罗斯和捷克等，水上货物运输前向关联度较高的"一带一路"沿线国家有奥地利、保加利亚等，航空货物运输、快递业、仓储和运输辅助活动前向关联度较高的"一带一路"沿线国家有韩国、意大利等。

中国物流业完全前向关联度较高的"一带一路"沿线国家主要分布在东亚、南亚、南欧等地区（见附录7)。具体到国家层面上，关联程度依次排序为韩国、印度、意大利、俄罗斯、印度尼西亚、土耳其、波兰、捷克、奥地利、匈牙利、希腊、罗马尼亚、斯洛伐克、葡萄牙、保加利亚、卢森堡、爱沙尼亚、斯洛文尼亚、立陶宛、拉脱维亚、克罗地亚、马耳他、塞浦路斯。

在中国物流业的细分行业中，航空货物运输、水上货物运输完全前向关联度相对较强，道路货物运输、快递业完全前向关联度相对较弱，铁路货物运输、道路货物运输和管道运输完全前向关联度较高的"一带一路"沿线国家有韩国、印度、印度尼西亚等，水上货物运输、快递业、仓储和运输辅助活动完全前向关联度较高的"一带一路"沿线国家有意大利、俄罗斯等，航空货物运输完全前向关联度较高的"一带一路"沿线国家有波兰、捷克等。

通过上述分析说明：首先，从区域层面上，尽管中国物流业直接前向关联度较强的"一带一路"沿线国家主要分布在欧洲地区，但完全前向关联度较高的"一带一路"沿线国家主要分布在亚洲地区，说明中国物流业与亚洲地区存在着较强的间接前向关联关系；其次，从国家层面看中国物流业直接前向关联度较高的"一带一路"沿线国家为韩国、意大利等，而完全前向关联度较高的"一带一路"沿线国家为韩国、印度等，说明中国物流业与印度的间接前向联系不容忽视；最后，不同物流业行业的前向关联度存在明显差异，如铁路货物运输、道路货物运输和管道运输前向关联度较高的"一带一路"沿线国家为波兰和俄罗斯，航空货物运输前向关联度较高的"一带一路"沿线国家为韩国和希腊。最后将直接分配系数、完全分配系数相加并排序（见附录8），能够更为直观地反映中国物流业前向关联度的空间分布。

二、 中国物流业空间分布的对外依存度分析

（一） 中国各产业部门对外依存度

为深入分析"一带一路"沿线国家的最终需求对中国物流业产生的经济增长贡献，从增加值的角度测算中国物流业的对外依存度。我国对外依存度较高的部门主要有：计算机、通信和其他电子设备制造业，家具制造业，纺织品、服装和皮革制品制造业，电气机械和器材制造业，橡胶和塑料制品业，化学原料、化学制品制造业，商务服务业，金属制品业，造纸和纸制品业，通用设备、专用设备制造业，批发零售业，物流业，金属冶炼和压延加工业，石油加工、炼焦和核燃料加工业，采矿业，木材加工和木竹藤棕草制品业，

铁路、船舶、航空航天和其他运输设备制造业，印刷和记录媒介复制业，电力、热力、燃气及水生产和供应业等。其中，中国物流业的对外依存度为26.27%，说明中国物流业增加值的26.27%是由其他"一带一路"沿线国家的最终需求所诱发。同时，中国物流业的对外依存度仅低于部分制造业，远超过国民经济平均水平（对外依存度平均值20.75%）。从表11-5中可以看出，在物流业细分行业中，除快递业外其余均高于国民经济平均水平，其中水上货物运输和航空货物运输的对外依存度分别达到了39.99%和53.54%，快递业的对外依存度相对较低为12.62%。总体来说，其他国家的最终需求变化对我国制造业的影响最大，对物流业的影响力相对较弱。因此，对我国物流业应该采取积极开放的策略，提升其嵌入全球价值链的能力和水平，有助于更好地促进我国经济增长。

表11-5　中国各产业部门对外依存度

产业部门	对外依存度/%
计算机、通信和其他电子设备制造业	62.12
家具制造业、其他制造业	60.99
纺织品、服装和皮革制品制造业	48.02
电气机械和器材制造业	37.58
橡胶和塑料制品业	36.53
化学原料、化学制品制造业	31.98
商务服务业	30.79
金属制品业	29.98
造纸和纸制品业	29.47
通用设备、专用设备制造业	29.21
批发零售业	26.90
物流业	26.27
金属冶炼和压延加工业	26.08
石油加工、炼焦和核燃料加工业	24.74
采矿业	24.24
木材加工和木竹藤棕草制品业	22.59

产业部门	对外依存度/%
铁路、船舶、航空航天和其他运输设备制造业	22.58
印刷和记录媒介复制业	21.99
电力、热力、燃气及水生产和供应业	20.97
金融业	18.09
交通运输、仓储和邮政业（除物流业外）	17.83
汽车制造业	14.34
科学研究和技术服务业	13.75
农、林、牧、渔业	13.26
非金属矿物制品业	13.23
食品、饮料和烟草制品制造业	11.88
住宿和餐饮业	11.14
居民服务和其他服务业	11.01
医药制造业	10.62
信息传输、软件和信息技术服务业	8.64
房地产业	6.22
公共管理、社会保障和社会组织	1.89
建筑业	1.18
教育	1.06
卫生和社会工作	0.77
机械设备修理业	0.00
出版业、广播、电视、电影和影视录音制作业	0.00

（二）中国物流业及其细分行业的对外依存度

进一步分析中国物流业对外依存度的空间分布可以发现，中国物流业对外依存度较高的"一带一路"沿线国家分布在东亚、中东欧、南亚等地区。具体到国家层面，对外依存度排名依次为韩国、俄罗斯、印度、印度尼西亚、意大利、土耳其、波兰、捷克、奥地利、希腊、罗马尼亚、葡萄牙、匈牙利、斯洛伐克、保加利亚、斯洛文尼亚、立陶宛、卢森堡、克罗地亚、爱沙尼亚、拉脱维亚、塞浦路斯、马耳他。在中国物流业的细分行业中，航空货物运输表现最为突出，对韩国的对外依存度已达 1.38%，说明韩国最终需求变化对航空货物运输经济增长贡献占总增加值的比例为 1.38%。其他细分行业对外依存度较高的"一带一路"沿线国家主要为韩国、俄罗斯、印度、印度尼西亚、意大利等。

第三节　中国物流业与"一带一路"沿线国家各行业的空间关联分析

一、中国物流业的产业关联效应

（一）后向关联效应

在国民经济中，各产业部门彼此间相互依存、协同发展，某一产业部门的生产活动发生改变，势必会影响其他产业部门。根据世界投入产出模型测算中国物流业的直接消耗系数与完全消耗系数，用以度量中国物流业与不同的"一带一路"沿线国家同一产业部门的后向关联效应，能够更加全面地反映产业部门间的相互关系。

中国物流业的直接消耗系数（见附录9）直观反映出"一带一路"沿线国家其他产业部门对中国物流业的直接投入。通过分析可以看出，中国物流业与"一带一路"沿线国家的第二产业联系最为紧密，直接消耗系数达 0.000806；与第三产业联系较为紧密，直接消耗系数达 0.000242；与第一产业直接消耗系数仅为 0.000024，说明中国物流业的发展几乎不依赖第一产业。在具体的产业部门排名中，中国物流业后向关联的产业部门比较集中，排名前四的产业部门占据着较大比重，其中对"一带一路"沿线国家的石油加工、炼焦和核燃料加工业依赖性最强，直接消耗系数为 0.000396，对物流业自身的直接消耗系数为 0.000149，对通用设备、专用设备制造业与化学原料、化学制品制造业直接消耗系数也处于较高水平，分别为 0.000089 和 0.000081。此外，石油加工、炼焦和核燃料加工业对物流业的细分行业也表现出较强的支撑性，特别是仓储和运输辅助活动对其的直接消耗系数达到 0.00112。上述结果说明"一带一路"沿线国家的第二产业对中国物流业的发展建设起到了举足轻重的作用，其中石油加工、炼焦和核燃料加工业贡献作用最为明显。

完全消耗系数作为直接消耗系数的进一步升华，它包含了直接消耗和间接消耗。根据附录 9 的完全消耗系数可以看出，中国物流业对"一带一路"沿线国家第二产业的后向完全关联最为密切，其中对沿线国家的采矿业完全消耗系数最大为 0.003632，对化学原料、化学制品制造业的完全消耗系数为 0.002452，对批发零售业的完全消耗系数为 0.002197，对计算机、通信和其他电子设备制造业的完全消耗系数为 0.002014，对物流业自身的完全消耗系数为 0.001720。同时，在物流业的其他细分行业中，航空货物运输对采矿业完全消耗系数达到了 0.006603；管道运输对化学原料、化学制品制造业完全消耗系数达到了 0.002522；快递业对计算机、通信和其他电子设备制造业完全消耗系数达到了 0.002787。说明中国物流业及其细分行业对这些产业具有较强的拉动作用，能为其发展提供强有力的支撑。通过对比分析可知，中国物流业对其他产业部门的完全消耗系数始终大于直接消耗系数，主要是因为二者之间隐含的间接消耗系数，说明其间接消耗对其他产业的需求拉动作用更大。

（二）前向关联效应

利用世界投入产出模型测算中国物流业的直接分配系数与完全分配系数，度量产业部门间的前向关联关系，并反映中国物流业与不同的"一带一路"沿线国家同一产业部门的前向关联效应。

根据附录 9 可以看出，中国物流业对"一带一路"沿线国家的物流业、批发零售业、公共管理、社会保障和社会组织的直接分配系数较高，其中对沿线国家物流业的直接分配系数最高为 0.000321，对批发零售业的直接分配系数为 0.000299，对公共管理、社会保障和社会组织的直接分配系数为

0.000118，说明中国物流业对这些产业部门具有较强的直接推动作用。此外，中国物流业对教育、住宿和餐饮业、房地产业等产业部门的直接分配系数较低，说明中国物流业对这些产业部门的直接推动作用相对较弱。同时，在中国物流业的其他细分行业中，道路货物运输对沿线国家批发零售业的直接分配系数达到了 0.000176，仓储和运输辅助活动对沿线国家物流业的直接分配系数达到了 0.000552，说明中国物流业及其细分行业对这些产业具有较强的推动作用，为其发展带来较强的拉动力。

中国物流业对"一带一路"沿线国家的建筑业、计算机、通信和其他电子设备制造业、汽车制造业的完全分配系数较高（见附录9），其中对建筑业的完全分配系数最高为 0.004381，对计算机、通信和其他电子设备制造业的完全分配系数为 0.004142，对汽车制造业的完全分配系数为 0.002778，说明中国物流业对这些产业部门具有较强的完全推动供给作用。此外，中国物流业对商务服务业、印刷和记录媒介复制业、印刷和记录媒介复制业等产业部门的完全分配系数较低，说明中国物流业对这些产业部门的完全推动作用较弱。同时，在中国物流业的其他细分行业中，管道运输对沿线国家建筑业的完全分配系数为 0.005908，航空货物运输对计算机、通信和其他电子设备制造业的完全分配系数为 0.006976，说明中国物流业及其细分行业对这些产业部门也提供了较强的支撑力。通过对比发现，中国物流业对"一带一路"沿线国家产业部门的分配系数与消耗系数类似，物流业对其他产业部门的完全分配系数总大于直接分配系数，说明了在国民经济的生产活动中，通过产业间的相互联系，产业部门之间的间接分配作用不可忽略。

二、 中国物流业的产业波及效应

产业波及效应是指在国民经济产业体系中，反映各产业部门间深层次的影响程度以及在总体经济中的相对地位和重要性，主要表现方式为影响力系数和感应度系数。影响力系数是指国民经济某产业部门增加一单位产出时，对其他产业部门生产需求的波及程度；感应度系数是指国民经济某产业部门受到其他产业部门生产一单位产出时其需求的变化程度。

根据表 11-7 所示，以国民经济影响力系数平均值 1 为标准，在中国物流业及其细分行业中，高于平均水平的有物流业（影响力系数为 1.0412），水上货物运输（影响力系数为 1.0268），航空货物运输（影响力系数为 1.3466），仓储和运输辅助活动（影响力系数为 1.0456），说明这些产业的影响力作用较为强烈，对国民经济经济的影响作用较大。其他物流细分行业中，管道运输的影响力系数为 0.8324，道路货物运输的影响力系数为 0.8926，铁路货物运输的影响力系数为 0.8491，快递业的影响力系数为 0.8848，尽管这些行业低于平均水平但也基本持平，并且在国民经济各产业部门的排名中处于中间位置，说明这些行业也可以对其他产业部门进行适当的需求拉动。以国民经济感应度系数平均值 1 为衡量标准，中国物流业及其所有细分行业的感应度系数均高于平均水平，物流业的感应度系数为 1.3737，管道运输和铁路货物运输感应度系数分别为 1.6596 和 1.5429，说明这些产业部门对市场经济的变化较为敏感。

表 11-7　中国物流业的产业波及效应对比分析表

产业部门	感应度系数	影响力系数
物流业	1.3737	1.0412
管道运输	1.6596	0.8324
道路货物运输	1.2289	0.8926
铁路货物运输	1.5429	0.8491
水上货物运输	1.3475	1.0268
航空货物运输	1.2511	1.3466
仓储和运输辅助活动	1.4389	1.0456
快递	1.1247	0.8848

根据影响力系数和感应度系数对各产业部门分类，以平均水平 1 为分界线将其分割成四个象限，分布情况如图 11-2 所示。在中国物流业及其细分行业中，物流业、水上货物运输、航空货物运输、仓储和运输辅助活动等产业部门处于第一象限，该象限的产业部门影响力系数和感应度系数均大于 1，具有强辐射性和强制约的双重性质。这些产业部门具备高于社会平均水平的支

撑力和拉动力，是其他产业部门消耗中间产品的主要供给者。同时，在生产过程中也消耗了大量其他产业部门的产品，具有较强的辐射作用，因此对国民经济的发展具有重要的战略地位，国家应当关注这些产业部门的生产运营。管道运输、道路货物运输、铁路货物运输、快递业等产业部门处于第四象限，该象限的产业部门感应度系数大于1而影响力系数小于1，具有弱辐射性和强制约性的性质。尽管这些产业部门对经济的拉动作用不强，但是属于社会生产过程中的关键环节，对于保证经济的健康尤为重要。因此，考虑到当今社会经济面临的形势，应加强这些产业部门的改革和发展步伐，以避免生产过程不顺利导致整体经济基础不稳定。

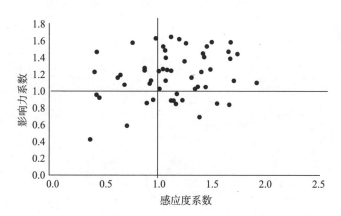

图 11-2　中国各产业部门影响力系数、感应度系数散点图

第十二章
主要结论与建议

第一节　主要结论

一、"一带一路"倡议推动了中国产业结构高级化、合理化以及狭义的产业结构服务化

"一带一路"倡议推动了产业结构高级化的质和量、产业结构合理化以及狭义的产业结构服务化，但未能推动广义的产业结构服务化。而区位条件影响着产业结构转型升级，而"一带一路"倡议包含了中国六大行政区域，各地区的行政区划、城市等级、资源禀赋以及发展现状等方面存在着巨大的差异。为了更加深入地研究"一带一路"倡议对中国各省（区、市）产业结构转型升级所产生的影响，进行了区域异质性分析。旨在探究"一带一路"倡议对产业结构转型升级的区域具体存在怎样的差异性，以及产生差异性的原因。首先，把各省（区、市）按华北、东北、华东、中南、西南以及西北进行区域异质性分析，厘清东中西部的地域差异，找出各自存在的问题。然后，把"一带"和"一路"两个经济圈所涉及的省（区、市）分别进行检验。研究发现：

（1）在"一带一路"倡议背景下，产业结构高级化的质、产业结构合理化以及狭义和广义的产业结构服务化都具有显著的区域差异性。

在产业结构高级化方面，"一带一路"倡议能够带动中南、西南、东北、华北、西北地区产业结构高级化的量的发展，仅华东地区没有得到发展。产业结构高级化的量主要是技术密集型产业所占比重，华东地区经济发达，技术密集型产业的发展相对比较完善，所占比例份额亦相对较高，此时，"一带一路"倡议的实施对提升当地产业结构高级化的量的作用较弱。"一带一路"倡议能够促进中南、东北地区产业结构高级化的质的提升，而华北、华东、西南、西北地区没有得到提升。华东、华北地区第二、第三产业本身就比较发达，"一带一路"倡议产业对其的带动效果很小，而西南、西北地区第二产

业和第三产业发展相对落后，"一带一路"倡议还是未能有效促进该地区产业结构高级化的质的提升，需要加大对西南、西北地区的政策扶持。

在产业结构合理化方面，"一带一路"倡议对中南、西南、东北地区产业结构合理化具有促进作用，而对西北、华北、华东地区没有促进作用。这意味着伴随"一带一路"倡议的实施对产业结构合理化的持续提升，华北、华东地区产业结构合理化的作用达到上限并处于边际效应递减。对欠发达地区产业结构合理化的效应尚未达到上限并处于边际效应递增。但是西北地区因地域原因对高端人才不具吸引力，降低了资源合理配置和产业的关联程度，"一带一路"倡议对其产业结构合理化的拉动不足。

在产业结构服务化方面，"一带一路"倡议能够促进中南、西南、东北地区狭义的产业结构服务化，而不能促进西北、华北、华东地区的产业结构服务化。西北地区第三产业发展水平较差，"一带一路"倡议对其的带动作用不足。而华北、华东地区第三产业发展水平较好，"一带一路"倡议的作用呈现边际效率递减的趋势。"一带一路"倡议能够促进中南、西南地区广义的产业结构服务化，而不能促进西北、东北、华北、华东地区产业结构服务化。在"一带一路"建设下，中南、西南地区交通设施不断发展且科学研究得到进步，多种服务业实现进一步发展；而西北的生产性服务业发展基础较差，目前仍需大力扶持。东北、华北以及华东服务业发展水平较高，目前"一带一路"倡议对其影响效果不显著。总体上，在"一带一路"倡议对各地区广义的产业结构服务化的影响效果都不高，需要不断提升工业技术并促进生产效率的提高，为工业提供服务以促进生产性服务业发展。

（2）"丝绸之路经济带"能同时促进产业结构高级化的质和量、产业结构合理化以及狭义和广义的产业结构服务化。对于"21世纪海上丝绸之路"，能促进产业结构高级化的质和量以及狭义的产业结构服务化，但不能促进产业结构合理化和广义的产业结构服务化。

二、 基于国际分工视角中国各地区、各省份工业转型升级

基于"一带一路"倡议和国际分工视角，以中国各地区、各省份工业转

型升级的行业选择方向为研究对象，首先运用出口技术复杂度测算了全球 90 个国家（中国、OECD 成员国、"一带一路"沿线国家、世界其他 15 个国家）工业整体及 36 个细分行业的全球价值链分工地位；其次观察了中国分别在全球范围内（选 90 个国家为代表）和"一带一路"范围内工业整体及 36 个细分行业全球价值链分工地位的变化情况，通过将与中国国际分工地位相近国家中每个行业所发展的优势行业与"一带一路"沿线国家工业市场需求的实际情况相结合分析，筛选出中国工业发展的潜在行业；最后运用偏离-份额分析法计算得出中国各地区、各省份主要发展的行业之后，通过与基于"一带一路"和国际分工视角筛选出的中国工业发展的潜在行业进行对比分析，最终选择中国各地区、各省份工业亟待转型和升级的行业。具体得到以下结论。

1. 从国家层面即使依据全球价值链分工地位进行中国工业发展行业选择也主要集中在资源密集型行业

最终选择出基于"一带一路"倡议和全球价值链分工视角的中国工业发展的八个潜在行业，其中煤炭采选业、石油和天然气开采业、黑色金属矿采选业、有色金属矿采选业、木材及竹材采运业、燃气及水生产供应业等六个资源密集型行业，一个技术密集型行业为烟草加工业，一个资本密集型行业为石油加工及炼焦业。从另一个角度也说明，"一带一路"沿线国家中与中国全球价值链分工地位相近国家工业发展的优势行业比较相近。

2. 基于"一带一路"倡议和国际分工视角的中国东部地区、中部地区、西部地区、东北地区整体工业转型升级的行业选择

（1）东部地区。转型行业：非金属矿物制品业、有色金属冶炼及压延加工业、金属制品业、专用设备制造业、电气机械及器材制造业；升级行业：黑色金属冶炼及压延加工业、通用设备制造业、交通运输设备制造业、其他制造业、化学原料及化学制品制造业。（转型行业 5 个=升级行业 5 个）

（2）中部地区。转型行业：非金属矿物制品业、有色金属冶炼及压延加工业、金属制品业、专用设备制造业、电气机械及器材制造业；升级行业：黑色金属冶炼及压延加工业、通用设备制造业、交通运输设备制造业、化学原料及化学制品制造业、电子及通信设备制造业。（转型行业 5 个=升

级行业 5 个）

（3）西部地区。转型行业：煤炭开采和洗选业、电热力及水生产供应业、饮料制造业、非金属矿物制品业、有色金属冶炼及压延加工业、电气机械及器材制造业；升级行业：黑色金属冶炼及压延加工业、交通运输设备制造业、化学原料及化学制品制造业、电子及通信设备制造业。（转型行业 6 个>升级行业 4 个）

（4）东北地区。转型行业：木材及竹材采运业、电热力及水生产供应业、饮料制造业、烟草加工业、医药制造业；升级行业：有色金属矿采选业、食品加工及制造业、造纸及纸制品业、交通运输设备制造业、仪器仪表及文化办公用机械制造业。（转型行业 5 个=升级行业 5 个）

3. 基于"一带一路"倡议和国际分工视角的中国东部 10 省、中部 6 省、西部 12 省市、东北三省工业转型升级的行业选择

（1）东部地区 10 个省份。

针对于转型行业：京津冀集中在劳动密集型行业和资本密集型行业，主要包括文教体育用品制造业、金属制品业、电气机械及器材制造业等；江浙沪集中在劳动密集型行业，主要包括皮革毛皮羽绒及其制品业、家具制造业、文教体育用品制造业等；山东省主要以资本密集型行业的转型为主，主要包括橡胶制品业、塑料制品业、有色金属冶炼及压延加工业、金属制品业等，福建、广东、海南则主要以劳动密集型行业的转型为主，主要包括皮革毛皮羽绒及其制品业、印刷业记录媒介的复印、文教体育用品制造业等。

针对于升级行业：京津冀集中在资本密集型行业，主要包括石油加工及炼焦业、通用设备制造业、交通运输设备制造业等；江浙沪集中在资本密集型行业和技术密集型行业，主要包括化学纤维制造业、交通运输设备制造业、电子及通信设备制造业、仪器仪表及文化、办公用机械制造业等；福建省主要以劳动密集型行业的升级为主，主要包括食品加工及制造业、纺织业等；山东、广东、海南 3 省则主要以资本密集型行业的升级为主，主要包括石油加工及炼焦业、交通运输设备制造业等。

(2) 中部地区 8 个省份。

针对于转型行业，山西省相比其他 5 个省份而言，因其自身特有的区位优势和资源条件，转型行业多以资源密集型行业为主，主要包括煤炭开采和洗选业、黑色金属矿采选业、电热力及水生产供应业、燃气生产供应业等；安徽、江西、河南、湖北、湖南 5 个省份，转型行业则以资本密集型行业为主，且具有较强的共性现象存在，主要包括橡胶制品业、塑料制品业、非金属矿物制品业、有色金属冶炼及压延加工业、电气机械及器材制造业等。此外，化学原料及化学制品制造业这一技术密集型行业也是这五个省份转型的重点行业。

针对于升级行业：中部地区山西、安徽、江西、河南、湖北、湖南多以资本密集型行业和技术密集型行业的升级为主，主要包括通用设备制造业、交通运输设备制造业、电子及通信设备制造业等。此外，山西省因其特有的区位优势和资源条件，矿产资源十分丰富，所以升级行业还应包括石油和天然气开采业这一资源密集型行业。湖北省升级行业则还涉及到了纺织业和食品加工及制造业这两个劳动密集型行业。

(3) 西部地区 12 个省份。

针对于转型行业：西部地区内蒙古、广西、重庆、四川、贵州、云南、西藏、陕西、甘肃、青海、宁夏、新疆 12 个省份，多以资本密集型行业的转型为主，主要包括橡胶制品业、塑料制品业、非金属矿物制品业、有色金属冶炼及压延加工业、电气机械及器材制造业等。化学原料及化学制品制造业这一技术密集型行业也是西部 12 省份转型的重点行业。西部地区的内蒙古、贵州、云南、陕西、甘肃、宁夏、新疆这 7 个省份，相比东部、中部地区的省份（除山西省之外），有其独有的区位优势和丰富的资源条件，油气资源十分丰富，各种资源密集型行业在这几个省份的工业经济发展当中起着重要的支柱作用，但也随之带来了环境污染过大、能源消耗过高、产能利用率过低的三重压力。因此，这 7 个省份的转型行业，多以煤炭开采和洗选业、黑色金属矿采选业、有色金属矿采选业、电热力及水生产供应业、燃气生产供应业等资源密集型行业为主。

针对于升级行业：西部地区内蒙古、甘肃、青海三省区主要以石油和天然气开采业这一资源密集型行业的升级为主；广西、重庆、四川、贵州、陕西5省区市主要以通用设备制造业、交通运输设备制造业两个资本密集型行业和电子及通信设备制造业这一技术密集型行业的升级为主；云南、西藏、宁夏、新疆四省区则主要以食品加工制造业、纺织业两个劳动密集型行业的升级为主。

（4）东北地区3个省份。

针对于转型行业：东北地区黑龙江、吉林、辽宁3省作为老牌的重工业基地，各自具有自身转型的重点行业。黑龙江省以劳动密集型行业和资本密集型行业的转型为主，主要包括皮革毛皮羽绒及其制品业、木材加工及竹藤棕草制品业、非金属矿物制品业、金属制品业等；吉林省以资本密集型行业和技术密集型行业的转型为主，具体主要包括非金属矿物制品业、金属制品业、电气机械及器材制造业、医药制造业等。辽宁则以资源密集型行业的转型为主，主要包括有色金属矿采选业、木材及竹材采运业、电热力及水生产供应业、燃气生产供应业。

针对于升级行业：东北地区黑龙江省以食品加工及制造业、纺织业这两个劳动密集型行业的升级为主；吉林以通用设备制造业、交通运输设备制造业这两个资本密集型行业的升级为主；辽宁省则主要以化学纤维制造业和仪器仪表及文化办公用机械制造业这两个技术密集型行业的升级为主。

三、　中国物流业与"一带一路"沿线国家的国际空间关联及产业关联效应

利用2018年中国投入产出表和2014年世界投入产出表提出物流业的剥离方法，构建了包含独立物流业部门的世界投入产出表，基于全球供应链的视角下测算中国物流业的前向关联度、后向关联度和对外依存度，并详细分析中国物流业与"一带一路"沿线国家的国际空间关联分布以及"一带一路"沿线国家各行业的产业关联效应和产业波及效应，得出如下结论。

（1）从后向关联空间分布的角度看，中国物流业后向关联度较高的"一

带一路"沿线国家主要分布在亚洲地区,中国物流业消耗亚洲地区的产品和服务,拉动着亚洲地区的经济发展。具体到国家层面,中国物流业与韩国、印度尼西亚具有较强的直接后向关联,与俄罗斯存在着较强的间接后向关联。

(2)从前向关联空间分布的角度看,中国物流业前向关联度较高的"一带一路"沿线国家主要分布在中东欧、中亚地区,另外,中国物流业与韩国、意大利具有较强的直接前向关联,同时与印度的间接前向关联不容忽视。

(3)从对外依存度空间分布的角度看,在国民经济各产业部门中,中国物流业的对外依存度处于较高水平,其中航空货物运输与水上货物运输对外依存度远高于平均水平。中国物流业对外依存度较高的"一带一路"沿线国家主要包括韩国、俄罗斯、印度、印度尼西亚、意大利等。

(4)后向关联效应中,"一带一路"沿线国家的第二产业对中国物流业的发展建设起到了举足轻重的作用,其中石油加工、炼焦和核燃料加工业贡献作用最为明显。

(5)前向关联效应中,中国物流业对"一带一路"沿线国家的物流业和建筑业具有较强的供给推动作用。

(6)产业波及效应中,物流业、水上货物运输、航空货物运输、仓储和运输辅助活动等影响力系数和感应度系数均大于1,处于第一象限,属于强辐射性和强制约的产业部门。管道运输、道路货物运输、铁路货物运输、快递业等感应度系数大于1而影响力系数小于1,处于第四象限,属于弱辐射性和强制约性的产业部门。

第二节 发展建议

一、"一带一路"倡议下中国产业发展建议

随着"一带一路"倡议的推进,对外贸易的发展,对外开放关注度逐渐提升,其对产业结构的影响也日渐深刻。通过探究"一带一路"倡议对圈定的18个省(区、市)和未圈定的13个省(市)产业结构转型升级影响的差

异性，进一步分析了"一带一路"对产业结构转型升级影响的区域异质性，厘清各地域的差异，找出各自存在的问题。结合产业结构转型升级的基础条件与发展环境，提出四方面发展建议：

（1）重视产业结构高级化的质的提升。在推进"一带一路"倡议时，利用好"一带一路"倡议提供的平台，提高产业结构高级化水平。从制度保障和政策优惠、人才激励以及基础设施建设等方面，与沿线国家实现合作新模式，着力于共享式发展的实质，彰显结构驱动的红利效应。

（2）深入"一带一路"倡议对服务业的促进作用，尤其是生产性服务业。一方面，"一带一路"倡议需进一步加大与沿线各国在贸易和投资领域的相互合作，使得贸易和投资成本有效降低，加速经济循环的速度并提高发展质量，重视第三产业的发展水平。另一方面，"一带一路"倡议需要从提高各地区交通基础设施水平、增强科学研究能力着手，以延长工业产业链，保证工业生产一体化。

（3）关注"一带一路"倡议实施的区域差异性，加大对西北、西南地区的扶持。推行"一带一路"倡议要综合考虑各省（区、市）的生态地理环境、自身优劣势以及经济发展的原有基础，使得形成"一带一路"倡议与地区特色相结合的可持续路径。西南、西北地区地域环境、基础设施欠佳，第二产业和第三产业发展相对落后，为西北、西南地区提供发展机遇和路径，进一步加大对西南、西北地区的政策扶持力度。

（4）重视自主创新的提升和产业价值链的升级。创新水平的提升是推动产业结构转型升级的核心动力，而各地区技术创新不足且竞争力低，束缚了高附加值产业的拓展。因此，"一带一路"倡议需重视自主创新和产业价值链的提升，通过培养创新能力来提高市场竞争力，进而推动产业结构转型升级。

二、"一带一路"倡议下中国工业转型升级发展建议

虽然基于"一带一路"和国际分工视角，尝试为中国四大地区、31个省份工业转型升级的行业做出了一定的选择，但在实际工业转型升级整个过程中还应当结合中国各地区、各省份各自的具体政策和规划来进行综合考虑。

2019 年 2 月 18 日,"一带一路"官网发布了《中国 31 省区市如何布局"一带一路"(政策和规划篇)》一文(详见附录 10),对中国 31 个省(直辖市、自治区)产业经济发展提出了一些重要的指导意见。因此,基于"一带一路"和国际分工视角选择出的中国四大地区、31 个省份工业亟待转型和升级的行业,与该报告当中的相关政策和规划进行综合分析,以期为中国东部地区 10 个省份、中部地区六个省份、西部地区 12 个省份以及东北地区三个省份抓住"一带一路"倡议的重大发展机遇,为自身工业转型升级寻求具体方向,进而实现工业经济的高质量发展提出一些相关的对策建议。

1. 东部地区——加大向创新驱动方向转型的力度,着重对工业的技术结构进行优化升级

东部地区,属于中国经济发展的发达地区,自主创新能力较强、研发水平较高。因此,针对于工业转型升级的具体方向,建议积极引导工业发展向创新驱动方向进行转型,并对传统的工业技术结构进行优化升级。从具体 10 个省份来看(见附录 11):京津冀可借鉴《天津市融入"一带一路"建设 2018 年工作要点》,一是通过提高与沿线国家之间国际产能合作的质量与水平,加大科技型、创新型人才的交流规模,来引导自身工业向创新驱动方向进行转型;二是结合"一带一路"沿线国家劳动和资本的市场需求情况,将劳动密集型行业(如:食品加工制造业等)和资本密集型行业(如:通用设备制造业等)中的过剩产能适当地转移到沿线国家当中,同时将更多的财力、物力投放到技术研发、产品设计等环节,以此为传统工业技术结构的优化升级提供更多的资源和资金支持。江浙沪可借鉴《上海服务国家"一带一路"建设发挥桥头堡作用行动方案》和《浙江省打造"一带一路"枢纽行动计划》,一是通过加大与"一带一路"沿线国家装备制造业的合作力度,来促使工业发展由以往的劳动密集型行业(如:皮革毛皮羽绒及其制品业等)逐步向能源装备、智能制造装备、生物医药与医疗器械装备、特种设备装备等技术密集型行业进行转型;二是通过积极与"一带一路"沿线国家共同搭建工业(特别是制造业)技术交易平台,开展工业技术交流与合作,来促进传统工业技术结构的优化升级。此外,山东、广东、福建以及海南等省份可借鉴

《山东省参与建设丝绸之路经济带和 21 世纪海上丝绸之路实施方案》和《广东省参与建设"一带一路"的实施方案》的做法：一是鼓励造纸、石油加工、木材加工、竹藤棕草制品等对资源依赖度较高的相关行业的生产企业积极"走出去"，到资源富集的"一带一路"沿线国家（如：西亚国家）建立资源开发基地，以技术输出换取资源输入，为后续工业向创新驱动方向转型提供雄厚的资源支持；二是鼓励交通运输设备、专用设备、电子及通信设备等制造业的相关企业到科技水平发展比较高的"一带一路"沿线国家（如：东欧国家）建立研发中心，通过投资并购先进产能、引进先进技术来对现有的工业技术结构进行优化升级。

2. 中部地区——加快向绿色低碳、智能制造方向转型的步伐，侧重对工业的产品结构优化升级

中部地区，属于中国经济次发达地区，尽管既不临海，也不沿边，但其承东启西，连通南北，在"一带一路"倡议中同样具有重要的战略地位，是我国重要的能源材料基地、装备制造基地。因此，针对工业转型升级的具体方向，建议积极引导工业发展向绿色低碳、智能制造方向进行转型，并对工业传统的产品结构进行优化升级。从具体 6 个省份来看：山西省有着特有的资源优势和区位优势，煤炭采选业是其工业经济发展的重要命脉，但随之带来了环境污染过大、能源消耗过高、产能利用率过低等一系列问题。因此，可根据《山西省参与建设丝绸之路经济带和 21 世纪海上丝绸之路实施方案》的做法：一是引导煤炭、煤化工等行业企业到中亚、东南亚等沿线国家建设生产基地，转移富余产能，吸取先进的低碳高效发展技术，以此推动山西省工业向绿色低碳方向进行转型；二是鼓励相关企业积极参与沿线国家的资源开发利用，建立境外原材料开采和加工基地，打破以往以生产煤基产品为主的单一工业产品结构模式，从而拉动工业产品结构的优化升级。此外，河南、安徽、江西、湖北以及湖南等省，由于人口密集度较高，劳动力相对比较丰富，劳动密集型行业也随之较为发达，如：河南省的食品加工制造业、湖北省的纺织业等。然而，劳动密集型行业生产的多为手工制造的初级产品，技术含量不够高，利润也比较低。因此，可借鉴《河南省参与建设丝绸之路经济带和 21 世纪海上丝绸之路实施方案》和《湖南省推进国际产能和装备制造合作三年行动计划（2018—2020 年)》的做法：一是积极吸收"一带一路"沿线国家的先进技术，促使工业发展向电子及通信设备制造、仪器仪表及文化办公机械制造等智能制造领域进行转型；二是加大向沿线国家出口工业初级产品的规模，将销售初级产品获取的利润，用在高级产品的进一步研发和设计当中，以此带动工业产品结构的优化升级。

3. 西部地区——提升向资源节约、内需主导方向转型的速度，重点对工业的行业结构优化升级

西部地区，尽管相对于东部、中部地区来说经济发展水平相对落后，但多数省份（如：内蒙古、青海、甘肃等）具有得天独厚的地理优势和资源优势，煤炭、油气、火电等矿产资源相当富集。因此，针对工业转型升级的具体方向，建议积极引导工业发展向资源节约、内需主导方向进行转型，并对工业行业结构进行优化升级。

西部地区 12 个省份（内蒙古、贵州、云南、陕西、甘肃、宁夏、新疆、广西、重庆、四川、西藏、青海），其资源优势和区位优势相对于东部、中部地区省份而言较为明显，但随之也带来了工业发展过分依赖于资源密集型行业的问题。因此，可借鉴《内蒙古自治区参与建设"丝绸之路经济带"实施方案》《陕西省标准联通共建"一带一路"行动计划（2018—2020 年)》《宁夏参与丝绸之路经济带和 21 世纪海上丝绸之路建设规划》以及《四川省推进"一带一路"建设标准化工作实施方案》的做法：一是广泛吸收沿线国家（特别是俄罗斯和蒙古国——中蒙俄经济走廊）先进的资源、能源开发和利用技术，引导煤炭采选业、有色金属矿采选业、电热力生产供应业、燃气生产供应业等资源密集型行业向资源节约、内需主导（将富余的资源转移到东部发达地区，如：西气东输、西电东送）的方向进行转型；二是通过鼓励交通运输设备、电气机械及器材设备、电子及通信设备等制造业企业，瞄准沿线国家精准的市场需求，加大到沿线国家投资兴业的力度，来获取沿线国家资本密集型行业和技术密集型行业的先进技术，进而打破以往工业发展过于依赖资源密集型行业的结构模式，促进工业行业结构的优化升级。

4. 东北地区——提高对传统工业的改造和转型效率，不断对新兴工业进行优化升级

东北地区，作为老牌工业基地，工业发展的基础条件比较雄厚，自然资源也比较丰富，但随着中国工业经济步入高质量发展阶段，振兴东北老工业基地也成为了当务之急。因此，针对工业转型升级的具体方向，建议积极引导传统工业进行改造和转型，并不断对新兴工业进行优化升级。从具体三个省份来看：东北地区可借鉴《中蒙俄经济走廊黑龙江陆海丝绸之路经济带建设规划》的做法：一是针对有色金属矿采选业、金属制品业、黑色金属冶炼及压延加工业等传统的资源密集型行业和资本密集型行业，可选择采取与"一带一路"沿线国家进行境外资源合作开发利用、共建进出口加工基地等方式来实现转型；二是通过大力打造中蒙俄经贸合作平台，互相交流先进技术，对高端装备、新材料、现代医药、新能源等新兴工业进行优化升级。

三、"一带一路"倡议下中国物流业发展建议

随着"一带一路"倡议的深入推进，对外开放关注度的逐渐提升，中国与沿线国家间的贸易合作和通关便利化的快速发展，对中国物流业的影响日渐深刻。通过从后向关联、前向关联和对外依存度等视角下，分析中国物流业与"一带一路"沿线国家之间的空间分布情况，并结合"一带一路"倡议下中国物流业国际空间关联现状及存在的问题，提出四方面发展建议：

（1）加强"一带一路"沿线各国物流基础设施互联互通。由于部分"一带一路"沿线国家物流基础设施落后，导致我国与其时常发生对接不畅的问题，降低了我国物流业的运输效率。"一带一路"沿线国家物流基础设施的互联互通，需要我国同周边国家一起不断强化在铁路、公路等方面的互通与衔接。沿线各国应充分发挥官方资本，借助亚投行、丝路基金、金砖银行等融资平台建构的引领撬动作用，针对中国与沿线国家物流基础设施的关键通道、关键节点和重点工程，优先打通缺失及畅通瓶颈路段，从而不断提升"一带一路"沿线各国在铁路、公路等物流基础设施方面互联互通的能力，降低物流成本保证运输畅通。

（2）推进统一标准规则，提高物流关联效率。尽管我国在铁路、公路、机场、港口等物流基础设施建设方面有着丰富的技术经验，同时较高的工程质量也证实了中国标准的安全性与可行性，但我国并不能强制要求其他"一带一路"沿线国家采取相同的标准规则。因此，各国政府及企业单位应共同商讨制定物流基础设施的标准规则，采取分阶段、多渠道的策略实施。同时，建议筹建"一带一路"铁路货运总公司、"一带一路"航空总公司等专门服务于"一带一路"的跨国企业，由这些企业进行统一规划、协调运营物流基础设施，积极开展"一带一路"国际多式联运，提高中国物流业与沿线各国的运输标准化和关联高效化。针对运输监督标准不统一等问题，中国与沿线各国应建立标准化的物流作业流程，统一仓储与运输辅助活动等环节的税费和赔偿细则，建立公正高效的应急与纠纷处理等机制。推进统一标准规则，是我国外循环的重要举措，即有利于我国实现高质量发展，也有益于沿线各国经济的稳定与繁荣。

（3）加强政治互信，为物流网络建设营造良好环境。当今全球经贸环境的不稳定性、不确定性不断加剧，导致部分国家和地区对"一带一路"倡议的实施缺乏政治互信。因此为"一带一路"倡议和物流网络建设营造良好的环境成为重中之重。通过借助金砖国家组织、上海合作组织、亚投行等平台，加强中国与"一带一路"沿线国家的对话合作，增加彼此间的政治互信。对待沿线各国，要秉持公道正义，坚持同等对待，谋求互利共赢，尊重受援国自主选择发展道路的权利，允许各国自主选择加入时间和方式，将"一带一路"倡议与其沿线国家自身的发展战略相衔接。同时选择与中国物流业关联程度密切，对"一带一路"倡议持开放态度的沿线国家，将其作为物流网络的重点，先期建设高水平物流网络，强化彼此间的经贸合作，帮助其迅速融入中国的供应链、生产链，带动当地的经济发展。通过成功案例的示范作用，让其他沿线国家看到其中的现实利益，从而形成良性循环，坚定其在"一带一路"倡议中的立场。

（4）提高物流业的抗风险能力，保证其健康平稳的发展。对此，首先应该实施多元化的对外贸易策略，降低对某一具体国家的依赖程度，有效规避具体国家出现经济波动对中国物流业造成影响；其次，继续深化实施"一带一路"倡议，积极主动与"一带一路"沿线各国开展物流合作，强化区域供应链带来的物流业增长；再次，物流企业开展应对国际突发事件能力的评价研究，指导企业提高国际突发事件的应对能力，以提高我国物流业的抗风险能力；最后，平衡中国物流业的国际市场和国内市场，结合国内大循环、国内国际双循环战略，将重心放在国内市场，培育国内的新增长点，有效规避国际突发事件对世界经济的影响。

附录

Appendix

附录 1

附表 1-1 "一带一路"倡议 71 个沿线国家名单

地区	国家名称
亚洲及大洋洲地区 （14 个国家）	蒙古国、韩国、新西兰、东帝汶、东盟 10 国（新加坡、马来西亚、泰国、印度尼西亚、菲律宾、文莱、柬埔寨、缅甸、老挝、越南）
中亚地区 （5 个国家）	哈萨克斯坦、乌兹别克斯坦、土库曼斯坦、塔吉克斯坦、吉尔吉斯斯坦
西亚地区 （18 个国家）	格鲁吉亚、阿塞拜疆、亚美尼亚、伊朗、伊拉克、土耳其、叙利亚、约旦、黎巴嫩、以色列、巴勒斯坦、沙特阿拉伯、也门、阿曼、阿联酋、卡塔尔、科威特、巴林
南亚地区 （8 个国家）	印度、巴基斯坦、孟加拉国、阿富汗、斯里兰卡、马尔代夫、尼泊尔、不丹
东欧地区 （20 个国家）	俄罗斯、乌克兰、白俄罗斯、摩尔多瓦、波兰、立陶宛、爱沙尼亚、拉脱维亚、捷克、斯洛伐克、匈牙利、斯洛文尼亚、克罗地亚、波黑、黑山、塞尔维亚、阿尔巴尼亚、罗马尼亚、保加利亚、马其顿
非洲及拉美地区 （6 个国家）	南非、摩洛哥、埃塞俄比亚、马达加斯加、巴拿马、埃及

资料来源：根据国家信息中心发布的《"一带一路"贸易合作大数据报告（2018）》整理所得。

附录2

附表 2-1　不同生产要素相对集中度划分下的工业分类情况

生产要素相对集中度	行业代码	行业名称
资源密集型工业	01	煤炭采选业
	02	石油和天然气开采业
	03	黑色金属矿采选业
	04	有色金属矿采选业
	05	非金属矿采选业
	06	木材及竹材采运业
	35	电热力及水生产供应业
	36	燃气及生产供应业
劳动密集型工业	07	食品加工及制造业
	08	饮料制造业
	10	纺织业
	11	服装及其他纤维制品制造业
	12	皮革毛皮羽绒及其制品业
	13	木材加工及竹藤棕草制品业
	14	家具制造业
	15	造纸及纸制品业
	17	文教体育用品制造业
资本密集型工业	18	石油加工及炼焦业
	22	橡胶制品业
	23	塑料制品业
	24	非金属矿物制品业
	25	黑色金属冶炼及压延加工业
	26	有色金属冶炼及压延加工业
	27	金属制品业
	28	通用设备制造业
	29	专用设备制造业
	30	交通运输设备制造业

续表

生产要素相对集中度	行业代码	行业名称
	31	电气机械及器材制造业
	34	其他制造业
技术密集型工业	09	烟草加工业
	16	印刷业记录媒介的复印
	19	化学原料及化学制品制造业
	21	化学纤维制造业
	20	医药制造业
	32	电子及通信设备制造业
	33	仪器仪表及文化办公用机械制造业

附录3

附表3-1　国民经济行业分类编码（工业部分）和SITC Rev. 3编码对照表

代码	行业名称	SITC Rev. 3 三位码
01	煤炭采选业	321、322
02	石油和天然气开采业	333、342、343
03	黑色金属矿采选业	281、282
04	有色金属矿采选业	283、284、285、287、288、289
05	非金属矿采选业	272、273、274、277、278
06	木材及竹材采运业	244、245、246、247、248
07	食品加工及制造业	011、012、016、017、022、023、024、025、034、035、037、042、045、046、047、048、054、056、058、059、061、062、071、073、075、081、091、098、411、421、422、431
08	饮料制造业	074、111、112
09	烟草加工业	122（1）、122（2）、122（3）
10	纺织业	269、651、652、653、654、655、656、657、658、659
11	服装及其他纤维制品制造业	841、842、843、844、845、846、848
12	皮革毛皮羽绒及其制品业	611、612、613、831、851
13	木材加工及竹藤棕草制品业	633、634、635

续表

代码	行业名称	SITC Rev. 3 三位码
14	家具制造业	821（1）、821（2）、821（3）、821（5）、821（7）、821（8）
15	造纸及纸制品业	251、641、642
16	印刷业记录媒介的复印	892（1）、892（2）、892（4）、892（8）
17	文教体育用品制造业	894、895、898
18	石油加工及炼焦业	325、334、335
19	化学原料及化学制品制造业	232、511、512、513、514、515、516、522、523、524、525、531、532、533、551、553、554、562、571、572、573、574、575、579、591、592、593、597、598
20	医药制造业	541、542
21	化学纤维制造业	266、267
22	橡胶制品业	621、625、629
23	塑料制品业	581、582、583、893
24	非金属矿物制品业	661、662、663、664、665、666、667
25	黑色金属冶炼及压延加工业	671、672、673、674、675、676、677、678、679
26	有色金属冶炼及压延加工业	681、682、683、684、685、686、687、689
27	金属制品业	691、692、693、694、695、696、699、811、812
28	通用设备制造业	711、712、713、714、716、718、731、733、735、737、741、742、743、744、745、746、747、748、749
29	专用设备制造业	721、722、723、724、725、726、727、728、774、872、881、882、883
30	交通运输设备制造业	781、782、783、784、785、786、791、792、793
31	电气机械及器材制造业	771、772、773、775、776、778、813
32	电子及通信设备制造业	752、761、762、763、764
33	仪器仪表及文化办公用机械	751、759、871、873、874、884、885
34	其他制造业	891、896、897、899、931
35	电热力生产供应业	351、525
36	燃气及水生产供应业	344（1）、344（2）、344（9）、345

资料来源：根据 2017 年《国民经济行业分类》（GB/T 4754—2017）和《国际标准行业分类》第三版 SITC Rev. 3 整理所得。

附录4

附表4-1 2008—2017年工业各行业产品出口技术复杂度

（单位：美元）

代码	2008	2009	2010	2011	2012	2013	2014	2015	2016	2017
321	23171	17393	21493	24812	26449	19021	19578	18951	15578	15279
322	17537	13516	12480	12751	11651	12489	12626	12031	11253	10122
333	26011	19978	21356	24841	23639	24044	25504	19433	16938	17751
342	32857	27199	27175	15450	26748	30800	30517	26886	23329	27460
343	28088	23752	21948	26994	30253	29540	30320	21705	22330	23898
281	23972	20663	25456	30584	33707	28825	29928	28055	25573	26231
282	17166	15267	14699	15977	18042	19218	21794	21084	23099	24810
283	6783	6613	8139	10026	10786	9169	8154	7048	7006	7743
284	12162	15736	16337	20616	21649	15865	11486	13169	13818	10248
285	27077	23881	24713	29979	32530	29550	31290	24293	17822	18094
287	6934	5638	6469	7733	8004	8361	8579	7571	6302	6681
288	15003	14292	14103	15642	15587	16381	17784	15952	16681	19269
289	7236	5594	7542	7359	7427	8435	8488	8198	7097	7138
272	3829	4187	4427	4364	4541	5104	5360	5077	5389	5398
273	12139	9340	12336	13433	12952	13699	14375	15142	15247	16364
274	20069	16254	18365	17777	18230	14658	14805	12495	15386	14404
277	6213	7805	13352	27129	27945	27162	28353	27478	32186	26972
278	15814	12575	5226	14719	13031	12719	14073	11424	11917	13752
244	23043	20943	20346	20608	17921	17112	19073	17067	18268	20487
245	9106	8627	9285	11111	10374	11227	10402	8788	7278	9935
246	17367	17219	17820	18850	18743	18890	19067	16650	17384	18358
247	19438	16430	13832	16445	10546	21074	18811	21244	23052	27048
248	19837	17905	20206	23219	22173	23822	24086	20627	19913	20621
011	15287	14038	15488	18871	18818	20208	16203	19311	18273	19769
012	24354	24907	26449	29730	28640	30499	24132	26920	26678	28654
016	30093	24705	23409	27803	23859	23348	22697	16852	16384	18374

续表

代码	2008	2009	2010	2011	2012	2013	2014	2015	2016	2017
017	23267	19976	20927	22438	20002	20595	21134	20439	21019	24008
022	26070	23309	25386	29315	29801	31194	26892	27491	26854	29910
023	29336	24936	28506	33420	32779	34514	31068	31363	29618	32886
024	26672	27830	28538	32214	32698	34997	37447	31347	29715	33000
025	16532	16635	16056	19723	18485	20331	19303	15659	16642	20554
034	17022	16442	17690	18701	18180	20367	22657	20484	23704	24916
035	33395	20941	19462	24730	28763	29964	32027	26646	29265	36879
037	10537	9503	11832	13214	12445	12531	13711	14362	14928	16899
042	4857	5128	5034	6204	6189	6367	6209	5752	6521	6150
045	18992	13748	13856	18509	17827	15561	13468	14318	12468	8246
046	11826	10032	9607	9293	9979	10664	10254	9984	10739	12541
047	6475	6099	7760	8642	7306	7531	7293	5925	7747	8255
048	21007	18120	18214	19612	19149	20254	20098	17925	17968	21336
054	12986	9638	8599	9000	8411	9988	9457	8901	9045	11257
056	16087	14179	14404	15780	14656	14827	14830	13655	13782	16778
058	16379	14411	14808	14921	17248	18471	19990	16791	16845	17561
059	15392	10626	13066	11900	10528	10360	10588	9057	9416	9832
061	8896	7413	8010	9365	9111	8458	8431	7450	7045	8864
062	16042	14062	14323	15928	15916	16045	12441	14930	14806	16321
071	5134	5984	6600	7299	7528	7820	8533	7728	8083	8969
073	25458	21434	20489	23594	22521	23373	23054	21068	21592	24447
075	3469	2583	2951	2374	2046	3036	2975	2245	1960	2020
081	14467	12284	13648	16158	15923	16024	15054	15183	13977	16976
091	15945	14583	16465	18540	18257	19412	18771	16312	16816	18039
098	26014	21983	22878	25841	24304	25084	25605	23924	24248	28127
411	30727	26064	27466	32353	30624	34694	28697	30155	34626	37585
421	10012	9212	10113	11385	10873	11527	10621	9069	9356	10804
422	6001	5523	6076	6967	6600	6654	7064	6234	6174	6687
431	10223	8533	10310	11091	11277	11091	10437	10091	11940	13592
074	3076	2755	3220	3695	3889	4249	4382	4186	4103	4526

续表

代码	2008	2009	2010	2011	2012	2013	2014	2015	2016	2017
111	20119	17537	15466	21307	18893	18250	18384	18332	20139	22869
112	14236	12775	13811	16105	15050	15108	15771	16257	15821	21166
122（1）	7550	7876	8142	8492	8472	8601	9178	7790	7999	8023
122（2）	23989	19545	18833	20568	17533	16206	14571	11330	11692	11640
122（3）	31071	26026	24904	24948	22693	18379	16490	12524	15664	18664
269	15801	14693	14717	13880	15347	16594	19127	14199	15252	17752
651	10913	9463	8870	9095	8434	8836	9103	8026	8717	8895
652	6986	6375	6617	6472	6021	6104	6358	5737	5724	6558
653	15067	9859	9204	10083	8895	9391	10209	9449	10636	12633
654	21485	16010	14735	16249	14783	15094	14775	11161	10356	11512
655	14742	12894	13543	14655	14078	14909	15295	13553	12793	14985
656	14715	14453	14681	15885	14905	13762	14560	12905	13079	16923
657	37893	33081	32971	35059	34897	35810	34925	30322	30882	30910
658	8356	6610	6852	7483	7224	7580	7575	6532	6469	7384
659	14827	7628	7925	7915	8049	7949	8035	7111	7085	8137
841	6589	6502	6813	7571	6882	7082	7677	6774	6485	7684
842	6326	6540	6958	7983	7607	8369	8734	7979	8299	10821
843	5694	5169	5685	6257	6065	6437	6724	6301	6357	7205
844	7889	6968	7155	7904	7494	8031	8721	7828	7679	8911
845	8986	8027	8487	9275	8841	9390	9795	8644	8617	10023
846	10045	8058	8156	8551	8127	8358	8841	8152	8140	11356
848	11076	9506	10972	11672	11489	11943	12344	10608	10611	14610
611	11289	10631	10887	11898	11226	11289	10696	10378	10952	14081
612	14554	12436	10834	11814	11574	14308	16520	14132	14254	17766
613	21539	17717	18637	20147	20056	21600	20265	16880	17350	18288
831	17818	16792	16801	19633	18556	19174	19887	17461	17970	26648
851	11140	10635	11142	12008	11139	11714	12353	10389	10586	12901
633	24008	22540	22393	22949	20333	21101	21599	18871	19568	21754
634	21835	20634	21887	24980	21780	23813	24421	20661	19816	20873
635	19760	17312	18009	18689	17271	17649	18534	15811	15795	19151

续表

代码	2008	2009	2010	2011	2012	2013	2014	2015	2016	2017
821（1）	19310	16619	16703	17631	16193	16592	16621	13960	13998	16029
821（2）	12572	15084	14813	16963	16327	16897	17545	15506	16196	17183
821（3）	25707	22284	22961	24538	21373	22417	22989	20303	20665	23681
821（5）	16870	14928	15016	16977	16000	16916	17530	15408	15771	17899
821（7）	15358	14527	15709	16112	15897	16674	16235	15082	16445	20496
821（8）	25783	21765	22520	24985	21786	5363	8297	19732	19656	21723
251	26877	23607	26342	29987	28980	29718	29210	24929	24620	24103
641	37811	34215	34441	37273	36240	37790	37333	31228	32361	31688
642	18731	15930	16512	18117	16979	17781	17926	16024	16548	17646
892（1）	24913	20579	21290	23714	21803	21846	20440	20067	20426	25577
892（2）	28777	23751	23430	26264	24248	23715	24401	21615	22598	24490
892（4）	27971	25833	29175	32132	30595	31135	32697	28866	28990	32287
892（8）	10071	10960	12707	13506	21084	23285	23173	19209	14976	21958
894	23986	21269	22120	24269	22048	22701	23665	20038	20474	19376
895	27411	24940	25489	27428	25717	27168	28718	25334	25670	28228
898	43684	34219	31560	34091	34171	35062	33864	29084	28382	32593
325	12243	10792	10413	12459	13610	13047	13511	13255	11001	10707
334	22589	19513	20165	23456	21642	23229	23548	20307	19893	21088
335	16498	16214	15759	20471	19771	16625	17359	17379	17644	20537
232	19905	21781	25122	32563	34619	33570	34071	30594	28349	29165
511	26152	25292	24361	26910	28537	27795	27841	26200	23721	26117
512	21562	18257	21561	24892	23798	21658	21895	21050	17604	19583
513	28410	26639	25935	29122	26648	26832	28461	25496	24650	26316
514	38248	37481	39911	44248	40606	41245	43481	40377	40142	39545
515	51900	45313	44151	48604	45764	46721	49771	50467	51856	53230
516	29503	29687	31619	32072	30867	32662	34472	29446	29009	31740
522	10423	11506	11658	12924	12644	12809	14177	12446	13650	15293
523	14057	11882	13977	14486	13844	14815	15213	14032	13917	14844
524	22185	19052	24547	28595	24443	30330	31047	28123	29001	31835
525	23847	19210	20579	24757	23241	23515	20842	15459	13818	21163

代码	2008	2009	2010	2011	2012	2013	2014	2015	2016	2017
531	29790	27594	26934	29683	26485	25364	24685	21618	21561	24929
532	20452	16097	17720	22227	23048	24151	24974	22015	22117	25444
533	28017	23063	25135	25358	23110	28913	29948	28710	30003	32587
551	41664	33606	30772	32565	33866	32553	34026	33945	31915	34271
553	26280	21546	22551	24358	22286	22555	24901	22309	22438	30070
554	21392	19498	20199	21788	18973	19180	20022	17815	18366	21327
562	10294	8914	9520	10712	10599	11375	10822	9902	9369	10103
571	26524	25828	23527	26081	28153	27122	26397	25447	23131	25535
572	26470	23716	25966	28456	26876	26172	25540	24359	24387	27874
573	22986	21212	22643	24246	23733	22074	24130	20353	20011	24061
574	26775	24228	24533	26945	27162	28315	28943	25944	25911	27354
575	30386	27565	28751	30905	29184	29640	30342	26153	26779	29432
579	23510	22122	20276	19306	19873	19725	20239	19535	19138	21609
591	23871	21267	22325	25470	23564	23750	25199	21852	21261	26440
592	27817	23994	25362	28016	27833	29442	28163	27205	27123	30770
593	14498	12166	13230	15670	14554	14324	12357	11500	12260	14360
597	36120	34203	36659	34820	26749	37716	34078	29969	32752	36649
598	34631	31117	28427	27265	25195	25032	25244	21739	21333	24376
541	49632	45124	45109	51767	46133	47724	50469	46147	45448	48605
542	38951	34146	33268	36796	32449	33119	34772	31909	32875	34878
266	16210	16592	15026	16565	17447	17727	18560	17961	19356	21553
267	24974	20140	19706	21172	21313	18213	24637	20039	19830	19705
621	24771	21889	20814	23576	20641	22319	23516	20408	21105	24118
625	26213	22787	24890	28305	25666	26705	27187	23276	23657	25399
629	23845	21360	21652	23092	21755	22691	23437	20477	20548	24094
581	22823	18646	19931	22768	19925	19937	21626	19539	19296	20890
582	34365	30357	32348	34807	31722	32460	33162	29704	28909	32022
583	24349	20876	20894	22812	21124	22283	22509	20697	20247	22237
893	26634	23858	24601	26065	23834	25643	25953	22668	22423	25815
661	10264	10063	11043	11911	10515	10598	12140	11068	11716	13069

续表

代码	2008	2009	2010	2011	2012	2013	2014	2015	2016	2017
662	15375	15754	15825	17659	15856	16224	16712	15627	15393	17221
663	28232	24249	24308	27494	25341	26004	27272	24541	24599	26566
664	35302	35314	34128	37598	33766	32676	34824	30967	31017	30962
665	16004	14226	14073	15770	14565	14120	14669	13244	13759	17972
666	18227	16332	16344	17165	16368	17357	18338	16770	17651	20195
667	16001	16165	14593	17204	17978	19418	19438	18066	18839	20633
671	8339	8623	8697	10585	10583	11762	12029	10516	11378	11844
672	10663	9760	9911	12384	12159	12363	12296	10778	9863	12578
673	16548	15363	15143	17544	19247	19360	18319	16467	15509	18536
674	31777	22650	22642	24234	24839	26115	29267	26569	26869	27257
675	36574	32262	35141	38554	36454	38968	39844	34212	35092	36093
676	35789	32634	35233	35233	34160	33859	39376	30257	31227	31698
677	56344	51998	48268	53846	47962	48453	54915	46903	49027	54411
678	40781	25764	24875	25494	22658	25526	28394	24948	24008	25043
679	19531	16392	18176	20733	18067	18785	19390	17703	18130	19275
681	20051	15445	20477	22495	22890	21728	22376	17712	16095	18836
682	7963	7766	8797	9849	10318	10529	9583	8162	13853	8764
683	45800	39551	43701	52068	26419	10819	9776	7671	8612	11297
684	31123	24007	26266	29133	28172	32332	34798	30979	33470	39249
685	15101	13895	14282	17152	19717	17337	17479	17539	15340	15676
686	13829	21745	15242	16804	17160	17939	18385	17556	17259	17087
687	4927	4451	5260	6746	7229	7626	8402	6923	6318	6631
689	18741	11367	15783	19163	14755	10629	10515	8062	9471	10141
691	25443	21856	22173	25281	23385	26630	26222	21829	21714	24228
692	16736	16592	16820	18680	18106	18463	19055	17039	17377	19584
693	26186	23710	24977	26180	23041	22653	25355	21017	22015	24071
694	29434	25671	27391	30389	29084	30341	31274	27430	27498	30527
695	32503	25193	32026	34313	32037	33790	35641	31042	31085	33887
696	19916	17770	17495	18705	18315	18521	19214	17039	17382	17846
699	18679	20663	21291	23986	22027	22486	24634	21482	20967	24212

续表

代码	2008	2009	2010	2011	2012	2013	2014	2015	2016	2017
811	27930	23817	20661	24298	24588	26438	25930	21694	21640	23383
812	21784	19610	19860	21988	20390	21392	21871	18457	18683	21099
711	23180	20895	21383	24916	23161	21364	22601	21608	21850	22294
712	25280	26435	20746	29011	28956	25537	28799	21502	23001	24535
713	28697	26142	27084	29102	27593	27491	28402	24335	24444	27853
714	39984	35286	34654	37237	37687	35783	35822	33709	32130	35757
716	26066	25160	24722	25688	24396	26314	27792	23735	23662	25922
718	35483	30666	32597	35603	34683	34100	36846	30741	30108	33855
731	32373	29185	35200	39226	36931	35832	38617	35707	39260	41723
733	31786	19637	29758	33647	28963	32529	32954	28894	29291	31282
735	36945	32351	35010	38875	36397	35279	38421	32885	32528	33492
737	32384	28982	29503	34233	31598	32233	34086	30579	32219	33997
741	31900	28598	28133	30909	29541	29973	30605	27144	27513	30132
742	36242	33110	33291	34942	32976	33875	35572	30228	29853	31367
743	27258	25721	25957	27452	24549	24628	24827	21113	19790	23285
744	35402	30087	31134	33346	32404	33039	35126	30837	33348	35141
745	36053	31514	32843	37421	35306	36239	37002	32407	33024	34655
746	26193	23796	24725	27552	26658	27601	26422	23960	24192	28087
747	36361	32821	34506	38273	35690	36091	37395	33009	33513	35114
748	30245	27160	26713	29214	26417	27732	28683	23909	23914	27002
749	32971	32679	36502	38142	35902	35493	38163	33425	32745	33955
721	31237	27564	27578	31095	28735	30403	31222	27993	27899	29825
722	18317	22616	21215	24413	24207	24244	25579	22362	23313	26485
723	30708	25508	25576	30804	28879	28724	30271	26399	26043	28084
724	29634	24214	25245	30708	28600	27258	29540	25873	25399	27598
725	39462	39585	40585	41971	40486	41184	41654	33171	34378	36717
726	39523	33552	35045	38027	34455	33427	35515	32180	33335	35342
727	35119	32141	31638	36606	33936	35282	36141	30793	32781	36836
728	38135	34289	37412	42090	37204	38267	39667	35079	36753	38800
774	35492	34293	38034	42874	41225	42008	42842	35720	38015	37754

续表

代码	2008	2009	2010	2011	2012	2013	2014	2015	2016	2017
872	28620	23434	24445	28138	27895	28915	30866	27718	27760	30470
881	15592	11947	21400	21537	12128	14084	15225	14846	12389	14052
882	36281	32764	33608	37793	39230	39024	38839	34876	35702	37044
883	26576	25152	22242	33637	21234	12868	14328	16972	19518	19418
781	28932	25212	25411	26851	25540	24583	25748	23917	24386	26927
782	21575	20765	20408	22195	19415	20550	21793	19496	19127	23784
783	25904	20730	22595	25993	24082	24626	25123	21796	21382	25039
784	26077	22739	24169	26324	25319	26000	26351	22850	23183	26335
785	24929	21195	22492	24471	21597	23453	23951	20966	21845	24418
786	29606	26430	24777	28902	26920	28458	30531	26759	26449	28930
791	13691	20214	17266	18318	16210	18743	23272	20133	21824	24538
792	33461	32076	31787	33122	29822	31828	34123	30879	30132	34590
793	23617	21198	20832	22716	21968	18660	21114	21591	22665	22626
771	21951	20323	22113	25603	23211	24308	25313	21641	21583	23639
772	23989	23151	24045	25820	24066	24418	24439	21584	21691	24068
773	14353	11669	12155	12922	11993	12003	11702	10050	9923	11042
775	21666	18327	18716	20673	19121	19794	19859	18074	18145	20163
776	24010	21556	26295	28544	26368	26312	26987	25270	26042	29104
778	24406	21931	23586	26255	24005	24994	25965	22762	24182	23300
813	22481	23803	24509	26919	24757	25478	26291	22901	22662	22380
752	22822	19094	20496	23764	22304	23673	24494	22304	22046	24389
761	19669	15808	15569	16510	15667	16071	15693	13418	13933	16524
762	22345	21311	20623	21565	20140	19526	20722	17724	18166	20814
763	25331	21251	23702	27104	27928	27989	28506	25778	27332	28917
764	27097	22221	22233	23337	21857	22759	24656	21096	20773	22123
751	24631	21083	20650	22758	21583	22470	23830	20139	20491	14118
759	23676	24966	27426	31706	30588	30828	30776	27969	28467	29053
871	21374	20655	23728	26845	26082	25958	27626	25987	25575	25338
873	20356	18757	20358	20966	18247	18390	18770	16154	16816	18434
874	36465	32844	34054	37568	34951	35059	36627	32387	32086	34292

续表

代码	2008	2009	2010	2011	2012	2013	2014	2015	2016	2017
884	34806	30780	32544	34990	31569	31911	33007	30158	29583	32895
885	51389	50430	54987	65571	55205	53798	56206	50283	46706	50025
891	29905	25249	15759	24698	29284	27697	26002	22169	22350	30401
896	41889	26862	33452	38610	38692	38091	47994	37964	36729	38049
897	18345	14796	18108	23238	20367	23941	25668	23437	20707	26929
899	37415	34170	34999	38274	34376	36181	38081	35549	35975	37759
931	32136	28070	27883	31235	37375	36664	31142	30351	31363	28776
351	16031	12307	12506	13744	12851	12048	13842	10866	10344	13023
525	23847	19210	20579	24757	23241	23515	20842	15459	13818	21163
344（1）	29481	23347	27073	28638	30045	28568	34596	26100	24250	28976
344（2）	20924	17492	15010	17972	20232	18668	18731	16249	12456	15001
344（9）	17148	12196	14942	12646	12457	13208	15170	13580	9470	8619
345	2488	20846	18716	20966	10553	10431	10383	18669	9405	19557

数据来源：根据联合国贸易数据库（UNTD）当中世界 90 个国家工业行业 249 种产品的出口数据，通过运用出口技术复杂度计算公式测算所得。

附录 5

附表 5-1　已同中国签订共建 "一带一路" 合作文件的 148 个沿线国家/地区

洲别	国家/地区			
非洲	苏丹	埃塞俄比亚	吉布提	中非
	南非	肯尼亚	埃及	几内亚比绍
	塞内加尔	尼日利亚	赤道几内亚	厄立特里亚
	塞拉利昂	乍得	利比里亚	布基纳法索
	科特迪瓦	刚果	莱索托	圣多美和普林西比
	索马里	津巴布韦	科摩罗	利比亚
	喀麦隆	阿尔及利亚	贝宁	多哥
	南苏丹	坦桑尼亚	马里	卢旺达
	塞舌尔	布隆迪	尼日尔	摩洛哥
	几内亚	佛得角	刚果	马达加斯加

续表

洲别	国家/地区			
	加纳	乌干达	博茨瓦纳	毛里塔尼亚
	赞比亚	冈比亚	纳米比亚	加蓬
	莫桑比克	安哥拉	突尼斯	
亚洲	韩国	尼泊尔	阿塞拜疆	巴基斯坦
	蒙古	马尔代夫	格鲁吉亚	斯里兰卡
	新加坡	阿联酋	亚美尼亚	孟加拉国
	东帝汶	科威特	哈萨克斯坦	伊朗
	马来西亚	土耳其	吉尔吉斯斯坦	伊拉克
	缅甸	卡塔尔	塔吉克斯坦	阿富汗
	柬埔寨	阿曼	乌兹别克斯坦	菲律宾
	越南	黎巴嫩	泰国	也门
	老挝	沙特阿拉伯	印度尼西亚	叙利亚
	文莱	巴林		
欧洲	塞浦路斯	阿尔巴尼亚	罗马尼亚	马耳他
	俄罗斯	克罗地亚	拉脱维亚	葡萄牙
	奥地利	波黑	乌克兰	意大利
	希腊	黑山	白俄罗斯	卢森堡
	波兰	爱沙尼亚	摩尔多瓦	匈牙利
	塞尔维亚	立陶宛	保加利亚	北马其顿
	捷克	斯洛文尼亚	斯洛伐克	
大洋洲	新西兰	纽埃	基里巴斯	巴布亚新几内亚
	斐济	库克群岛	瓦努阿图	密克罗尼西亚联邦
	萨摩亚	汤加	所罗门群岛	
南美洲	智利	乌拉圭	厄瓜多尔	阿根廷
	圭亚那	委内瑞拉	秘鲁	苏里南
	玻利维亚			
北美洲	牙买加	多米尼加	巴巴多斯	特立尼达和多巴哥
	巴拿马	尼加拉瓜	古巴	安提瓜和巴布达
	萨尔瓦多	多米尼克	格林纳达	哥斯达黎加

数据来源：根据中国"一带一路"官网整理所得。

附表5-2 世界投入产出表中的"一带一路"沿线国家（地区）及所属区域

洲别	国家/地区	区域
亚洲	韩国	东亚
	印度	南亚
	土耳其	西亚
	印度尼西亚	东南亚
欧洲	捷克	中东欧
	波兰	中东欧
	奥地利	中东欧
	匈牙利	中东欧
	立陶宛	中东欧
	俄罗斯	中东欧
	爱沙尼亚	中东欧
	拉脱维亚	中东欧
	斯洛伐克	中东欧
	塞浦路斯	中东欧
	卢森堡	西欧
	希腊	南欧
	意大利	南欧
	马耳他	南欧
	葡萄牙	南欧
	保加利亚	南欧
	克罗地亚	南欧
	罗马尼亚	南欧
	斯洛文尼亚	南欧

附录6

附表6-1 世界投入产出表划分合并后的部门

序号	划分合并后的产业部门	世界投入产出表产业部门
1	农、林、牧、渔业	农作物和动物生产、狩猎及相关服务活动
		林业和伐木
		渔业和水产养殖

序号	划分合并后的产业部门	世界投入产出表产业部门
2	采矿业	采矿和采石
3	食品、饮料和烟草制品制造业	食品、饮料和烟草制品制造
4	纺织品、服装和皮革制品制造业	纺织品、服装和皮革制品制造
5	木材加工和木竹藤棕草制品业	木材及木制品和软木制品的制造（家具除外）；稻草制品和编织材料的制造
6	造纸和纸制品业	纸和纸制品制造
7	印刷和记录媒介复制业	记录媒体的印刷和复制
8	石油加工、炼焦和核燃料加工业	焦炭和精炼石油产品制造
9	化学原料、化学制品制造业	化学品和化学产品制造
10	医药制造业	基础药品和制剂的生产
11	橡胶和塑料制品业	橡塑制品制造
12	非金属矿物制品业	其他非金属矿产品制造
13	金属冶炼和压延加工业	基本金属制造
14	金属制品业	金属制品制造，机械和设备除外
15	计算机、通信和其他电子设备制造业	计算机、电子和光学产品制造
16	电气机械和器材制造业	电气设备制造
17	通用设备、专用设备制造业	机械设备制造
18	汽车制造业	汽车、挂车和半挂车制造
19	铁路、船舶、航空航天和其他运输设备制造业	其他运输设备制造
20	家具制造业、其他制造业	家具制造业；其他制造业
21	机械设备修理业	机械设备的修理和安装
22	电力、热力、燃气及水生产和供应业	电力、燃气、蒸汽和空调供应
		水的收集、处理和供应
		污水处理；废物收集、处理及处置活动；物料回收；补救活动及其他废物管理服务
23	建筑业	施工
24	批发零售业	汽车及摩托车批发零售及修理
		批发贸易（机动车辆和摩托车除外）
		零售业（汽车和摩托车除外）

续表

序号	划分合并后的产业部门	世界投入产出表产业部门
25	交通运输、仓储和邮政业	陆运和管道运输
		水运
		航空运输
		仓储和运输辅助活动
		邮政和快递活动
26	住宿和餐饮业	食宿服务活动
27	出版业、广播、电视、电影和影视录音制作业	出版活动
		电影、录像和电视节目制作、录音和音乐出版活动；节目和广播活动
28	信息传输、软件和信息技术服务业	电信
		计算机编程、咨询及相关活动；信息服务活动
29	金融业	金融服务活动（保险和养老基金除外）
		保险、再保险和养老基金（强制社会保障除外）
		金融服务和保险活动的辅助活动
30	房地产业	房地产活动
31	商务服务业	法律和会计活动；总部活动；管理咨询活动
32	科学研究和技术服务业	建筑和工程活动；技术测试和分析
		科学研究与开发
		广告与市场研究
		其他专业、科学和技术活动；兽医活动
33	教育	教育类
34	卫生和社会工作	人类健康和社会工作活动
35	居民服务、其他服务业	家庭作为雇主的活动；家庭自用的无差别商品和服务生产活动
		其他服务活动
36	公共管理、社会保障和社会组织	行政和支助服务活动
		公共管理和国防；强制性社会保障
		域外组织和机构的活动

附表 6-2 中国投入产出表划分合并后的部门

序号	划分合并后的产业部门	中国投入产出表产业部门
1	农、林、牧、渔业	农产品
		林产品
		畜牧产品
		渔产品
		农、林、牧、渔服务产品
2	采矿业	煤炭开采和洗选产品
		石油和天然气开采产品
		黑色金属矿采选产品
		有色金属矿采选产品
		非金属矿采选产品
		开采辅助活动和其他采矿产品
3	食品、饮料和烟草制品制造业	谷物磨制品
		饲料加工品
		植物油加工品
		糖及糖制品
		屠宰及肉类加工品
		水产加工品
		蔬菜、水果、坚果和其他农副食品加工品
		方便食品
		乳制品
		调味品、发酵制品
		其他食品
		酒精和酒
		饮料
		精制茶
		烟草制品
4	纺织品、服装和皮革制品制造业	棉、化纤纺织及印染精加工品
		毛纺织及染整精加工品
		麻、丝绢纺织及加工品

序号	划分合并后的产业部门	中国投入产出表产业部门
		针织或钩针编织及其制品
		纺织制成品
		纺织服装服饰
		皮革、毛皮、羽毛及其制品
		鞋
5	木材加工和木竹藤棕草制品业	木材加工和木竹藤棕草制品
6	造纸和纸制品业	造纸和纸制品
7	印刷和记录媒介复制业	印刷和记录媒介复制品
8	石油加工、炼焦和核燃料加工业	精炼石油和核燃料加工品
		煤炭加工品
9	化学原料、化学制品制造业	基础化学原料
		肥料
		农药
		涂料、油墨、颜料及类似产品
		合成材料
		专用化学产品和炸药、火工、焰火产品
		日用化学产品
10	医药制造业	医药制品
11	橡胶和塑料制品业	橡胶制品
		塑料制品
12	非金属矿物制品业	水泥、石灰和石膏
		石膏、水泥制品及类似制品
		砖瓦、石材等建筑材料
		玻璃和玻璃制品
		陶瓷制品
		耐火材料制品
		石墨及其他非金属矿物制品
13	金属冶炼和压延加工业	钢
		钢压延产品

序号	划分合并后的产业部门	中国投入产出表产业部门
		铁及铁合金产品
		有色金属及其合金
		有色金属压延加工品
14	金属制品业	金属制品
15	计算机、通信和其他电子设备制造业	计算机
		通信设备
		广播电视设备和雷达及配套设备
		视听设备
		电子元器件
		其他电子设备
16	电气机械和器材制造业	电机
		输配电及控制设备
		电线、电缆、光缆及电工器材
		电池
		家用器具
		其他电气机械和器材
17	通用设备、专用设备制造业	锅炉及原动设备
		金属加工机械
		物料搬运设备
		泵、阀门、压缩机及类似机械
		烘炉、风机、包装等设备
		文化、办公用机械
		其他通用设备
		采矿、冶金、建筑专用设备
		化工、木材、非金属加工专用设备
		农、林、牧、渔专用机械
		医疗仪器设备及器械
		其他专用设备
18	汽车制造业	汽车整车
		汽车零部件及配件

序号	划分合并后的产业部门	中国投入产出表产业部门
19	铁路、船舶、航空航天和其他运输设备制造业	铁路运输和城市轨道交通设备
		船舶及相关装置
		其他交通运输设备
20	家具制造业、其他制造业	家具
		其他制造产品
21	机械设备修理业	金属制品、机械和设备修理服务
22	电力、热力、燃气及水生产和供应业	电力、热力生产和供应
		燃气生产和供应
		水的生产和供应
23	建筑业	住宅房屋建筑
		体育场馆和其他房屋建筑
		铁路、道路、隧道和桥梁工程建筑
		其他土木工程建筑
		建筑安装
		建筑装饰、装修和其他建筑服务
24	批发零售业	批发
		零售
25	交通运输、仓储和邮政业	铁路旅客运输
		铁路货物运输和运输辅助活动
		城市公共交通及公路客运
		道路货物运输和运输辅助活动
		水上旅客运输
		水上货物运输和运输辅助活动
		航空旅客运输
		航空货物运输和运输辅助活动
		管道运输
		多式联运和运输代理
		装卸搬运和仓储
		邮政

序号	划分合并后的产业部门	中国投入产出表产业部门
26	住宿和餐饮业	住宿
		餐饮
27	出版业、广播、电视、电影和影视录音制作业	新闻和出版
		广播、电视、电影和影视录音制作
28	信息传输、软件和信息技术服务业	电信
		广播电视及卫星传输服务
		互联网和相关服务
		软件服务
		信息技术服务
29	金融业	货币金融和其他金融服务
		资本市场服务
		保险
30	房地产业	房地产
31	商务服务业	商务服务
32	科学研究和技术服务业	研究和试验发展
		专业技术服务
		科技推广和应用服务
33	教育	教育
34	卫生和社会工作	卫生
		社会工作
35	居民服务、其他服务业	居民服务
		其他服务
36	公共管理、社会保障和社会组织	社会保障
		公共管理和社会组织

附录7

附表7-1 中国物流业后向关联系数

行业 国家/地区	物流业 直接消耗系数	物流业 完全消耗系数	铁路货物运输 直接消耗系数	铁路货物运输 完全消耗系数	道路货物运输 直接消耗系数	道路货物运输 完全消耗系数	管道运输 直接消耗系数	管道运输 完全消耗系数	水上货物运输 直接消耗系数	水上货物运输 完全消耗系数	航空货物运输 直接消耗系数	航空货物运输 完全消耗系数	仓储和运输辅助活动 直接消耗系数	仓储和运输辅助活动 完全消耗系数	快递 直接消耗系数	快递 完全消耗系数
奥地利	0.000030	0.000527	0.000022	0.000458	0.000002	0.000423	0.000000	0.000357	0.000045	0.000644	0.000003	0.000816	0.000086	0.000677	0.000132	0.000763
保加利亚	0.000002	0.000114	0.000001	0.000094	0.000000	0.000099	0.000000	0.000084	0.000000	0.000134	0.000000	0.000202	0.000007	0.000140	0.000005	0.000101
塞浦路斯	0.000000	0.000018	0.000000	0.000014	0.000000	0.000014	0.000000	0.000012	0.000000	0.000022	0.000000	0.000028	0.000000	0.000027	0.000000	0.000016
捷克	0.000018	0.000345	0.000024	0.000303	0.000002	0.000302	0.000000	0.000214	0.000018	0.000373	0.000002	0.000482	0.000054	0.000418	0.000072	0.000478
爱沙尼亚	0.000001	0.000030	0.000001	0.000026	0.000000	0.000024	0.000000	0.000022	0.000001	0.000036	0.000000	0.000049	0.000002	0.000040	0.000003	0.000035
希腊	0.000016	0.000177	0.000003	0.000134	0.000000	0.000136	0.000000	0.000119	0.000041	0.000244	0.000001	0.000274	0.000041	0.000248	0.000020	0.000156
克罗地亚	0.000001	0.000045	0.000000	0.000038	0.000000	0.000037	0.000000	0.000032	0.000000	0.000054	0.000000	0.000075	0.000002	0.000059	0.000003	0.000047
匈牙利	0.000014	0.000199	0.000024	0.000183	0.000002	0.000177	0.000000	0.000113	0.000024	0.000232	0.000002	0.000281	0.000031	0.000223	0.000073	0.000302
印度尼西亚	0.000115	0.002118	0.000103	0.001696	0.000011	0.001724	0.000000	0.001575	0.000145	0.002464	0.000012	0.003396	0.000367	0.002965	0.000268	0.002011
印度	0.000068	0.001564	0.000047	0.001296	0.000005	0.001269	0.000000	0.001254	0.000058	0.001760	0.000004	0.002540	0.000253	0.002228	0.000085	0.001441
意大利	0.000062	0.001497	0.000036	0.001287	0.000004	0.001187	0.000000	0.001035	0.000084	0.001859	0.000008	0.002412	0.000197	0.001966	0.000210	0.001965
韩国	0.000646	0.009732	0.000776	0.009061	0.000079	0.007750	0.000000	0.007884	0.000712	0.011274	0.000068	0.015301	0.002091	0.013398	0.001196	0.011264
立陶宛	0.000001	0.000049	0.000000	0.000041	0.000000	0.000040	0.000000	0.000037	0.000000	0.000056	0.000000	0.000079	0.000002	0.000065	0.000002	0.000050
卢森堡	0.000008	0.000230	0.000007	0.000041	0.000001	0.000040	0.000000	0.000037	0.000006	0.000056	0.000000	0.000079	0.000027	0.000065	0.000024	0.000050
拉脱维亚	0.000000	0.000030	0.000000	0.000025	0.000000	0.000024	0.000000	0.000022	0.000000	0.000035	0.000000	0.000049	0.000002	0.000040	0.000002	0.000033
马耳他	0.000000	0.000012	0.000000	0.000010	0.000000	0.000010	0.000000	0.000009	0.000000	0.000015	0.000000	0.000020	0.000000	0.000016	0.000000	0.000013

续表

行业 国家/地区	物流业 直接消耗系数	物流业 完全消耗系数	铁路货物运输 直接消耗系数	铁路货物运输 完全消耗系数	道路货物运输 直接消耗系数	道路货物运输 完全消耗系数	管道运输 直接消耗系数	管道运输 完全消耗系数	水上货物运输 直接消耗系数	水上货物运输 完全消耗系数	航空货物运输 直接消耗系数	航空货物运输 完全消耗系数	仓储和运输辅助活动 直接消耗系数	仓储和运输辅助活动 完全消耗系数	快递 直接消耗系数	快递 完全消耗系数
波兰	0.000013	0.000472	0.000016	0.000425	0.000002	0.000405	0.000000	0.000317	0.000012	0.000534	0.000002	0.000718	0.000042	0.000567	0.000053	0.000600
葡萄牙	0.000001	0.000156	0.000001	0.000128	0.000000	0.000131	0.000000	0.000115	0.000001	0.000180	0.000000	0.000257	0.000005	0.000196	0.000006	0.000164
罗马尼亚	0.000005	0.000172	0.000006	0.000151	0.000001	0.000146	0.000000	0.000118	0.000003	0.000194	0.000001	0.000266	0.000019	0.000223	0.000013	0.000200
俄罗斯	0.000058	0.006386	0.000063	0.004719	0.000006	0.005570	0.000000	0.004472	0.000078	0.007621	0.000008	0.011345	0.000176	0.007239	0.000159	0.004141
斯洛伐克	0.000003	0.000112	0.000004	0.000099	0.000000	0.000101	0.000000	0.000069	0.000002	0.000119	0.000000	0.000161	0.000009	0.000131	0.000009	0.000136
斯洛文尼亚	0.000001	0.000049	0.000002	0.000043	0.000000	0.000041	0.000000	0.000033	0.000001	0.000056	0.000000	0.000076	0.000004	0.000061	0.000004	0.000058
土耳其	0.000009	0.000733	0.000008	0.000578	0.000001	0.000642	0.000000	0.000534	0.000006	0.000855	0.000001	0.001261	0.000031	0.000889	0.000022	0.000613
其他	0.006869	0.142362	0.005479	0.114754	0.000558	0.118400	0.000000	0.101813	0.006254	0.168069	0.000936	0.238894	0.023682	0.186642	0.020495	0.162360
合计	0.007941	0.167129	0.006625	0.135603	0.000675	0.138691	0.000000	0.120279	0.007493	0.196887	0.001052	0.279057	0.027130	0.218523	0.022857	0.162360

附表 7-2　中国物流业前向关联系数

行业 国家/地区	物流业 直接消耗系数	物流业 完全消耗系数	铁路货物运输 直接消耗系数	铁路货物运输 完全消耗系数	道路货物运输 直接消耗系数	道路货物运输 完全消耗系数	管道运输 直接消耗系数	管道运输 完全消耗系数	水上货物运输 直接消耗系数	水上货物运输 完全消耗系数	航空货物运输 直接消耗系数	航空货物运输 完全消耗系数	仓储和运输辅助活动 直接消耗系数	仓储和运输辅助活动 完全消耗系数	快递 直接消耗系数	快递 完全消耗系数
奥地利	0.000102	0.000888	0.000055	0.000858	0.000094	0.000762	0.000062	0.000960	0.000147	0.001230	0.000424	0.001864	0.000055	0.000877	0.000013	0.000417
保加利亚	0.000024	0.000218	0.000004	0.000195	0.000007	0.000161	0.000004	0.000227	0.000116	0.000488	0.000042	0.000275	0.000002	0.000188	0.000003	0.000084
塞浦路斯	0.000005	0.000055	0.000001	0.000055	0.000001	0.000044	0.000001	0.000065	0.000014	0.000088	0.000024	0.000104	0.000008	0.000061	0.000000	0.000025

续表

行业 国家/地区	物流业 直接消耗系数	物流业 完全消耗系数	铁路货物运输 直接消耗系数	铁路货物运输 完全消耗系数	道路货物运输 直接消耗系数	道路货物运输 完全消耗系数	管道运输 直接消耗系数	管道运输 完全消耗系数	水上货物运输 直接消耗系数	水上货物运输 完全消耗系数	航空货物运输 直接消耗系数	航空货物运输 完全消耗系数	仓储和运输辅助活动 直接消耗系数	仓储和运输辅助活动 完全消耗系数	快递 直接消耗系数	快递 完全消耗系数
捷克	0.000181	0.001349	0.000086	0.001287	0.000146	0.001150	0.000097	0.001305	0.000135	0.001444	0.001112	0.004036	0.000196	0.001486	0.000000	0.000558
爱沙尼亚	0.000024	0.000159	0.000007	0.000145	0.000012	0.000123	0.000008	0.000148	0.000034	0.000203	0.000132	0.000411	0.000033	0.000191	0.000004	0.000072
希腊	0.000104	0.000505	0.000005	0.000376	0.000008	0.000305	0.000005	0.000426	0.000014	0.000602	0.000178	0.000801	0.000451	0.001044	0.000000	0.000153
克罗地亚	0.000003	0.000091	0.000002	0.000099	0.000003	0.000080	0.000002	0.000116	0.000003	0.000132	0.000009	0.000125	0.000001	0.000086	0.000000	0.000042
匈牙利	0.000024	0.000685	0.000007	0.000740	0.000012	0.000598	0.000008	0.000718	0.000006	0.000810	0.000208	0.001320	0.000043	0.000736	0.000000	0.000372
印度尼西亚	0.000015	0.003792	0.000003	0.004770	0.000005	0.003406	0.000008	0.005527	0.000004	0.004770	0.000276	0.003810	0.000006	0.003752	0.000000	0.001967
印度	0.000004	0.006427	0.000000	0.007971	0.000000	0.005621	0.000003	0.009796	0.000007	0.009224	0.000059	0.005708	0.000002	0.006000	0.000000	0.002954
意大利	0.000257	0.004481	0.000066	0.004689	0.000111	0.003680	0.000074	0.005057	0.000021	0.005131	0.004066	0.014950	0.000218	0.004457	0.000035	0.002088
韩国	0.000429	0.015232	0.000084	0.018862	0.000143	0.013148	0.000094	0.020140	0.000098	0.017991	0.005827	0.027917	0.000609	0.015673	0.000020	0.007620
立陶宛	0.000003	0.000118	0.000001	0.000125	0.000002	0.000103	0.000001	0.000144	0.000003	0.000181	0.000011	0.000156	0.000002	0.000115	0.000000	0.000053
卢森堡	0.000016	0.000204	0.000002	0.000171	0.000003	0.000149	0.000002	0.000187	0.000000	0.000221	0.000181	0.001005	0.000036	0.000229	0.000000	0.000128
拉脱维亚	0.000012	0.000103	0.000008	0.000106	0.000013	0.000097	0.000009	0.000118	0.000000	0.000103	0.000070	0.000255	0.000012	0.000112	0.000000	0.000039
马耳他	0.000001	0.000060	0.000000	0.000063	0.000000	0.000049	0.000000	0.000070	0.000001	0.000076	0.000025	0.000159	0.000001	0.000063	0.000000	0.000033
波兰	0.000180	0.001839	0.000105	0.001962	0.000178	0.001662	0.000118	0.002066	0.000245	0.002203	0.001048	0.004122	0.000028	0.001677	0.000001	0.000786
葡萄牙	0.000003	0.000373	0.000004	0.000404	0.000001	0.000320	0.000001	0.000457	0.000001	0.000570	0.000035	0.000570	0.000003	0.000347	0.000000	0.000166
罗马尼亚	0.000014	0.000468	0.000004	0.000495	0.000006	0.000401	0.000004	0.000523	0.000033	0.000691	0.000130	0.000836	0.000001	0.000439	0.000001	0.000216
俄罗斯	0.000106	0.003862	0.000092	0.004562	0.000156	0.003693	0.000103	0.004954	0.000040	0.004212	0.000195	0.003552	0.000036	0.004013	0.000000	0.001852
斯洛伐克	0.000007	0.000430	0.000003	0.000476	0.000004	0.000380	0.000003	0.000467	0.000004	0.000556	0.000039	0.000662	0.000011	0.000440	0.000000	0.000210

续表

行业 国家/地区	物流业 直接消耗系数	物流业 完全消耗系数	铁路货物运输 直接消耗系数	铁路货物运输 完全消耗系数	道路货物运输 直接消耗系数	道路货物运输 完全消耗系数	管道运输 直接消耗系数	管道运输 完全消耗系数	水上货物运输 直接消耗系数	水上货物运输 完全消耗系数	航空货物运输 直接消耗系数	航空货物运输 完全消耗系数	仓储和运输辅助活动 直接消耗系数	仓储和运输辅助活动 完全消耗系数	快递 直接消耗系数	快递 完全消耗系数
斯洛文尼亚	0.000005	0.000149	0.000002	0.000175	0.000003	0.000130	0.000002	0.000195	0.000010	0.000195	0.000039	0.000253	0.000001	0.000146	0.000001	0.000072
土耳其	0.000006	0.002378	0.000002	0.002923	0.000004	0.002144	0.000002	0.003650	0.000021	0.003100	0.000011	0.002191	0.000001	0.002358	0.000000	0.001142
其他	0.051602	0.291594	0.023403	0.272029	0.039610	0.239893	0.026239	0.293446	0.119341	0.480735	0.212429	0.632878	0.014740	0.256446	0.012466	0.129616
合计	0.05315	0.335459	0.023943	0.323537	0.040523	0.278099	0.026843	0.350760	0.120297	0.534954	0.226570	0.707908	0.016498	0.300935	0.012548	0.150663

附表 7-3 中国物流业及其细分行业的对外依存度

物流业 国家/地区	物流业 依存度	铁路货物运输 国家/地区	铁路货物运输 依存度	道路货物运输 国家/地区	道路货物运输 依存度	管道运输 国家/地区	管道运输 依存度	水上货物运输 国家/地区	水上货物运输 依存度	航空货物运输 国家/地区	航空货物运输 依存度	仓储和运输辅助活动 国家/地区	仓储和运输辅助活动 依存度	快递 国家/地区	快递 依存度
韩国	0.63	俄罗斯	0.72	韩国	0.59	韩国	0.71	韩国	0.66	韩国	1.38	韩国	0.67	韩国	0.32
俄罗斯	0.60	韩国	0.63	俄罗斯	0.55	俄罗斯	0.63	俄罗斯	0.65	意大利	0.98	俄罗斯	0.66	俄罗斯	0.30
印度	0.45	印度	0.56	印度	0.41	印度	0.59	印度	0.57	俄罗斯	0.52	印度	0.45	印度	0.24
印度尼西亚	0.32	印度尼西亚	0.40	印度尼西亚	0.29	印度尼西亚	0.40	印度尼西亚	0.38	印度	0.44	意大利	0.32	印度尼西亚	0.17
意大利	0.31	意大利	0.31	意大利	0.26	意大利	0.31	意大利	0.33	印度尼西亚	0.34	印度尼西亚	0.32	意大利	0.15
土耳其	0.20	土耳其	0.25	土耳其	0.19	土耳其	0.25	土耳其	0.24	波兰	0.25	土耳其	0.21	土耳其	0.11
波兰	0.14	波兰	0.16	波兰	0.14	波兰	0.15	波兰	0.15	土耳其	0.21	波兰	0.14	波兰	0.07
捷克	0.07	奥地利	0.07	捷克	0.06	奥地利	0.07	奥地利	0.07	捷克	0.20	希腊	0.08	奥地利	0.03

续表

物流业		铁路货物运输		道路货物运输		管道运输		水上货物运输		航空货物运输		仓储和运输辅助活动		快递	
国家/地区	依存度	国家/地区	依存度	国家/地区	依存度	国家/地区	依存度	国家/地区	依存度	国家/地区	依存度	国家/地区	依存度	国家/地区	依存度
奥地利	0.06	捷克	0.06	奥地利	0.06	捷克	0.06	捷克	0.06	奥地利	0.13	捷克	0.07	捷克	0.03
希腊	0.06	希腊	0.06	希腊	0.04	希腊	0.06	希腊	0.06	希腊	0.08	奥地利	0.06	希腊	0.03
罗马尼亚	0.03	罗马尼亚	0.04	罗马尼亚	0.03	罗马尼亚	0.04	罗马尼亚	0.05	罗马尼亚	0.06	罗马尼亚	0.03	罗马尼亚	0.02
葡萄牙	0.03	葡萄牙	0.03	葡萄牙	0.03	葡萄牙	0.03	葡萄牙	0.04	匈牙利	0.06	葡萄牙	0.03	葡萄牙	0.02
匈牙利	0.02	匈牙利	0.03	匈牙利	0.02	匈牙利	0.03	匈牙利	0.03	葡萄牙	0.04	匈牙利	0.03	匈牙利	0.01
斯洛伐克	0.02	斯洛伐克	0.02	斯洛伐克	0.02	斯洛伐克	0.02	斯洛伐克	0.03	保加利亚	0.04	斯洛伐克	0.02	斯洛伐克	0.01
保加利亚	0.02	保加利亚	0.02	保加利亚	0.01	保加利亚	0.02	保加利亚	0.02	斯洛伐克	0.03	保加利亚	0.01	保加利亚	0.01
斯洛文尼亚	0.01	斯洛文尼亚	0.01	斯洛文尼亚	0.01	斯洛文尼亚	0.01	斯洛文尼亚	0.02	塞浦路斯	0.03	斯洛文尼亚	0.01	斯洛文尼亚	0.01
立陶宛	0.01	立陶宛	0.01	立陶宛	0.01	立陶宛	0.01	立陶宛	0.01	卢森堡	0.02	卢森堡	0.01	卢森堡	0.01
卢森堡	0.01	卢森堡	0.01	卢森堡	0.01	克罗地亚	0.01	克罗地亚	0.01	爱沙尼亚	0.02	立陶宛	0.01	立陶宛	0.01
克罗地亚	0.01	克罗地亚	0.01	克罗地亚	0.01	卢森堡	0.01	卢森堡	0.01	斯洛文尼亚	0.02	克罗地亚	0.01	克罗地亚	0.00
爱沙尼亚	0.01	爱沙尼亚	0.01	爱沙尼亚	0.01	拉脱维亚	0.01	爱沙尼亚	0.01	拉脱维亚	0.02	爱沙尼亚	0.01	爱沙尼亚	0.00
拉脱维亚	0.01	拉脱维亚	0.01	拉脱维亚	0.01	爱沙尼亚	0.01	拉脱维亚	0.01	立陶宛	0.02	拉脱维亚	0.01	拉脱维亚	0.00
塞浦路斯	0.01	塞浦路斯	0.01	塞浦路斯	0.01	塞浦路斯	0.01	塞浦路斯	0.01	克罗地亚	0.01	塞浦路斯	0.01	塞浦路斯	0.00
马耳他	0.00	马耳他	0.00	马耳他	0.00	马耳他	0.00	马耳他	0.00	马耳他	0.01	马耳他	0.00	马耳他	0.00
其他	23.23	其他国家	21.47	其他国家	19.26	其他国家	21.14	其他国家	36.57	其他国家	48.64	其他国家	20.92	其他国家	11.07
合计	26.27	合计	24.90	合计	22.02	合计	24.58	合计	39.99	合计	53.54	合计	24.10	合计	12.62

附录 8

附表 8-1 中国物流业后向关联度、前向关联度和对外依存度排序

国家/地区	后向关联度	国家/地区	前向关联度	国家/地区	对外依存度
韩国	0.010378	韩国	0.015661	韩国	0.627052
俄罗斯	0.006444	印度	0.006430	俄罗斯	0.603306
印度尼西亚	0.002233	意大利	0.004737	印度	0.449735
印度	0.001632	俄罗斯	0.003968	印度尼西亚	0.315147
意大利	0.001559	印度尼西亚	0.003806	意大利	0.310960
土耳其	0.000742	土耳其	0.002384	土耳其	0.203104
奥地利	0.000557	波兰	0.002018	波兰	0.141365
波兰	0.000485	捷克	0.001530	捷克	0.066305
捷克	0.000363	奥地利	0.000990	奥地利	0.063516
卢森堡	0.000238	匈牙利	0.000709	希腊	0.055712
匈牙利	0.000214	希腊	0.000610	罗马尼亚	0.034192
希腊	0.000193	罗马尼亚	0.000481	葡萄牙	0.030559
罗马尼亚	0.000178	斯洛伐克	0.000437	匈牙利	0.024451
葡萄牙	0.000157	葡萄牙	0.000376	斯洛伐克	0.020690
保加利亚	0.000116	保加利亚	0.000242	保加利亚	0.015430
斯洛伐克	0.000115	卢森堡	0.000220	斯洛文尼亚	0.012992
斯洛文尼亚	0.000050	爱沙尼亚	0.000182	立陶宛	0.011248
立陶宛	0.000049	斯洛文尼亚	0.000154	卢森堡	0.010601
克罗地亚	0.000046	立陶宛	0.000121	克罗地亚	0.009723
拉脱维亚	0.000031	拉脱维亚	0.000115	爱沙尼亚	0.009183
爱沙尼亚	0.000031	克罗地亚	0.000093	拉脱维亚	0.008163
塞浦路斯	0.000018	马耳他	0.000062	塞浦路斯	0.007083
马耳他	0.000012	塞浦路斯	0.000060	马耳他	0.003713

附录 9

附表 9-1 中国物流业对"一带一路"沿线国家各产业直接消耗系数和完全消耗系数

行业 序号	物流业 直接消耗系数	物流业 完全消耗系数	铁路货物运输 直接消耗系数	铁路货物运输 完全消耗系数	道路货物运输 直接消耗系数	道路货物运输 完全消耗系数	管道运输 直接消耗系数	管道运输 完全消耗系数	水上货物运输 直接消耗系数	水上货物运输 完全消耗系数	航空货物运输 直接消耗系数	航空货物运输 完全消耗系数	仓储和运输辅助活动 直接消耗系数	仓储和运输辅助活动 完全消耗系数	快递 直接消耗系数	快递 完全消耗系数
1	0.000024	0.000325	0.000000	0.000237	0.000000	0.000242	0.000000	0.000258	0.000000	0.000316	0.000000	0.000497	0.000116	0.000586	0.000000	0.000306
2	0.000001	0.003632	0.000008	0.002639	0.000001	0.003263	0.000000	0.002479	0.000001	0.004435	0.000000	0.006603	0.000001	0.004121	0.000009	0.001998
3	0.000023	0.000335	0.000010	0.000251	0.000001	0.000259	0.000000	0.000256	0.000033	0.000354	0.000002	0.000534	0.000076	0.000543	0.000034	0.000334
4	0.000018	0.000405	0.000012	0.000339	0.000001	0.000335	0.000000	0.000412	0.000002	0.000387	0.000001	0.000582	0.000075	0.000601	0.000037	0.000458
5	0.000001	0.000137	0.000001	0.000128	0.000000	0.000114	0.000000	0.000112	0.000001	0.000154	0.000000	0.000227	0.000003	0.000173	0.000014	0.000173
6	0.000002	0.002245	0.000003	0.000200	0.000000	0.000195	0.000000	0.000256	0.000001	0.000269	0.000001	0.000389	0.000007	0.000323	0.000012	0.000427
7	0.000001	0.000046	0.000000	0.000038	0.000000	0.000037	0.000000	0.000035	0.000000	0.000052	0.000000	0.000071	0.000001	0.000059	0.000025	0.000083
8	0.000396	0.002055	0.000561	0.001968	0.000057	0.001458	0.000000	0.001390	0.000675	0.002646	0.000037	0.002729	0.001120	0.003272	0.000193	0.001520
9	0.000081	0.002452	0.000021	0.002138	0.000002	0.001974	0.000000	0.002522	0.000017	0.002545	0.000001	0.003761	0.000371	0.003638	0.000035	0.002245
10	0.000001	0.000042	0.000001	0.000037	0.000000	0.000033	0.000000	0.000039	0.000000	0.000046	0.000000	0.000065	0.000004	0.000059	0.000003	0.000048
11	0.000010	0.000405	0.000040	0.000373	0.000004	0.000362	0.000000	0.000299	0.000004	0.000434	0.000000	0.000633	0.000026	0.000474	0.000029	0.000460
12	0.000001	0.000142	0.000001	0.000132	0.000001	0.000118	0.000000	0.000109	0.000001	0.000163	0.000000	0.000241	0.000005	0.000172	0.000013	0.000167
13	0.000008	0.001337	0.000008	0.001270	0.000000	0.001129	0.000000	0.001043	0.000005	0.001572	0.000000	0.002328	0.000028	0.001561	0.000013	0.001465
14	0.000014	0.000521	0.000004	0.000464	0.000000	0.000425	0.000000	0.000360	0.000007	0.000618	0.000000	0.000844	0.000061	0.000679	0.000017	0.000620
15	0.000036	0.002014	0.000023	0.001888	0.000002	0.001551	0.000000	0.001644	0.000009	0.002631	0.000000	0.003867	0.000142	0.002445	0.000164	0.002787

续表

行业 序号	物流业		铁路货物运输		道路货物运输		管道运输		水上货物运输		航空货物运输		仓储和运输辅助活动		快递	
	直接消耗系数	完全消耗系数	直接消耗系数	完全消耗系数	直接消耗系数	完全消耗系数	直接消耗系数	完全消耗系数	直接消耗系数	完全消耗系数	直接消耗系数	完全消耗系数	直接消耗系数	完全消耗系数	直接消耗系数	完全消耗系数
16	0.000008	0.000500	0.000006	0.000503	0.000001	0.000384	0.000000	0.000402	0.000015	0.000685	0.000000	0.000935	0.000021	0.000578	0.000022	0.000683
17	0.000089	0.000882	0.000017	0.000702	0.000002	0.000674	0.000000	0.000576	0.000092	0.001098	0.000008	0.001524	0.000350	0.001277	0.000056	0.000853
18	0.000043	0.000783	0.000286	0.000770	0.000029	0.000967	0.000000	0.000323	0.000031	0.000503	0.000002	0.000694	0.000023	0.000529	0.000204	0.000855
19	0.000046	0.000273	0.000030	0.000275	0.000003	0.000154	0.000000	0.000145	0.000143	0.000527	0.000008	0.000469	0.000055	0.000299	0.000372	0.000811
20	0.000021	0.000263	0.000012	0.000243	0.000001	0.000210	0.000000	0.000214	0.000003	0.000273	0.000000	0.000392	0.000084	0.000385	0.000077	0.000351
21	0.000002	0.000038	0.000001	0.000034	0.000000	0.000028	0.000000	0.000023	0.000005	0.000054	0.000000	0.000063	0.000003	0.000045	0.000013	0.000065
22	0.000002	0.000920	0.000002	0.000773	0.000000	0.000762	0.000000	0.000707	0.000005	0.001068	0.000000	0.001520	0.000004	0.001146	0.000004	0.000844
23	0.000002	0.000183	0.000004	0.000151	0.000000	0.000150	0.000000	0.000130	0.000000	0.000213	0.000000	0.000298	0.000007	0.000232	0.000010	0.000187
24	0.000022	0.002197	0.000024	0.001781	0.000002	0.001861	0.000000	0.001622	0.000022	0.002585	0.000001	0.003759	0.000071	0.002674	0.000050	0.001971
25	0.000005	0.000142	0.000001	0.000117	0.000000	0.000115	0.000000	0.000110	0.000000	0.000156	0.000002	0.000226	0.000020	0.000193	0.000026	0.000163
26	0.000002	0.000129	0.000005	0.000114	0.000000	0.000105	0.000000	0.000098	0.000001	0.000148	0.000000	0.000207	0.000006	0.000173	0.000007	0.000141
27	0.000011	0.000091	0.000000	0.000080	0.000000	0.000072	0.000000	0.000070	0.000000	0.000107	0.000000	0.000143	0.000001	0.000122	0.000001	0.000112
28	0.000003	0.000283	0.000006	0.000232	0.000001	0.000221	0.000000	0.000199	0.000033	0.000365	0.000000	0.000445	0.000017	0.000360	0.000064	0.000359
29	0.000000	0.000604	0.000006	0.000510	0.000001	0.000495	0.000000	0.000442	0.000005	0.000707	0.000000	0.000983	0.000003	0.000798	0.000002	0.000594
30	0.000000	0.000214	0.000000	0.000176	0.000000	0.000173	0.000000	0.000156	0.000001	0.000249	0.000000	0.000346	0.000001	0.000267	0.000001	0.000215
31	0.000036	0.000340	0.000014	0.000261	0.000001	0.000270	0.000000	0.000224	0.000046	0.000406	0.000000	0.000492	0.000114	0.000480	0.000161	0.000508

续表

行业序号	物流业		铁路货物运输		道路货物运输		管道运输		水上货物运输		航空货物运输		仓储和运输辅助活动		快递	
	直接消耗系数	完全消耗系数	直接消耗系数	完全消耗系数	直接消耗系数	完全消耗系数	直接消耗系数	完全消耗系数	直接消耗系数	完全消耗系数	直接消耗系数	完全消耗系数	直接消耗系数	完全消耗系数	直接消耗系数	完全消耗系数
32	0.000001	0.000259	0.000001	0.000225	0.000000	0.000214	0.000000	0.000190	0.000001	0.000304	0.000000	0.000418	0.000001	0.000325	0.000002	0.000296
33	0.000000	0.000026	0.000000	0.000022	0.000000	0.000021	0.000000	0.000019	0.000000	0.000030	0.000000	0.000041	0.000000	0.000033	0.000000	0.000028
34	0.000000	0.000027	0.000000	0.000024	0.000000	0.000022	0.000000	0.000021	0.000000	0.000031	0.000000	0.000043	0.000001	0.000035	0.000001	0.000031
35	0.000009	0.000146	0.000004	0.000118	0.000000	0.000115	0.000000	0.000099	0.000003	0.000155	0.000000	0.000214	0.000034	0.000216	0.000052	0.000192
36	0.000004	0.000655	0.000002	0.000512	0.000000	0.000550	0.000000	0.000466	0.000006	0.000775	0.000001	0.001105	0.000014	0.000785	0.000008	0.000547
物流业	0.000149	0.001720	0.000032	0.001274	0.000003	0.001374	0.000000	0.001135	0.000072	0.001968	0.000050	0.002767	0.000579	0.002475	0.000631	0.001925

注：表中序号所代表的产业部门与附录3一致。

附表9-2 中国物流业对"一带一路"沿线国家各产业直接分配系数和完全分配系数

行业序号	物流业		铁路货物运输		道路货物运输		管道运输		水上货物运输		航空货物运输		仓储和运输辅助活动		快递	
	直接分配系数	完全分配系数	直接分配系数	完全分配系数	直接分配系数	完全分配系数	直接分配系数	完全分配系数	直接分配系数	完全分配系数	直接分配系数	完全分配系数	直接分配系数	完全分配系数	直接分配系数	完全分配系数
1	0.000014	0.000825	0.000008	0.000948	0.000014	0.000724	0.000009	0.001374	0.000010	0.001045	0.000049	0.001011	0.000016	0.000826	0.000000	0.000383
2	0.000024	0.000480	0.000018	0.000565	0.000030	0.000438	0.000020	0.000635	0.000009	0.000582	0.000071	0.000579	0.000019	0.000480	0.000000	0.000231
3	0.000058	0.001465	0.000032	0.001555	0.000055	0.001288	0.000036	0.001930	0.000031	0.001787	0.000272	0.002469	0.000065	0.001520	0.000001	0.000660
4	0.000018	0.001868	0.000008	0.001987	0.000013	0.001720	0.000008	0.002678	0.000004	0.002114	0.000139	0.002058	0.000025	0.001986	0.000000	0.000898

续表

行业 序号	物流业 直接分配系数	物流业 完全分配系数	铁路货物运输 直接分配系数	铁路货物运输 完全分配系数	道路货物运输 直接分配系数	道路货物运输 完全分配系数	管道运输 直接分配系数	管道运输 完全分配系数	水上货物运输 直接分配系数	水上货物运输 完全分配系数	航空货物运输 直接分配系数	航空货物运输 完全分配系数	仓储和运输辅助活动 直接分配系数	仓储和运输辅助活动 完全分配系数	快递 直接分配系数	快递 完全分配系数
5	0.000011	0.000223	0.000009	0.000243	0.000015	0.000206	0.000010	0.000314	0.000007	0.000256	0.000026	0.000298	0.000005	0.000217	0.000000	0.000098
6	0.000014	0.000380	0.000010	0.000424	0.000016	0.000345	0.000011	0.000552	0.000011	0.000444	0.000060	0.000549	0.000007	0.000373	0.000000	0.000175
7	0.000004	0.000153	0.000002	0.000174	0.000003	0.000139	0.000002	0.000232	0.000001	0.000169	0.000031	0.000237	0.000003	0.000153	0.000000	0.000074
8	0.000037	0.001847	0.000016	0.001675	0.000027	0.001456	0.000018	0.002010	0.000054	0.003623	0.000127	0.002368	0.000046	0.001592	0.000001	0.000706
9	0.000035	0.002437	0.000017	0.002989	0.000030	0.002074	0.000020	0.005368	0.000033	0.003137	0.000146	0.002580	0.000039	0.002326	0.000000	0.001112
10	0.000011	0.000414	0.000002	0.000477	0.000003	0.000353	0.000002	0.000743	0.000001	0.000458	0.000163	0.000752	0.000018	0.000434	0.000000	0.000222
11	0.000012	0.000927	0.000007	0.001153	0.000012	0.000818	0.000008	0.001917	0.000004	0.001085	0.000079	0.001000	0.000010	0.000904	0.000000	0.000430
12	0.000020	0.000522	0.000013	0.000607	0.000022	0.000457	0.000014	0.000750	0.000008	0.000686	0.000090	0.000715	0.000019	0.000504	0.000000	0.000221
13	0.000033	0.002198	0.000018	0.003086	0.000030	0.001895	0.000020	0.002772	0.000024	0.003159	0.000143	0.002450	0.000039	0.002056	0.000000	0.000951
14	0.000020	0.001375	0.000010	0.002022	0.000017	0.001216	0.000011	0.001794	0.000007	0.001729	0.000128	0.001630	0.000027	0.001340	0.000001	0.000630
15	0.000033	0.004142	0.000008	0.004895	0.000014	0.003750	0.000009	0.004670	0.000005	0.004536	0.000425	0.006976	0.000045	0.004305	0.000000	0.002413
16	0.000016	0.001334	0.000006	0.001791	0.000011	0.001210	0.000007	0.001647	0.000007	0.001526	0.000174	0.001771	0.000015	0.001349	0.000000	0.000681
17	0.000030	0.001986	0.000012	0.002699	0.000021	0.001802	0.000014	0.002279	0.000014	0.002287	0.000308	0.002706	0.000027	0.002007	0.000001	0.001019
18	0.000028	0.002778	0.000017	0.003445	0.000029	0.002517	0.000019	0.003138	0.000013	0.003190	0.000172	0.003422	0.000018	0.002972	0.000000	0.001381
19	0.000010	0.001009	0.000004	0.001423	0.000007	0.000915	0.000004	0.001219	0.000005	0.001156	0.000096	0.001284	0.000012	0.001018	0.000000	0.000506
20	0.000009	0.000798	0.000005	0.000959	0.000008	0.000728	0.000005	0.001058	0.000004	0.000966	0.000069	0.000950	0.000007	0.000790	0.000000	0.000380
21	0.000003	0.000126	0.000002	0.000150	0.000003	0.000113	0.000002	0.000134	0.000002	0.000145	0.000019	0.000219	0.000003	0.000129	0.000000	0.000064

续表

行业 序号	物流业		铁路货物运输		道路货物运输		管道运输		水上货物运输		航空货物运输		仓储和运输辅助活动		快递	
	直接分配系数	完全分配系数	直接分配系数	完全分配系数	直接分配系数	完全分配系数	直接分配系数	完全分配系数	直接分配系数	完全分配系数	直接分配系数	完全分配系数	直接分配系数	完全分配系数	直接分配系数	完全分配系数
22	0.000063	0.001554	0.000029	0.001606	0.000049	0.001288	0.000033	0.001792	0.000012	0.002238	0.000792	0.003541	0.000025	0.001426	0.000006	0.000677
23	0.000049	0.004381	0.000032	0.005864	0.000054	0.039970	0.000036	0.005908	0.000020	0.005262	0.000272	0.005045	0.000030	0.004326	0.000005	0.002068
24	0.000299	0.002170	0.000104	0.002118	0.000176	0.001799	0.000116	0.002378	0.000206	0.002537	0.002320	0.006130	0.000424	0.002432	0.000009	0.000948
25	0.000065	0.001330	0.000012	0.001017	0.000020	0.000852	0.000013	0.001262	0.000023	0.001420	0.000703	0.004318	0.000119	0.001534	0.000004	0.000421
26	0.000007	0.000514	0.000003	0.000537	0.000005	0.000448	0.000003	0.000623	0.000002	0.000637	0.000055	0.000923	0.000007	0.000542	0.000002	0.000247
27	0.000016	0.000242	0.000003	0.000239	0.000004	0.000194	0.000003	0.000291	0.000001	0.000258	0.000334	0.000896	0.000006	0.000245	0.000001	0.000131
28	0.000015	0.000591	0.000002	0.000631	0.000004	0.000508	0.000003	0.000616	0.000001	0.000662	0.000243	0.001518	0.000017	0.000617	0.000004	0.000344
29	0.000046	0.000647	0.000009	0.000613	0.000014	0.000508	0.000010	0.000691	0.000001	0.000681	0.000972	0.002883	0.000011	0.000642	0.000010	0.000379
30	0.000006	0.000403	0.000003	0.000459	0.000005	0.000352	0.000003	0.000511	0.000011	0.000478	0.000034	0.000801	0.000002	0.000404	0.000001	0.000198
31	0.000011	0.000168	0.000002	0.000162	0.000003	0.000133	0.000002	0.000184	0.000001	0.000188	0.000202	0.000614	0.000007	0.000177	0.000001	0.000101
32	0.000026	0.000517	0.000006	0.000555	0.000009	0.000435	0.000006	0.000615	0.000002	0.000567	0.000416	0.001443	0.000029	0.000535	0.000002	0.000267
33	0.000008	0.000343	0.000003	0.000383	0.000006	0.000303	0.000004	0.000447	0.000001	0.000402	0.000112	0.000657	0.000002	0.000343	0.000002	0.000175
34	0.000011	0.000806	0.000004	0.000901	0.000007	0.000707	0.000004	0.001217	0.000014	0.000919	0.000118	0.001390	0.000003	0.000838	0.000003	0.000444
35	0.000019	0.000534	0.000004	0.000582	0.000007	0.000456	0.000005	0.000661	0.000025	0.000623	0.000291	0.001262	0.000005	0.000549	0.000004	0.000284
36	0.000118	0.001206	0.000027	0.001217	0.000045	0.000986	0.000030	0.001356	0.000034	0.001292	0.002115	0.004594	0.000055	0.001203	0.000010	0.000561
物流业	0.000321	0.001173	0.000073	0.001355	0.000123	0.001101	0.000082	0.001547	0.000349	0.001978	0.002374	0.002991	0.000552	0.001396	0.000009	0.000566

注：表中序号所代表的产业部门与附录3一致。

附录 10

附表 10-1　"一带一路"沿线国家对中国主要进口工业产品及所属行业情况

国家/地区	对中国主要进口产品	所属行业
阿尔巴尼亚	机电设备、仪器、金属制品、纺织服装和鞋	电气机械及器材制造业、仪器仪表及文化办公用机械制造业、金属制品业、纺织业、服装及其他纤维制品制造业
阿联酋	机电设备、纺织品、钢铁产品和轻工产品	电气机械及器材制造业、纺织业、黑色金属冶炼及压延加工业
阿塞拜疆	机械设备及配件、汽车及配件以及轻纺产品	通用设备制造业、交通运输设备制造业、纺织业
埃及	电机电气设备、服装、车辆及零部件、钢铁制品、化学纤维长丝	电气机械及器材制造业、服装及其他纤维制品制造业、黑色金属冶炼及压延加工业、化学纤维制造业
巴基斯坦	电子电器、机械设备、计算机与通信产品、人造纤维、橡胶制品	电子及通信设备制造业、通用设备制造业、化学纤维制造业、橡胶制品业
白俄罗斯	通信设备产品、纺织品和服装鞋帽、家电产品、轴承、汽车和拖拉机零配件	电子及通信设备制造业、纺织业、服装及其他纤维制品制造业
马其顿	通信设备、纺织品、服装、箱包、鞋、玩具、家具、家用电器、机电产品	电子及通信设备制造业、纺织业、服装及其他纤维制品制造业、皮革毛皮羽绒及其制品业、家具制造业、其他制造业、电气机械及器材制造业
波兰	机械装备等及零部件、电子设备等及零部件、光学、医疗、检测仪器等及零部件，家具、寝具、灯具等，服装及饰品、鞋、靴类商品	通用设备制造业、电子及通信设备制造业、仪器仪表及文化办公用机械制造业、家具制造业、服装及其他纤维制品制造业、其他制造业
俄罗斯	机电产品、通信设备、印刷品、交通运输设备、纺织品、服装、办公用品	电气机械及器材制造业、电子及通信设备制造业、印刷业和记录媒介的复印、交通运输设备制造业、纺织业、服装及其他纤维制品制造业、文教体育用品制造业

续表

国家/地区	对中国主要进口产品	所属行业
菲律宾	电子产品、钢材、纺织纱线、服装及衣着附件、成品油	电子及通信设备制造业、黑色金属矿采选业、纺织业、服装及其他纤维制品制造业、石油加工及炼焦业
哈萨克斯坦	钻机、掘进机、通信设备	通用设备制造业、电子及通信设备制造业
韩国	液晶显示器、半导体、精密化学仪器、笔记本电脑、钢铁及非合金热轧钢板	电子及通信设备制造业、黑色金属冶炼及压延加工业
土耳其	机电产品、纺织品、金属制品、家具玩具制品、化工产品	电气机械及器材制造业、纺织业、金属制品业、家具制造业、其他制造业、化学原料及化学制品制造业
吉尔吉斯斯坦	纺织品、机电产品、鞋类、服装、计算机和通信技术产品	纺织业、电气机械及器材制造业、服装及其他纤维制品制造业、电子及通信设备制造业
捷克	计算机和通信产品、电子产品、机械设备及部件、纺织品和服装、鞋、玩具、食品	电子及通信设备制造业、通用设备制造业、纺织业、服装及其他纤维制品制造业、食品加工及制造业
科威特	机械、运输设备、家电、服装、纺织品制成品	通用设备制造业、交通运输设备制造业、电子及通信设备制造业、服装及其他纤维制品制造业、纺织业
克罗地亚	鞋类、服装、通信设备、钢铁制品	服装及其他纤维制品制造业、电子及通信设备制造业、金属制品业
立陶宛	机电产品、金属制品、纺织品、车辆、船舶及有关运输设备	电气机械及器材制造业、金属制品业、纺织业、交通运输设备制造业
罗马尼亚	机电产品、金属制品、纺织品、成套机械设备及配件	电气机械及器材制造业、金属制品业、纺织业、通用设备制造业
马达加斯加	家电	电子及通信设备制造业
马来西亚	机械设备、自动数据处理设备及零部件、化学品、轻纺产品	通用设备制造业、电子及通信设备制造业、化学原料及化学制品制造业、纺织业
蒙古	运输工具、工程机械设备、机电产品、建筑材料、家具	交通运输设备制造业、通用设备制造业

续表

国家/地区	对中国主要进口产品	所属行业
缅甸	机械设备、纺织品、电力设备、运输设备、橡胶制成品、塑料制品、化学制品、科学仪器	通用设备制造业、纺织业、专用设备制造业、交通运输设备制造业、橡胶制品业、塑料制品业、化学原料及化学制品制造业、仪器仪表及文化办公用机械制造业
摩洛哥	电气、音像设备及其零附件、车辆及其零附件、纺织品	电气机械及器材制造业、电子及通信设备制造业、交通运输设备制造业、纺织业
南非	机电设备、纺织类产品、车辆等运输设备、化工产品	电气机械及器材制造业、纺织业、交通运输设备制造业、化学原料及化学制品制造业
尼泊尔	家用电器、通信设备、箱包服装	电子及通信设备制造业、服装及其他纤维制品制造业
塞尔维亚	电信设备及装置、办公及自动数据处理机械、电力机械、电器及电器元件、服装及衣着附件、通用工业机械设备、金属制品、鞋类、纺纱、织品及纺织品、塑料制品	电气机械及器材制造业、服装及其他纤维制品制造业、通用设备制造业、金属制品业、纺织业、塑料制品业
沙特阿拉伯	纺织品、机电产品、钢铁制品、电子信息产品、家用电器、鞋帽袜	纺织业、电气机械及器材制造业、金属制品业、电子及通信设备制造业、皮革毛皮羽绒及其制品业
斯里兰卡	纺织品、机电产品、医药	纺织业、电气机械及器材制造业、医药制造业
斯洛文尼亚	家电及消费类电子产品、计算机与通信技术、钢铁制品、有机化学品和药品、纺织服装	电子及通信设备制造业、金属制品业、化学原料及化学制品制造业、医药制造业、纺织业
乌克兰	机电产品、纺织品和服装、鞋帽类产品、车辆、航空器、船舶及运输设备	电子及通信设备制造业、纺织业、服装及其他纤维制品制造业、皮革毛皮羽绒及其制品业、交通运输设备制造业
新加坡	机电产品、矿产品和金属制品	电气机械及器材制造业、非金属矿采选业、金属制品业

国家/地区	对中国主要进口产品	所属行业
新西兰	机电产品、纺织品及原料、家具、玩具、金属制品、化工产品	电气机械及器材制造业、纺织业、家具制造业、其他制造业、金属制品业、化学原料及化学制品制造业
匈牙利	通信设备及零件、液晶显示板、无线电设备零件、电子计算机及其部件	电子及通信设备制造业
亚美尼亚	机电产品、轻纺服装产品、鞋类产品、物理和化学用分析仪器、家具	电气机械及器材制造业、服装及其他纤维制品制造业、仪器仪表及文化办公用机械制造业、家具制造业
以色列	机电产品、纺织品、服装、鞋类	电气机械及器材制造业、纺织业、服装及其他纤维制品制造业
印度	电机、有机化学品、矿物燃料、矿物油及其产品	电气机械及器材制造业、化学原料及化学制品制造业、石油和天然气开采业
印度尼西亚	机电产品、金属制品、化工产品、纺织品、矿产品、塑料和橡胶、运输设备、食品饮料及烟草、家具及玩具	电气机械及器材制造业、金属制品业、化学原料及化学制品制造业、纺织业、非金属矿采选业、橡胶制品业、塑料制品业、交通运输设备制造业、饮料制造业、烟草加工业、家具制造业、其他制造业
约旦	机械设备、电子产品、纺织品、服装类产品	通用设备制造业、电子及通信设备制造业、纺织业、服装及其他纤维制品制造业
越南	机械设备、纺织品、钢铁	通用设备制造业、纺织业、黑色金属矿采选业
格鲁吉亚	机械产品及部件、电子设备及零件，鞋、靴及配件，家具，纺织品	通用设备制造业、电子及通信设备制造业、皮革毛皮羽绒及其制品业、家具制造业、纺织业

资料来源：根据商务部、国家发展和改革委员会、外交部联合发布的 2011 年《对外投资国别产业指引》公报整理所得，其中包含"一带一路"沿线国家共计 41 个。

附录 11

附表 11-1　中国 31 个省（自治区、直辖市）关于布局"一带一路"的
相关政策与规划汇总表

省（区、市）	文件名称	发布时间
北京	《北京市推进共建"一带一路"三年行动计划（2018—2020 年)》	2018 年 10 月
天津	《天津市参与丝绸之路经济带和 21 世纪海上丝绸之路建设实施方案》	2015 年 11 月
天津	《天津市融入"一带一路"建设 2018 年工作要点》	2018 年 6 月
天津	《天津市"一带一路"科技创新合作行动计划（2017—2020 年)》	2017 年 11 月
上海	《上海服务国家"一带一路"建设发挥桥头堡作用行动方案》	2017 年 10 月
重庆	《中新（重庆）战略性互联互通示范项目航空产业园建设总体方案》	2017 年 10 月
重庆	《重庆市开放平台协同发展规划（2018—2020 年)》	2018 年 5 月
河北	《关于积极参与"一带一路"建设推进国际产能合作的实施方案》	2018 年 7 月
河北	《河北省推进共建"一带一路"教育行动计划》	2016 年 9 月
河北	《关于主动融入国家"一带一路"倡议　促进我省开放发展的意见》	2015 年 1 月
河北	《河北省促进中医药"一带一路"发展的实施意见》	2018 年 11 月
山西	《山西省参与建设丝绸之路经济带和 21 世纪海上丝绸之路实施方案》	2015 年 9 月
山西	《山西省参与"一带一路"建设三年（2018—2020 年）滚动实施方案》	2018 年 6 月
内蒙古	《内蒙古自治区创新同俄罗斯、蒙古国合作机制实施方案》	2014 年
内蒙古	《内蒙古自治区深化与蒙古国全面合作规划纲要》	2014 年 8 月
内蒙古	《内蒙古自治区参与建设"丝绸之路经济带"实施方案》	2015 年
内蒙古	《内蒙古自治区建设国家向北开放桥头堡和沿边经济带规划》	2015 年
内蒙古	《内蒙古自治区与俄蒙基础设施互联互通总体规划（2016—2035 年)》	2015 年
内蒙古	《内蒙古自治区与俄罗斯、蒙古国基础设施互联互通实施方案（2016—2020)》	2015 年
黑龙江	《中蒙俄经济走廊黑龙江陆海丝绸之路经济带建设规划》	2015 年 4 月
辽宁	《辽宁"一带一路"综合试验区建设总体方案》	2018 年 8 月
浙江	《浙江省标准联通共建"一带一路"行动计划（2018—2020)》	2018 年 5 月
浙江	《浙江省打造"一带一路"枢纽行动计划》	2018 年 6 月
江苏	《江苏省中欧班列建设发展规划实施方案（2017—2020)》	2017 年 10 月
江苏	《江苏省 2018 年参与"一带一路"建设工作要点》	2018 年 4 月

省（区、市）	文件名称	发布时间
福建	《福建省 21 世纪海上丝绸之路核心区建设方案》	2015 年 11 月
	《福建省 21 世纪海上丝绸之路核心区创新驱动发展试验实施方案》	2018 年 6 月
江西	《江西省参与丝绸之路经济带和 21 世纪海上丝绸之路建设实施方案》	2015 年 7 月
	《江西省 2015 年参与"一带一路"建设工作要点》	2015 年 5 月
	《江西省 2018 年参与"一带一路"建设工作要点》	2018 年 5 月
	《江西省 2018 年参与"一带一路"建设重点项目清单》	2018 年 7 月
河南	《郑州—卢森堡"空中丝绸之路"建设专项计划（2017—2025）》	2017 年 9 月
	《推进郑州—卢森堡"空中丝绸之路"建设工作方案》	2017 年 9 月
	《河南省参与建设丝绸之路经济带和 21 世纪海上丝绸之路的实施方案》	2015 年 10 月
	《河南省标准联通参与建设"一带一路"行动计划（2018—2020 年）》	2018 年 8 月
山东	《山东省参与建设丝绸之路经济带和 21 世纪海上丝绸之路实施方案》	2016 年 4 月
	《山东省"融入'一带一路'大战略，齐鲁文化丝路行"实施意见》	2017 年 4 月
安徽	《安徽省参与建设丝绸之路经济带和 21 世纪海上丝绸之路实施方案》	2016 年
	《2018 年度安徽省支持中小企业参与"一带一路"建设工作意见》	2017 年 11 月
四川	《四川省推进国际产能和装备制造合作三年行动方案（2017—2019 年）》	2017 年 11 月
	《四川文化融入"一带一路"倡议实施意见（2017—2020 年）》	2017 年 6 月
	《四川省推进"一带一路"建设标准化工作实施方案》	2016 年 5 月
广东	《广东省促进中医药"一带一路"发展行动计划（2017—2020 年）》	2018 年 2 月
	《广东省参与建设"一带一路"的实施方案》	2015 年 6 月
	《广东省参与"一带一路"建设重点工作方案（2015—2017 年）》	2016 年 6 月
海南	《海南省参与建设丝绸之路经济带和 21 世纪海上丝绸之路三年（2017—2019）滚动行动计划》	2017 年 5 月
	《海南省参与"一带一路"建设对外交流合作五年行动计划（2017—2021 年）》	2017 年
	《海南省参与"一带一路"建设涉外工作方案》	—
甘肃	《甘肃省参与建设丝绸之路经济带和 21 世纪海上丝绸之路的实施方案》	2015 年 12 月
	《丝绸之路经济带甘肃段"6873"交通突破行动实施方案》	2015 年 5 月
	《"丝绸之路经济带"甘肃段建设总体方案》	2014 年 5 月

续表

省（区、市）	文件名称	发布时间
	《关于推动国际货运班列和航空货运稳定运营的意见》	2018 年 12 月
	《甘肃省合作共建中新互联互通项目南向通道工作方案（2018—2020 年)》	2018 年 12 月
青海	《青海省参与建设丝绸之路经济带和 21 世纪海上丝绸之路的实施方案》	2015 年
	《青海省丝绸之路文化产业带发展规划及行动计划（2018—2025）》	2018 年 1 月
湖北	《湖北省 2017—2018 年度"一带一路"重点支持项目库》	2017 年 5 月
湖南	《湖南省对接"一带一路"倡议行动方案（2015—2017 年)》	2015 年 8 月
	《湖南省推进国际产能和装备制造合作三年行动计划（2018—2020 年)》	2017 年 12 月
广西	《广西参与建设丝绸之路经济带和 21 世纪海上丝绸之路的思路与行动》	2017 年 4 月
	《广西参与"一带一路"建设 2018 年工作要点》	2018 年 4 月
	《广西参与"一带一路"科技创新行动计划实施方案（2018—2020 年)》	2018 年 6 月
贵州	《贵州省推动企业沿着"一带一路"方向"走出去"行动计划（2018—2020 年)》	2018 年 10 月
云南	《云南省参与建设丝绸之路经济带和 21 世纪海上丝绸之路实施方案》	2017 年
新疆	《丝绸之路经济带核心区交通枢纽中心建设规划（2016—2030 年)》	2017 年 7 月
	《新疆参与中蒙俄经济走廊建设实施方案》	2017 年 12 月
	《丝绸之路经济带核心区区域金融中心建设规划（2016—2030 年)》	2017 年 12 月
	《丝绸之路经济带核心区（新疆）能源规划》	2018 年 2 月
	《新疆生产建设兵团参与建设丝绸之路经济带的实施方案》	2016 年
陕西	《陕西省推进绿色"一带一路"建设实施意见》	2018 年 1 月
	《陕西省"一带一路"建设 2018 年行动计划》	2018 年 3 月
	《陕西省标准联通共建"一带一路"行动计划（2018—2020 年)》	2018 年 8 月
西藏	《西藏面向南亚开放重要通道建设规划》	2017 年
宁夏	《宁夏参与丝绸之路经济带和 21 世纪海上丝绸之路建设规划》	—

资料来源：根据 2019 年 2 月 18 日，中国"一带一路"网官方公开发布的《中国 31 省市区如何布局"一带一路"（政策和规划篇）》一文整理汇总所得。

参考文献
Reference

［1］王恕立，吴楚豪. "一带一路" 倡议下中国的国际分工地位：基于价值链视角的投入产出分析 ［J］. 财经研究，2018（08）：18-30.

［2］史丹，李鹏，许明. 产业结构转型升级与经济高质量发展 ［J］. 福建论坛（人文社会科学版），2020（09）：108-118.

［3］陈红进. 解读德、日、韩的产业结构转型升级 ［J］. 企业管理，2015（07）：112-115.

［4］乔晓楠. 中国绿色发展面临问题与产业升级策略探讨 ［J］. 中国特色社会主义研究，2018（02）：77-83.

［5］洪银兴. 产业结构转型升级的方向和动力 ［J］. 求是学刊，2014（01）：57-62.

［6］Del Bete D. Giovannetti. G. Marvaci E. Global valu chains participation and productivity gains for North African firms ［J］. *Review of World Economics*, 2017（04）：675-701.

［7］Chun-miao Shen, Jiang-huai Zheng. Does global value chains participation really promote skill-biased technological change? Theory and evidence from China ［J］. *Economic Modelling*, Volume 86, March 2020, Page：10-18.

［8］Balassa B. Trade Liberalisation and "Revealed" Comparative Advantage ［J］. *Manchester School*, 1965, 33（02）：99-123.

［9］Hausmann R, Hwang J, Rodrik D. What You Export Matters ［J］. *Journal of Economic Growth*, 2007（01）：1-25.

［10］Shujaat Abbas Waheed A. Trade competitiveness of Pakistan：evidence from the revealed comparative advantage approach [J]. *Competitiveness Review: An International Business Journal*, 2017 (05): 462-475.

[11] Hoang. Investigating the evolution of agricultural trade specialization in transition economies: A case study from Vietnam [J]. *The International Trade Journal*, 2019 (04): 361-378.

[12] Hasan A Faruq. Intra-Industry Trade, Consumer Demand and Wage Inequality [J]. *Theoretical Economics Letters*, 2019 (05): 1330-1337.

[13] David Hummels, Jun Ishii, Kei-MuYi. The nature and growth of vertical specialization in world trade [J]. *Journal of International Economics*, 2001, 54 (01): 75-96.

[14] Koopman R, Powers W, Wang Z et al. Give Credit Where Credit Is Due: Tracing Value Added in Global Production Chains [R]. *Beijing, National Bureau of Economic Research*, 2010.

[15] Antràs P, Chor D, Fally T et al. Measuring the Upstreamness of Production and Trade Flows [J]. *American Economic Review*, 2012, 102 (03): 412 -416.

[16] Patrick Schroeder, Paul Dewick et al. Circular economy and power relations in global value chains: Tensions and trade-offs for lower income countries [J]. *Resources, Conservation & Recycling*, 2018, 136 (04): 77-78.

[17] Woori Lee. Services liberalization and global value chain participation: New evidence for heterogeneous effects by income level and provisions [J]. *Review of International Economics*, 2019 (03): 888-915.

[18] Kaplinsky R. Globalization and unequalisation: what can be learned from value-chain analysis? [J]. *Journal of Development Studies*, 2010, 37 (02): 117-146.

[19] Gereffi G, Bair G. Strengthening Nicaragua's position in the textile-apparel value chain: up-grading in the context of the CAFTA-DR region [R]. *Managua: Government of Nicaragua*, 2010.

[20] Frederick S, Staritz C. Developments in the global apparel industry after the MFA phaseout [M]. *Washington, D C: World Bank Publications*, 2012.

[21] Fernandez Stark K, Bamber P, Gereffi G. Peru in the high quality cotton textile and apparel global value chain: opportunities for upgrading [C]. *Durham NC: Duke University*, 2016.

[22] Du J, Zhang YF. Does One Belt One Road Initiative Promote Chinese Overseas Direct Investment? [J]. *China Economic Review*, 2018, 47 (c): 189 −205.

[23] Chris Y. Tung, Fang − I Wen. China's Investment in Belt and Road Countries: An Industrial Perspective [J]. *China's Belt and Road Initiative in a Global Context*, 2019, 121−145.

[24] John Joshua. Effects of the Belt and Road Initiative on the Global Economy [J]. *The Belt and Road Initiative and the Global Economy*, 2019, 139−161.

[25] John Joshua. Economic Development and the Belt and Road Initiative [J]. *The Belt and Road Initiative and the Global Economy*, 2019, 47−81.

[26] Kashif Shafiq, Zubair A. Shahid, Yu Chen, Alishah Chandani, Atif Ghulam Nabi. Why Does China Need Belt and Road Initiative? [J]. *Belt and Road Initiative-Collaboration for Success*, 2020, 77−86.

[27] Yue−Jun Zhang, Yan−Lin Jin, Bo Shen. Measuring the Energy Saving and CO_2 Emissions Reduction Potential Under China's Belt and Road Initiative [J]. *Computational Economics*, 2020, 55: 1095−1116.

[28] Zhongxin Ni, Xing Lu, Wenjun Xue. Does the belt and road initiative resolve the steel overcapacity in China? Evidence from a dynamic model averaging approach [J]. *Empirical Economics*, 2020, 6 (01): 279−307.

[29] Awais Anwar, Nawaz Ahmad, Ghulam Rasool Madni. Industrialization, Freight Transport and Environmental Quality: Evidence from Belt and Road Initiative Economies [J]. *Environmental Science and Pollution Research*, 2020, 27 (07): 7053−7070.

［30］ Grassman S. Long‐Term Trends in Openness of National Economies ［J］. *Oxford Economic Papers*, 1980, 32 （01）: 123-133.

［31］ S. Kuzents. Economic Growth of Small Nations ［J.］. *Economic Consequences of the Size of Nations*, 1960 （01）: 14-32.

［32］ Jan Tinbergen. An Analysis of World Trade Flows ［M］. *New York: The Twentieth Century Fund*, 1962.

［33］ Hollis B, Chenery. Foreign Assistance and Economic Development ［J］. *Capital Movements and Economic Development*, 1967 （02）: 268-292.

［34］ Kuznets Simon. Population and Economic Growth in Population Problems ［J］. *Proceedings of the American Philosophical Society*, 1967 （03）: 170 -193.

［35］ Blumenthal T. Exports and Economic Growth: The Case of Postwar Japan ［J］. Quarterly Journal of Economies, 1972 （09）: 617-631.

［36］ Chenery H. B. Growth and Transformation in Industrialization and Growth: A comparative study ［M］. *Oxford: Oxford University Press for the World Bank*, 1986.

［37］ 西蒙·库兹涅茨. 现代经济增长 ［M］. 北京: 北京经济学院出版社, 1989.

［38］ Rose A K. The role of exchange rates in a popular model of international trade: Does the "MarshaU-Lemer" condition hold? ［J］. *Journal of International Economies*, 1991 （04）: 301-331.

［39］ Catao Luis, Falcetti Elisabetta. Determinants of Argentina's External Trade ［R］. *Working Papers for IMFR Researeh*, 1999.

［40］ Harhmut Egger, P Egger, D Greenaway. The Trade Structure Effects of Endogenous Regional Trade Agreements ［J］. *University of Nottingham Research Paper*, 2006, 5 （03）: 11-129.

［41］ Huot, Norak, Kakinaka, Makoto. Trade structure and trade flows in china: a gravity model ［J］. *ASEAN Economics Bulletin*, 2007 （20）: 24-27.

［42］ E. S. Prasad. China's Growth and Integration into the World Economy Prospects and Challenges ［J］. *International Monetary Fund*, 2008（30）：25-28.

［43］ Goswami N. Determinants of Trade Development：Panel Evidence from South Asia ［J］. *South Asia Economic Journal*, 2013, 14（01）：17-33.

［44］ Daudin G, Rifflart C, Schweisguth D. Who Produces for Whom in the World Economy ［J］. *Canadian Journal of Economics*, 2011, 44（04）：1403 -1437.

［45］ Johnson R C, Noguera G. Accounting for intermediates：Production Sharing and Trade in Value Added ［J］. *Journal of International Economics*, 2012, 86（02）：224-236.

［46］ Chen Q, Zhu K, Chen X et al. Distinguishing the processing trade in the world input-output table：a case of China ［C］. *Proceedings of the 22nd international input-output conference*, 2014.

［47］ Johnson R C. Fivefacts about Value-Added Exports and Implications for Macroeconomics and Trade Research ［J］. *Journal of Economic Perspectives*, 2014, 28（02）：119-142.

［48］ Koopman R, Wang Z, Wei S J. Tracing Value-added and Double Counting in Gross Exports ［J］. *American Economic Review*, 2014, 104（02）：459 -494.

［49］ Los B, Timmer M P, De Vries G J et al. How Global are Global Value Chains?：a New Approach to Measure International Fragmentation ［J］. *Journal of Regional Science*, 2015, 55（01）：66-92.

［50］ Wang Z, Wei S J, Yu X D et al. Measures of participationin global value chains and global business cycles ［R］. *Working paper：National bureau of economic research*, 2017.

［51］ Steen-Olsen K, Owen A, Barrett J et al. Accounting for value Added Embodied in trade and Consumption intercomparison of global multiregional input -output databases ［J］. *Economic Systems Research*, 2016, 28（01）：78-94.

［52］ Patel N, Wang Z, Wei S J. Global value chains and effective exchange rates at the country-sector ［R］. *National Bureau of Economic Research*, 2014, Working Paper, NO. 20236.

［53］ Wang L. The Degree of Openness to Intra-regional Trade-towards Value-added Based Openness Measures ［J］. *Jahrbucher Fur Nationalok onomie Und Statistik*, 2006, 226 (2): 115-138.

［54］ Belke A, Mattes A, Wang L. The Bazaar economy hypothesis revisited: a new trade-related measure for Germany's international openness ［J］. *Applied economics quarterly*, 2011 (01): 67-87.

［55］ Larudee M. Measuring Openness: VADE, Not Trade ［J］. *Oxford Development Studies*, 2012, 40 (01): 119-137.

［56］ Banacloche S, Cadarso M, Monsalve F. Implications of measuring value added in exports with a regional input-output table. a case of study in South America ［J］. *Structural change and economic dynamics*, 2020, 52: 130-140.

［57］ George K W. The Global Economic Inter-relationships of the U.S. Air Transportation Services Industry using Input-Output Analysis ［J］. *Advances in Management & Applied Economics*, 2013, 3 (03): 1-14.

［58］ Lim S, Kim S, Oh E H et al. An Input-Output analysis of the transportation industry for evaluating its economical contribution and ripple effect Forecasting the I-O table in 2003-2009 ［J］. 2015, 16 (04): 12-20.

［59］ Alises A, Vassallo J M. The impact of the structure of the economy on the evolution of road freight transport: a macro analysis from an input-output approach ［J］. *Transport Research Arena Tra* 2016, 2016: 2870-2879.

［60］ Pyataev M. Rail transport in the system of Russian national input-output tables ［J］. *IOP Conference series Earth and Environmental Science*, 2019, 403, conference 1.

［61］ Santacruz B, Maria A C Fabio Monsalve. Implications of measuring value added in exports with a regional input−output table. A case of study in South America [J]. *Structural Change and Economic Dynamics*, 2020, 52, 130 −140.

[62] Enrico F, Giorgio P. The Belt and Road Initiative Impact on Europe: An Italian Perspective [J]. *China & World Economy*, 2017 (05): 125−138.

[63] Kaho Y U. Energy cooperation in the Belt and Road Initiative: EU experience of the Trans − European Networks for Energy [J]. *Asia Europe Journal*, Springer 2018, 16 (03): 251−265.

[64] K, Czerewacz−Filipowicz. The Eurasian Economic Union as an Element of the Belt and Road Initiative [J]. *Comparative Economic Research*, 2019 (02): 23−37.

[65] R Pomfret. The Eurasian Land bridge and China's Belt and Road Initiative: Demand, supply of services and public policy [J]. *The World Economy*, 2019, 42 (06): 1642−1653.

[66] JenniferBair, Gerreffi, G. Industrial upgrading in the apparel commodity chain: what can Mexico learn from East Asia? [J]. *Journal of International Economics*, 2001 (06): 45−51.

[67] Chow P C Y. Causality between export growth and industrial development Empirical evidence from the NICs [J]. *Journal of Development Economics*, 1987, 26: 55−63.

[68] Hyeseon Na. Is intraregional trade an opportunity for industrial upgrading in East Africa? [J]. *Oxford Development Studies*, 2019, 47 (03): 304−318.

[69] LiFuyi, Frederick, Gereffi. E−Commerce and Industrial Upgrading in the Chinese Apparel Value Chain [J]. *Journal of Contemporary Asia*, 2019, 49 (01): 24−53.

[70] Anhua Zhou, Jun Li. The nonlinear impact of industrial restructuring on economic growth and carbon dioxide emissions: a panel threshold regression approach [J]. *Environmental Science and Pollution Research*, 2020, 27:

14108-14123.

[71] Binbin Yu. Industrial structure, technological innovation, and total-factor energy efficiency in China [J]. *Environmental Science and Pollution Research*, 2020, 27: 8371-8385.

[72] Fangqu Niu, Xinyu Yang, Xiaoping Zhang. Application of an evaluation method of resource and environment carrying capacity in the adjustment of industrial structure in Tibet [J]. *Journal of Geographical Sciences*, 2020, 30: 319-332.

[73] Dmitri M Knatko, Galina Shirokova. Karing Boga tyreva Industry choice by young entrepreneurs in different country settings: the role of human and financial capital [J]. *Journal of Business Economics and Management*, 2016, 17 (04): 613-627.

[74] Hyeseon Na. Is intraregional trade an opportunity for industrial upgrading in East Africa? [J]. *Oxford Development Studies*, 2019, 47 (03): 304-318

[75] Michael Porter. Location, competition, and economic development: local clusters in a global economy [J]. *Economic Development Quarterly*, 2000, 14 (01): 25-55.

[76] Caiani A. Innovation Dynamics and Industrial Structure Under Different Technological Spaces [J]. *Italian Economic Journal*, 2017, 3 (03): 307-341.

[77] Masakazu Katsumoto, Chihiro Watanabe. External stimulation accelerating a structure shift to service-oriented industry across country comparison [J]. *Journal of Services Research*, 2005 (04): 91-111.

[78] Shu-Ru Liu, Ni Wang. The Research and Choice of Leading Industry Based on Factor Analysis of Shaanxi Province [J]. *Advanced Materials Research*, 2014, 1065-1069: 2500-2503.

[79] Swiecki T. Determinants of Structural Change [J]. *Review of Economic Dynamics*, 2017, 24: 95-131.

[80] Shu-Hong Wang, Ma-Lin Song, Tao Yu. Hidden Carbon Emissions, In-

dustrial Clusters, and Structure Optimization in China [J]. *Computational Economics*, 2019, 54: 1319-1342.

[81] Li Fuyi, Stacey Frederick, Gary Gereffi. E-Commerce and Industrial Upgrading in the Chinese Apparel Value Chain [J]. *Journal of Contemporary Asia*, 2019, 49 (01): 24-53.

[82] Di Zhou, Xueqin Wang. Research on coupling degree and coupling path between China's carbon emission efficiency and industrial structure upgrading [J]. *Environmental Science and Pollution Research*, 2020, 27: 25149 -25162.

[83] Biying Dong, Yingzhi Xu, Xiaomin Fan. How to achieve a win - win situation between economic growth and carbon emission reduction: empirical evidence from the perspective of industrial structure upgrading [J]. *Environmental Science and Pollution Research*, 2020, 27: 43829-43844.

[84] Lin Zhang, Li Ma. The relationship between industrial structure and carbon intensity at different stages of economic development: an analysis based on a dynamic threshold panel model [J]. *Environmental Science and Pollution Research*, 2020, 27: 33321-33338.

[85] Feng Wang, Ruiqi Wang, Junyao Wang. Measurement of China's green GDP and its dynamic variation based on industrial perspective [J]. *Environmental Science and Pollution Research*, 2020, 27: 43813-43828.

[86] Liwen Sun, Linfei Wu, Peixiao Qi. Global characteristics and trends of research on industrial structure and carbon emissions: a bibliometric analysis [J]. *Environmental Science and Pollution Research*, 2020, 27: 44892 -44905.

[87] Kaplinsky, Raphael. Globalization, Poverty and Inequality: Between a Rock and A Hard Place [M]. *Cambridge: Polity*, 2007.

[88] Seth Pipkin, Alberto Fuentes. Spurred to Upgrade: A Review of Triggers and Consequences of Industrial Upgrading in the Global Value Chain Literature

［J］. *World Development*，2017（05）：536-554.

［89］程大中. 中国参与全球价值链分工的程度及演变趋势：基于跨国投入-产出分析［J］. 经济研究，2015，50（09）：4-16.

［90］黄晓亮. 全球价值链、经济深度调整与我国外贸增速变化的应对［J］. 商业经济研究，2018（18）：144-146.

［91］喻胜华，刘红增. 中国出口垂直专业化的重新评估［J］. 统计与决策，2017（09）：117-121.

［92］李善同，何建武，刘云中. 全球价值链视角下中国国内价值链分工测算研究［J］. 管理评论，2018，30（05）：9-18.

［93］王涛，赵晶，姜伟. 中国制造业在全球价值链分工中的地位研究［J］. 科技管理研究，2017（19）：129-138.

［94］程惠芳，刘睿倪. 全球价值链视角下中美参与国际分工分析［J］. 华东经济管理，2018，32（01）：92-101.

［95］王思语，郑乐凯. 全球价值链嵌入特征对出口技术复杂度差异化的影响［J］. 数量经济技术经济研究，2019，36（05）：65-82.

［96］任英华，雷发林，谭朵朵. 全球价值链嵌入对出口技术复杂度的影响研究［J］. 湖南大学学报（社会科学版），2019（04）：83-89.

［97］赵明亮，臧旭恒. 国际贸易新动能塑造与全球价值链重构［J］. 改革，2018（07）：148-158.

［98］孙亚君. 全球价值链视角下国际贸易摩擦对我国的影响研究［J］. 商业经济研究，2019（04）：142-145.

［99］曾繁华，杨馥华，侯晓东. 创新驱动制造业转型升级演化路径研究：基于全球价值链治理视角［J］. 贵州社会科学，2016，323（11）：113-120.

［100］杜朝晖. 经济新常态下我国传统产业转型升级的原则与路径［J］. 经济纵横，2017（05）：61-68.

［101］余东华，田双. 嵌入全球价值链对中国制造业转型升级的影响机理［J］. 改革，2019（03）：50-60.

［102］刘慧岭，凌丹. 全球价值链重构与中国制造业转型升级：基于价值链

分布的视角［J］. 中国科技论坛, 2019（07）：84-95.

［103］陈玉荣. 国际安全形势特点与亚信会议的新挑战［J］. 当代世界,
2014（05）：6-8.

［104］宾厚, 庾雪, 王欢芳, 邹筱. "一带一路"背景下中国物流产业升级模
式与路径研究［J］. 信阳师范学院学报（哲学社会科学版）, 2019
（05）：13-17.

［105］杨恕, 曾向红. 欧盟：中亚战略能源算盘［J］. 中国石油石化, 2008
（01）：44-45.

［106］刘国斌. "一带一路"基点之东北亚桥头堡群构建的战略研究［J］. 东
北亚论坛, 2015（02）：93-102+128.

［107］苏杭. "一带一路"倡议下中国制造业海外转移问题研究［J］. 国际贸
易, 2015（03）：18-21.

［108］王腊芳, 谢锐, 阳立高, 等. 中国与"一带一路"沿线国家经济增长
的双向溢出效应［J］. 中国软科学, 2020（12）：153-167.

［109］郝瑞锋. "一带一路"背景下我国与中亚五国农产品贸易潜力探析［J］.
商业经济研究, 2020（24）：151-154.

［110］骆旭旭. "一带一路"自由贸易协定竞争规则的演进［J］. 华侨大学学
报（哲学社会科学版）, 2020（06）：93-102+115.

［111］仇发华. "一带一路"倡议对我国进出口贸易发展的政策效应评估：基
于区域差异比较分析［J］. 商业经济研究, 2020（23）：140-143.

［112］周杰文, 赵月, 杨阳. "一带一路"沿线省份绿色经济效率时空差异研
究［J］. 统计与决策, 2020（22）：100-103.

［113］刘志彪, 吴福象. "一带一路"倡议下全球价值链的双重嵌入［J］. 中
国社会科学, 2018（08）：17-32.

［114］孙铭壕, 侯梦薇, 钱馨蕾, 等. "一带一路"沿线国家参与全球价值链
位势分析：基于多区域投入产出模型和增加值核算法［J］. 湖北社会
科学, 2019（02）：94-101.

［115］李芳芳, 张倩, 程宝栋, 等. "一带一路"倡议背景下的全球价值链重

构［J］. 国际贸易，2019（02）：73-79.

[116] 金梅，何莉."一带一路"背景下服务业对外开放对产业结构转型升级的影响：以西北五省区为例［J］. 兰州大学学报（社会科学版），2016（05）：155-160.

[117] 薛伟贤，顾菁. 西部高新区产业选择研究：基于"一带一路"建设背景［J］. 中国软科学，2016（09）：73-87.

[118] 王炳辉."一带一路"与中国产业升级路径研究［D］. 杭州：浙江大学，2017.

[119] 钱书法，邰俊杰，周绍东. 从比较优势到引领能力："一带一路"区域价值链的构建［J］. 改革与战略，2017（09）：53-58.

[120] 李军，甘劲燕，杨学儒."一带一路"倡议如何影响中国企业转型升级［J］. 南方经济，2019（04）：1-22.

[121] 殷琪，薛伟贤. 中国在"一带一路"生产网络中产业转移模式研究［J］. 经济问题探索，2017（03）：123-129.

[122] 张辉，闫强明，唐毓璇."一带一路"相关国家产业结构高度及合作路径研究［J］. 学习与探索，2019（01）：75-83.

[123] 韩亚峰."一带一路"倡议下中国双向投资与对外贸易增长的协调关系研究［J］. 宏观经济研究，2018（08）：52-59.

[124] 胡冰，王晓芳. 对"一带一路"国家对外投资支点选择：基于金融生态环境视角［J］. 世界经济研究，2019（07）：61-77.

[125] 古琪. 基于主成分分析的江苏省外贸依存度影响因素的实证研巧［J］. 商业文化，2012（06）：117-119.

[126] 王悦. 我国外贸依存度的演变趋势及影响因素研究：基于罗斯托起飞理论及中国数据的实证分析［J］. 江苏商论，2012（10）：91-95.

[127] 杜雪. 我国外贸依存度及其影响因素的实证研究［J］. 科教导刊，2013（28），244-246.

[128] 路丽. 我国外贸依存度变化影响因素分析：基于SITC2视角［J］. 价格月刊，2014，（05）：29-32.

[129] 韩永辉, 罗晓斐, 邹建华. 中国与西亚地区贸易合作的竞争性和互补性研究: 以"一带一路"倡议为背景 [J]. 世界经济研究, 2015 (03): 89-98.

[130] 邹嘉龄, 刘春腊, 尹国庆, 等. 中国与"一带一路"沿线国家贸易格局及其经济贡献 [J]. 地理科学进展, 2015 (05): 598-605.

[131] 李昕, 徐滇庆. 中国外贸依存度和失衡度的重新估算: 全球生产链中的增加值贸易 [J]. 中国社会科学, 2013 (01): 29-55+205.

[132] 王直, 魏尚进, 祝坤福. 总贸易核算法: 官方贸易统计与全球价值链的度量 [J]. 中国社会科学, 2015 (09): 108-127.

[133] 夏明, 张红霞. 增加值贸易测算: 概念与方法辨析 [J]. 统计研究, 2015 (06): 28-35.

[134] 刘鹏, 夏炎, 李鑫茹, 等. 我国对外依存程度的国际空间分布及演化 [J]. 经济学家, 2017 (09): 89-96.

[135] 刘瑞翔, 颜银根, 范金. 全球空间关联视角下的中国经济增长 [J]. 经济研究, 2017 (05): 89-102.

[136] 唐宜红, 张鹏杨. FDI、全球价值链嵌入与出口国内附加值 [J]. 统计研究, 2017, 34 (04): 36-49.

[137] 姚星, 梅鹤轩, 蒲岳. 国际服务贸易网络的结构特征及演化研究: 基于全球价值链视角 [J]. 国际贸易问题, 2019 (04): 109-124.

[138] 苏丹妮, 盛斌, 邵朝对, 等. 全球价值链、本地化产业集聚与企业生产率的互动效应 [J]. 经济研究, 2020, 55 (03): 100-115.

[139] 张丽娟, 赵佳颖. 全球价值链下中美贸易利益分配与影响因素的测度研究: 基于相对出口增加值率的视角 [J]. 国际贸易问题, 2019 (08): 16-32.

[140] 问泽霞. 增加值贸易视角下中美服务贸易双边嵌套关系研究 [J]. 当代经济管理, 2019, 41 (11): 40-44.

[141] 刘兆国. 全球价值链视角下中日制造业双边贸易增加值分解分析 [J]. 现代日本经济, 2019, 38 (04): 34-44.

[142] 谢锐, 陈湘杰, 张友国. 全球价值链视角下中美贸易双向溢出效应研究 [J]. 统计研究, 2020, 37 (01): 88-98.

[143] 韩中. 全球价值链视角下中国出口的价值分解、增加值出口及贸易失衡 [J]. 数量经济技术经济研究, 2020, 37 (04): 66-84.

[144] 聂聆, 陈诗雯. 中国与其他"金砖国家"的价值链互补性研究 [J]. 国际商务 (对外经济贸易大学学报), 2020 (02): 17-31.

[145] 刘志彪, 陈柳. 疫情冲击对全球产业链的影响、重组与中国的应对策略 [J]. 南京社会科学, 2020 (05): 15-21.

[146] 顾学明, 林梦. 全方位构建后疫情时期我国供应链安全保障体系 [J]. 国际经济合作, 2020 (03): 4-15.

[147] 王振国, 张亚斌, 牛猛, 等. 全球价值链视角下中国出口功能专业化的动态变迁及国际比较 [J]. 中国工业经济, 2020 (06): 62-80.

[148] 张淑芹, 王玉凤. 中国制造业稳定性和竞争力评估: 基于全球价值链视角 [J]. 技术经济与管理研究, 2021 (02): 89-94.

[149] 王玲, 刘维林, 陈华倩, 等. 交通强国战略下我国运输服务贸易的网络地位评估与提升策略: 基于全球价值链视角 [J]. 软科学, 2021, 35 (03): 15-21.

[150] 黄光锋, 杨国才. 基于全球价值链调整的中美贸易利益与结构 [J]. 安庆师范大学学报 (社会科学版), 2021, 40 (05): 90-99.

[151] 戴岭, 潘安. 全球价值链视角下中欧贸易关系的演进特征及其启示 [J]. 经济社会体制比较, 2022 (01): 178-189.

[152] 张艳, 苏秦. 中美物流业的产业关联效应动态比较分析 [J]. 经济地理, 2011, 31 (11): 1857-1861+1856.

[153] 黄凌鹤. 基于投入产出模型的中国铁路运输业产业关联度测算研究 [D]. 北京: 北京交通大学, 2012.

[154] 程艳. 长江经济带物流产业联动发展研究 [D]. 上海: 华东师范大学, 2013.

[155] 张莉. 航空运输业产业关联度实证分析: 基于 2002、2007 年中国投入

产出表 [J]. 中国商贸, 2013 (13): 159-161+163.

[156] 申勇锋, 王志民, 何小明. 基于投入产出模型的港口经济贡献度研究 [J]. 水运工程, 2014 (02): 146-150.

[157] 吴福象, 朱蕾. 技术进步、结构转换与区域经济增长: 基于全国、广东和江苏投入—产出表数据的实证研究 [J]. 上海经济研究, 2014 (01): 18-28.

[158] 程永伟, 龚英. 我国物流业的产业联动发展研究 [J]. 北京交通大学学报 (社会科学版), 2014, 13 (01): 1-7.

[159] 杨阳彤晞. 基于投入产出分析的航空运输业产业关联实证研究 [J]. 现代商业, 2016 (09): 61-63.

[160] 李杨超, 祝合良. 基于投入产出表的流通业产业关联与波及效应分析 [J]. 统计与决策, 2016 (06): 86-90.

[161] 董双华. 我国交通运输业对国民经济影响的投入产出分析 [J]. 现代商贸工业, 2017 (27): 11-13.

[162] 蒋茂荣, 范英, 夏炎, 等. 中国高铁建设投资对国民经济和环境的短期效应综合评估 [J]. 中国人口·资源与环境, 2017, 27 (02): 75-83.

[163] 周小勇, 张立国. 中国物流业与商贸业联动发展研究: 基于供需协同的视角 [J]. 技术经济与管理研究, 2017 (10): 106-110.

[164] 王燕. 湖北省航空运输业对城市经济社会发展贡献度研究 [J]. 现代商业, 2018 (18): 78-80.

[165] 贺俊. 从效率到安全: 疫情冲击下的全球供应链调整及应对 [J]. 学习与探索, 2020 (05): 19-89+192.

[166] 闫育满, 王梦宇, 庞智强. 基于投入产出模型的生产性服务业关联效应分析 [J]. 兰州财经大学学报, 2021, 37 (02): 108-114.

[167] 苏庆义, 马盈盈. 行业关联与实际有效汇率: 理论与中国经验 [J]. 世界经济, 2021, 44 (04): 128-150.

[168] 高明. 中国物流业产业关联与产业波及效应的演化分析 [J]. 全国流通经济, 2020 (30): 117-120.

[169] 韩丽萍, 李明达, 刘炯. 中国物流业碳排放影响因素及产业关联研究 [J]. 北京交通大学学报 (社会科学版), 2022 (01)：86-93.

[170] 林毅夫. 中国产业升级给低收入国家带来黄金机遇 [J]. IT 时代周刊, 2012 (21)：18-18.

[171] 姜琳, 窦炜, 潘雅琼. 1999—2010 年东中西部工业产业转移趋势研究 [J]. 统计与决策, 2012 (24)：119-121.

[172] 蒋兴明. 产业转型升级内涵路径研究 [J]. 经济问题探索, 2014 (12)：43-49.

[173] 刘英基, 杜传忠, 刘忠京. 走向新常态的新兴经济体产业转型升级路径分析 [J]. 经济体制改革, 2015 (01)：117-121.

[174] 费洪平. 当前中国产业转型升级的方向及路径 [J]. 宏观经济研究, 2017 (02)：3-8+38.

[175] 周敏倩. 产业结构变迁升级的政府行为透视 [J]. 东南大学学报 (哲学社会科学版), 2002 (06)：40-46.

[176] 鞠建东, 刘政文. 产业结构调整中的有为地方政府 [J]. 经济学报, 2017, 4 (04)：61-76.

[177] 赵儒煜. 论东北地区产业选择的普遍性与特殊性 [J]. 社会科学辑刊, 2018 (01)：55-66.

[178] 丁铎栋. 经济新常态下中国煤炭产业的转型升级路径探究：基于波特钻石模型的分析 [J]. 中国经贸导刊 (中), 2019, (08)：30-32.

[179] 李永红, 张淑雯. 大数据驱动传统产业转型升级的路径：基于大数据价值链视角 [J]. 科技管理研究, 2019, 39 (07)：156-162.

[180] 张米尔. 资源型城市产业转型研究 [D]. 大连：大连理工大学, 2002.

[181] 涂颖清. 江西产业生态化现状与升级路径研究 [J]. 江西行政学院学报, 2015, 17 (03)：29-35.

[182] 杜剑, 楚琦. 贵州融入"一带一路"的产业转型升级路径研究 [J]. 当代经济, 2018, (20)：98-99.

[183] 徐祥军, 付嘉伟. 河南省承接产业转移促进产业结构升级研究 [J].

现代商贸工业，2019（17）：3-4.

[184] 王炎灿，黄丽，陈启强，等. 供给侧结构性改革下川南经济区产业结构调整与优化升级研究［J］. 中国集体经济，2019（13）：22-23.

[185] 郑磊. 对外直接投资与产业结构升级：基于中国对东盟直接投资的行业数据分析［J］. 经济问题，2012（02）：47-50.

[186] 杨英，刘彩霞."一带一路"背景下对外直接投资与中国产业升级的关系［J］. 华南师范大学学报（社会科学版），2015（05）：93-101+191.

[187] 艾麦提江·阿布都哈力克，白洋，邓峰. 丝绸之路经济带投资结构对产业结构调整的空间效应：以国内段为例［J］. 工业技术经济，2016（07）：36-42.

[188] 童健，刘伟，薛景. 环境规制、要素投入结构与工业行业转型升级［J］. 经济研究，2016（07）：43-57.

[189] 王勇. 论有效市场与有为政府：新结构经济学视角下的产业政策［J］. 学习与探索，2017（04）：100-104+175+2.

[190] 袁航，朱承亮. 国家高新区推动了中国产业结构转型升级吗［J］. 中国工业经济，2018（08）：60-77.

[191] 袁航，朱承亮. 西部大开发推动产业结构转型升级了吗?：基于 PSM-DID 方法的检验［J］. 中国软科学，2018（06）：67-81.

[192] 李卫兵，李翠."两型社会"综改区能促进绿色发展吗?［J］. 财经研究，2018（10）：24-37.

[193] 孙盼盼. 供给侧改革视角下的地方政府行为与旅游产业结构优化升级［J］. 旅游研究，2018（06）：5-7.

[194] 杨嘉顼，辛雨，陈敏，张志军. 供给侧改革背景下辽宁产业结构优化升级影响因素［J］. 中国冶金教育，2018（06）：116-118.

[195] 邵长斌，杨晶. 基于共词分析法的国内产业升级研究热点分析［J］. 会计与经济研究，2018（01）：97-110.

[196] 贾仓仓，陈绍友. 新常态技术创新对产业结构转型升级的影响：基于2011—2015 年省际面板数据的实证检验［J］. 科技管理研究，2018

（15）：26-31.

[197] 王仁祥，吴光俊. 金融深化、劳力资本扭曲与产业结构升级优化［J］.
金融理论与实践，2019（09）：1-8.

[198] 覃业霞，麦均洪. 技术创新、技术创业的相互效应与产业转型升级
［J］. 统计与决策，2019（16）：142-145.

[199] 毛建辉，管超. 环境规制、政府行为与产业结构升级［J］. 北京理工
大学学报（社会科学版），2019（03）：1-10.

[200] 杨云飞，张译方，陈宾. 河北省战略新兴产业升级发展路径研究：基
于科技创新视角［J］. 中国商论，2019（05）：217-218.

[201] 肖玉花. 中国对"一带一路"沿线国家OFDI与国内产业结构升级关系
研究［D］. 南昌：南昌大学，2019.

[202] 刘晨曦."一带一路"背景下中国OFDI对产业结构升级的影响［D］.
南京：东南大学，2019.

[203] 刘刚."一带一路"OFDI对中国产业结构升级的影响研究［D］. 保定：
河北大学，2019.

[204] 陈强强，邴芳，窦学诚. 甘肃省产业转型升级测度及其经济效应［J］.
干旱区地理，2016（06）：1365-1372.

[205] 杨立勋，高瑜. 西北五省区工业转型升级测度及评价［J］. 统计与决
策，2016（22）：109-112.

[206] 刘林初，叶文显. 西安产业转型水平测度及其结构效应分析［J］. 数
学的实践与认识，2017（08）：72-81.

[207] 马洪福，郝寿义. 产业转型升级水平测度及其对劳动生产率的影响：以
长江中游城市群26个城市为例［J］. 经济地理，2017（10）：116-125.

[208] 张晓燕，陈泽群. 江苏产业转型升级水平测度及影响因素的实证分析
［J］. 当代经济，2018（17）：46-48.

[209] 赵菲菲，敬莉."一带一路"倡议下新疆产业结构调整研究：基于西北
五省产业结构趋同视角［J］. 新疆社科论坛，2015（06）：21-27.

[210] 龚英，陈振江，何春江. 基于低碳视野的西部地区"一带一路"走出

去特色产业研究［J］.重庆与世界（学术版），2015（06）：29-33+46.

[211] 丝路基金青年课题组，谢静."一带一路"背景下中国对外投资效率研究——基于"一带一路"沿线国家技术溢出及经济增长的视角［J］.宏观经济研究，2022（03）：46-58+66.

[212] 苏丽婷."一带一路"倡议背景下陶瓷出口产业转型升级路径选择［J］.吉林省经济管理干部学院学报，2016（04）：23-25.

[213] 李军，杨学儒."一带一路"倡议的产业升级机制研究［J］.管理现代化，2016（04）：42-44.

[214] 石薛桥，段宇洁，郭瑞洁."一带一路"倡议对中国产业结构优化升级影响的实证研究［J］.商业经济研究，2019（03）：172-174.

[215] 盛朝迅，姜江.德国"工业4.0"：内容、动因与前景及其启示［J］.德国研究，2014（04）：49-66.

[216] 高青松，李婷."中国制造2025"研究进展及评述［J］.工业技术经济，2018（10）：59-66.

[217] 王冉溪.京津冀协同发展下河北省工业转型升级研究［D］.保定：河北大学，2017.

[218] 程大中.中国参与全球价值链分工的程度及演变趋势：基于跨国投入—产出分析［J］.经济研究，2015（09）：4-16.

[219] 黄先海，余骁.以"一带一路"建设重塑全球价值链［J］.经济学家，2017（03）：32-39.

[220] 田玉梅.工业分类和工业与环境［J］.地理教育，2005（01）：15.

[221] 张长春.我国要素密集型行业划分与优势区分布［J］.中国工业经济研究，1994（07）：30-35+8.

[222] 干春晖，郑若谷，余典范.中国产业结构变迁对经济增长和波动的影响［J］.经济研究，2011（05）：4-16+31.

[223] 宋依航."一带一路"倡议下唐山钢铁产业产能过剩化解研究［D］.秦皇岛：燕山大学，2019.

［224］高颖."一带一路"倡议下江西产业升级问题研究［D］. 南昌：江西科技师范大学，2019.

［225］徐传谌，王艺璇."一带一路"视角下影响中国产业结构变动的因素——基于省级面板数据的实证分析［J］. 工业技术经济，2018，37（03）：51-55.

［226］李爽. 我国"一带一路"沿线城市信息化与产业结构优化的空间关联性研究［D］. 南昌：南昌大学，2020.

［227］张涵."一带一路"区域价值链与山东省产业结构升级［D］. 济南：山东大学，2019.

［228］肖德，李坤."一带一路"背景下中国金融服务贸易国际竞争力分析［J］. 东北师大学报（哲学社会科学版），2016（03）：67-71.

［229］马凌远，李晓敏. 科技金融政策促进了地区创新水平提升吗？：基于"促进科技和金融结合试点"的准自然实验［J］. 中国软科学，2019（12）：30-42.

［230］刘邦威. 对外直接投资对中国产业结构升级的效应研究［D］. 沈阳：辽宁大学，2020.

［231］刘雯倩. 产业结构升级与对外直接投资的门限效应研究［D］. 南昌：南昌大学，2019.

［232］孙晓华，王昀. 对外贸易结构带动了产业结构升级吗？：基于半对数模型和结构效应的实证检验［J］. 世界经济研究，2013（01）：15-21+87.

［233］魏龙，王磊. 全球价值链体系下中国制造业转型升级分析［J］. 数量经济技术经济研究，2017（06）：71-86.

［234］丁纯，李君扬. 德国"工业4.0"：内容、动因与前景及其启示［J］. 德国研究，2014（04）：49-66.

［235］赵儒煜. 论东北地区产业选择的普遍性与特殊性：理论的沿革与创新［J］. 社会科学编辑，2018（01）：55-66.

［236］贵阳市干部培训教材编审指导委员会组织. 工业转型升级［M］. 贵阳：

贵州人民出版社，2014.

[237] 沈天明，叶明忠. 以"四换"方式加快工业企业转型升级 [J]. 管理观察，2014（06）：28.

[238] 陈全润，许健等，夏炎. 国内国际双循环的测度方法及我国双循环格局演变趋势分析 [J]. 中国管理科学，2022，30（01）：12-19.

[239] 韩嵩，周丽. 全球供应链视角下中国物流业国际空间关联测度与分析 [J]. 中国流通经济，2020，34（08）：27-36.

[240] 何敏. 设施联通与区域一体化——基于我国与"一带一路"国家的实证分析 [J]. 中国流通经济，2020，34（07）：34-42.

[241] 王蕊，王恰. "一带一路"倡议实施中的物流瓶颈及解决方案研究 [J]. 价格月刊，2021（10）：73-78.

[242] 张鹏举. "一带一路"基础设施建设领域的国际金融合作研究 [D]. 北京：对外经济贸易大学，2018.

[243] 罗建，任子兰，周天星，等. 轨道交通产业关联效应的测度分析：以四川省为例 [J]. 交通科技与经济，2022，24（01）：74-80.

[244] 陈思伟. 中国铁路运输业关联度效应研究——基于2017年中国投入产出表 [D]. 南昌：华东交通大学，2020.

[245] 谢雨蓉. 经济全球化中的国际物流影响因素及中国的应对策略研究 [D]. 北京：北京交通大学，2020.

[246] 程焕章. "一带一路"背景下跨境物流的风险问题研究 [D]. 武汉：华中师范大学，2021.

[247] 朱翔宇. 我国物流业高质量发展评价与预测研究 [D]. 北京：北京邮电大学，2021.